"十四五"普通高等教育本科部委级规划教材

河南省"十四五"普通高等教育规划教材

U0747220

会计学原理与实务

（第2版）

主　编◎江　岭　高　扬

副主编◎谭　恒　等

中国纺织出版社有限公司

内 容 提 要

本教材共分为三篇（十二章），第一篇（一～三章）是会计理论篇，第二篇（四～六章）是会计实务篇，第三篇（七～十二章）是会计应用篇。本教材的特色在于重现会计工作过程、引入经典案例、融入课堂思政、嵌入大数据应用软件等。

本书主要面向以应用型人才培养为目标的地方本科高校会计学专业、财务管理专业和其他经济管理类专业的学生，同时适合从事经济管理工作的企业财务人员学习和使用。

图书在版编目（CIP）数据

会计学原理与实务 / 江岭，高扬主编；谭恒等副主编 . --2 版 . -- 北京：中国纺织出版社有限公司，2023. 1

"十四五"普通高等教育本科部委级规划教材

ISBN 978-7-5180-9884-2

Ⅰ . ①会… Ⅱ . ①江… ②高… ③谭… Ⅲ . ①会计学－高等学校－教材 Ⅳ . ① F230

中国版本图书馆 CIP 数据核字（2022）第 176685 号

责任编辑：史 岩 责任校对：楼旭红 责任印制：储志伟

中国纺织出版社有限公司出版发行

地址：北京市朝阳区百子湾东里A407号楼 邮政编码：100124

销售电话：010—67004422 传真：010—87155801

http://www.c-textilep.com

中国纺织出版社天猫旗舰店

官方微博 http://weibo.com/2119887771

三河市宏盛印务有限公司印刷 各地新华书店经销

2016年4月第1版 2023年1月第2版第1次印刷

开本：787×1092 1/16 印张：21.5

字数：406千字 定价：68.00元

高等教育结构优化调整是建设高等教育强国的一项重要战略部署。高校转型的关键之一是进行课程改革，我们此次改编的会计学课程教材作为会计学专业入门课程、经济管理类专业学生基础必修课程，一定程度上能够满足地方高校财经类专业应用技术型人才培养的需要。

2015 年，我们编写了《会计学原理与实务》，并于 2016 年 4 月出版发行，在教材使用的过程中，我们收获赞许的同时也得到了一些中肯的建议。近年来，我国《企业会计准则》陆续修订，在不断学习新会计准则与规范的基础上，我们掌握了主流数字财务软件操作方法，积累了企业实务经验，在"十四五"规划扎实推进的背景下，我们对该教材进行了全面修订，并以新版的形式呈现在读者面前。

本教材在修订过程中，我们更加注重讲述会计学的基本原理和实务处理流程，由浅入深、通俗易懂，让学生了解会计信息的加工过程，理解各项会计指标的经济含义，帮助学生准确获取会计信息，完成相关财务工作。按照修订后的教材内容体系，根据各章内容的安排重新进行案例的修订或更换，使案例与实际更加接近，学生通过案例分析与讨论能够学以致用，并得到进一步启发。

本教材共分为三篇（十二章），第一篇（一～三章）是会计理论篇，第二篇（四～六章）是会计实务篇，第三篇（七～十二章）是会计应用篇。本教材的特色在于重现会计工作过程、引入经典案例、融入课堂思政、嵌入大数据应用软件等。

1. 新结构

本书在尊重和传承传统会计学教材的科学内涵和精华内容之外，借鉴了西方较为成熟的应用技术型人才培养的会计理论体系和教育理念，并结合新时代我国高等教育理论与实践，融入课程思政。围绕政治认同、家国情怀、文化素养、宪法法治意识、道德修养等思政内容，打造广覆盖、全渗透的"大思政"格局，将课程思政教育切实有效地融入教材中。

2. 新内容

本书依据最新的《企业会计准则》更新了相关税率、会计科目和业务处理等。从会计实际工作过程出发，结合全国会计专业技术初级资格考试的要求，安排相关章节的具体内容，既满足学生的考证需求，又提升学生的职业能力。本教材案例讨论大多选自中国证券监督管理委员会、人民法院等已公布的经典案例，实现理论联系实际，使真实案例与理论学习更加贴切，激发学生学习兴趣。

3. 新方法

本书与数字时代会计工作内容相适应，嵌入 Vcase 会计综合软件和 VDC 财经大数据应用服务平台。Vcase 会计综合软件是一个以企业价值创造为主线，以岗位中心为单位，需要结合平台所设定的业务情境，使用会计实务工具处理该岗位的具体工作内容，主要应用于教材的七～八章。VDC 财经大数据应用服务平台帮助学生逐个阅读三大报表（资产负债表、利润表、现金流量表），对年度财务报告进行分析，同时结合行业背景、宏观政策，跳出财务报表数据，揭开数据的面纱，由表及里地挖掘现象背后的深层次原因，灵活应用多学科知识发现问题、分析问题和解决问题，主要应用于教材的第十章。

本书主要面向以应用型人才培养为目标的地方本科高校会计学专业、财务管理专业和其他经济管理类专业的学生，同时适合从事经济管理工作的企业财务人员学习和使用。为更好地完成此次修订工作，保证教材质量，我们集结了长年坚持在教学一线的高级职称教师、青年骨干教师及企业实务经验丰富的财务人员，在参阅诸多文献的基础上，凝练多人才智，通过深入研究，实地调研，再三推敲，反复修改，调整充实，交叉复核，遂成终稿。本书由江岭副教授、注册会计师任主编，负责全书拟定和编写组织工作，并总纂定稿。主要编写人员及具体分工如下：第一章由江岭副教授编写；第一章习题由谭恒教授编写；第二、第三章及习题由杨娜高级审计师编写；第四、第五章及习题由张宁编写；第六、第七章及习题由王彦杰编写；第八、第十二章及习题由高扬副教授编写；第九、十、十一章及习题由李婉编写；马锐锋博士协助整理资料。

在书稿付梓之际，我们由衷地感谢曾给予指导、支持与帮助的业界同仁，感谢出版社所付出的心力和辛劳！尽管我们精诚努力，竭尽全力，力争完美，但因自身条件及其他客观条件的限制，书中仍不免留有不足与缺憾、疏漏与错误，恳请同行专家与广大读者批评指正，以便下次修订再加以完善！

编者

2022 年 6 月

目 录
Contents

第三篇　会计应用篇

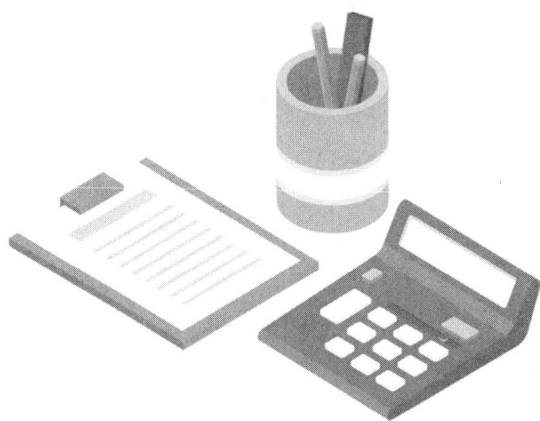

第 一 篇
会计理论篇

第一章　总论

★ 会计的产生与发展
★ 会计的概念、特点与本质
★ 会计的职能、对象与目标、核算方法
★ 会计在现代社会中的作用

扫码获得
本章PPT

【思政案例】

通过案例理解不忘初心的精神实质和核心内容，在岗位上塑造良好品格、品行，树立正确的世界观、人生观和价值观。真正做到"知行合一"才能在竞争的大潮中立于不败之地。

小米集团的创办人——雷军，曾在2014年获得"中国互联网年度人物"的称号。雷军起初只是将创办小米当做一项自我挑战，他自身具备做实事的本性和能力，当时又恰逢手机行业发展的黄金时期，所以小米品牌的创办与成功可说是顺应时代潮流。

成立于2010年4月的小米公司以生产智能手机为主，兼营IoT与生活消费产品、互联网业务、广告服务并提供相关互联网服务；它是一家专注于高端智能手机、互联网电视及智能家居生态链建设的创新型科技企业。小米创造了用互联网模式开发手机操作系统，且由发烧友参与开发改进的模式，其核心技术研发领域公司拥有7584件专利，并且这些专利中有80%为发明专利。小米以684项AI领域申请专利，排在全球企业榜单的第11位，小米前五大股东分别是创始人雷军、晨兴资本、小米联合创始人总裁林斌、DST和启明创投。

2018年5月3日，小米第一次向香港联交所递交上市申请，这家尚未上市但2017年度销售收入已过千亿元人民币的公司在崭露头角之初就立即引起资本市场和媒体的高度关注。小米公司得以成功上市也让我们有机会看到其公开财报。想全面且深入地了解小米公司的经营情况，需要通过对小米近年来的财务报表数据进行分析。

小米集团于2018年7月9日正式在港交所挂牌交易，成为港股首家采用双重股权架构的公司。2019年6月，小米集团入选2019福布斯中国最具创新力企业榜；同年10月，福布斯全球数字经济百强榜发布，小米集团位列第五十六位；同年12月18日，人民日报中国品牌发展指数百名榜单排名第30位。2019年，小米智能手机共出货

1.25 亿部，同比增长 5%，平均售价同比上升 2%，手机业务毛利率上升一个百分点，达到 7.2%；IoT 业务各季度销售收入均超过 100 亿元，第四季度更是达到了 195 亿元；互联网服务收入 198 亿元，第四季度互联网收入达到 57 亿元，其中，广告和游戏收入分别为 31 亿元和 8.7 亿元。

2019～2024 年，小米集团预计将在 IoT 领域持续投入资金超百亿元，未来也将在 5G 时代加速布局智能硬件市场，构建生态链系列占据物联网的竞争高地，创造自己的生态帝国。2021 年 3 月 30 日，小米集团在港交所发布公告，宣布进入造车领域。同日，小米启用新 LOGO。

通过上述案例思考如下问题：

（1）小米在创办并发展企业时，会计在其经营活动中扮演什么角色？

（2）从这一案例中你获得了哪些有关会计方面的知识？

第一节　会计的产生与发展

一、会计的产生

（一）会计是由物资的有限性产生

会计是一门既古老又年轻的管理学科。在人类社会的经济活动中，资源有限性与人类需求的无限性之间始终存在矛盾，人们总想要用最少的消耗获得最大的效益，因此必须对物资生产的消耗与产出进行计量、记录和比较，所以，会计是在社会生产实践中产生的。

1. 人类会计行为的起源

恩格斯的《反杜林论》中提到："和其他科学一样，数学是从人的需要中产生的；是从丈量土地和测量容积，从计算时间和制造器皿中产生的。"会计的行为起源和发展与数学的起源和发展密不可分。原始社会后期，人类已经开始从事生产、交换、分配和消费等活动，可以说会计与数学的产生源于人类的同一动机。

2. 人类会计行为产生的前提条件

人类会计行为产生是以人类生产行为的产生和发展为根本前提。在原始社会末期，生产过程中产生了剩余产品后，人类从事的生产、交换、分配和消费等活动需要计量。初期的会计记录是由生产者在生产时间之外对收支、结余等进行记录。当社会生产力发展到一定阶段，会计从生产职能中分离出来，成为独立的职能，由专人负责。所以，人类会计行为的产生要根据社会生产发展水平和人类的生活水平确定发展到何种阶段。

3."会计"一词产生于我国西周

在原始社会末期，"结绳记事""刻契记数"等原始计算、记录行为的出现可以视为会计的萌芽。在我国，"会计"一词大约出现在西周时期，它原本的含义是对财务收支业务的记录、计算和考核。据《周礼》记载，"司会主天下之大计，以岁会考岁成……"，又据清代对官厅会计的考察，提出："零星算之为计，总合算之为会。"岁会就是计算全年的收支，司会根据会计记录考核当年的收支情况。在西方，早期出现的"簿籍"是通过簿籍对财产物资的收支活动进行记录和计算，由此考核财务状况和经营成果，以达到经济效益既定目标。

（二）会计是生产活动发展到一定阶段的产物

会计是人类经济社会发展到一定阶段的产物，它起源于人类的早期生产实践，伴随着人类经济社会发展对生产剩余物资及经济管理的客观需要而产生、发展并不断完善。

物质是人类经济社会赖以生存和发展的基础，为了生存下去，必须要有满足其衣、食、住、行等需要的物质，因而必须从事物质的生产。生产活动决定着其他活动，是人类会计思想和行为产生的根本前提。人类进行生产活动，力求以少的劳动消耗（投入），取得尽可能多的劳动成果（产出）。基于此，人类需不断改进其生产技术并加强对生产过程的管理。为了进行有效的管理，需要正确认识生产过程、确定生产目标，并按预期目标控制生产过程；在从事生产活动的同时，还需要对劳动成果和劳动耗费进行记录、计量，并将取得的劳动成果与劳动耗费进行比较、分析，以便获得反映生产过程及其结果的经济信息，据以总结过去、了解现状和安排未来，由此人类的会计思想和会计行为便应运而生。

二、会计的发展

为了适应生产发展，加强经济管理，提高经济效益，会计的发展经历了低级到高级、简单到复杂、不完善到日趋完善的发展过程。纵观会计发展史，可分为三个阶段。

（一）古代会计阶段

我国会计制度源远流长，经历了一个由简单到复杂，从原始记录到单式簿记、再到复式簿记，不断发展和完善的改革过程。

原始社会末期，随着社会分工发展和劳动产品分配、交换及消费等问题凸现，技术逐渐成为社会生活的必要，人们逐渐形成数量关系，并尝试以实物、绘画、结绳等方式体现经济活动及所反映的数量关系。这些原始计量记录行为，基本代表了同时期会计行为；或者说原始计量记录行为是会计的萌芽状态，是会计发展的直接渊源。

奴隶社会取代原始社会后，在原始计量基础上，逐步形成最早的会计制度。有关会计事项的记载最早见于商朝的甲骨文，而会计称号的命名、会计的职称等则起源于西周。据《周礼》记载，西周国家设立"司会"一职对财务收支活动进行"月计岁会"，又设司书、职内、职岁和职币分理会计业务，其中"司书"掌握会计账簿，"职内"掌管财务收入账户，"职岁"掌握财务支出类账户，"职币"掌管财务结余，并建立了定期会计报表制度、专仓出纳制度、财务稽核制度等。这表明大约在西周前后，我国初步形成会计工作组织系统。

春秋至秦汉时期，在会计原则、法律、方法方面均有所发展。孔子提出了中国最早的会计原则："会计当而已矣。"意思是会计要平衡、真实、准确，即要求会计的收、付、存平衡正确无误。战国时期，中国还出现了最早的封建法典《法经》，如关于会计账簿的真实性和保管方面规定，会计账簿如果丢失或有错误和被盗数额同罪等。秦汉时期，我国在记账方法上已经超越文字叙述的单式记账法，建立起另一种形式的单式记账法，即以"入"和"出"为会计记录符号的等式，以"入减出等于余"作为结算的基本公式，即"三柱结算法"（又称为"入出记账法或收付记账法"）。

唐宋时期，我国会计理论与方法进一步完善，出现了《元和国计簿》《太和国计簿》《会计录》等具有代表性的会计著作。其中，《会计录》是宋人所著的一本按照国家规定的财计体制和财政收支项目归类整理并加以会计分析的经济文献。此外，创立了"四柱结算法"（四柱清册）。所谓四柱，是指："旧管"（上期结余）、"新收"（本期收入）、"开除"（本期支出）和"实在"（本期结存）四个栏目，这种结算法把一定时期内财务收付的记录通过"旧管＋新收＝开出＋实在"这一平衡公式加以总结。这种平衡关系形成了会计上的方程式，不仅成为我国传统记账法的特色，在世界范围内也广泛沿用。

宋朝建立了我国会计史上第一个独立的政府会计组织——三司会计司，总和天下的财赋收入，提高了会计机构的地位。明末清初，我国出现了一种新的记账法称为"龙门账法"。它是根据四柱结算法原理设计出来的一种适合于民间商业的会计核算方法，要点是将全部账目划分为"进""缴""存""该"四大类。这种检查账目平衡关系的会计方法被称为"合龙门"或"龙门账"。"龙门账法"的诞生，标志着中式簿记制度由单式记账法向复式记账法的转变。清代在龙门账的基础上设计发明了"四脚账法"。这是一种比较成熟的复式记账法，其基本原理与西式的复式记账法比较接近。

综上所述，中国古代会计制度经历了文字叙述式到定式表达式，从单式簿记到复式簿记的演变过程。单式簿记经历了从三柱结算法到四柱结算法的改革，而复式簿记则经历了从"龙门账法"到"四脚账法"的演变。"龙门账"和"四脚账"是我国复式记账方法的最初形式，记录比较全面，为以后发展严密的复式记账方法奠定了基础。

（二）近代会计阶段

一般认为近代会计始于复式簿记形成前后。1494 年，意大利数学家卢卡·帕乔利在《算术、几何、比及比例概要》一书中专门阐述了复式记账的基本原理。这是会计发展史上一个里程碑。

复式簿记首次出现在意大利，随后传播至荷兰、西班牙、葡萄牙，后又传入德国、英国、法国等国家。工业革命后期，会计理论和方法取得了长足发展，完成了由簿记到会计的转化。我国从 1905 年开始使用复式记账法，由当时中国第一个注册会计师——谢霖，从日本引进，并且用复式记账的原理为大清银行设计了一套会计制度。

1. 折旧的思想

在工业革命出现以前，耐用的长期资产往往较少，商人们一般将耐用财产在报废时一次性冲销，或者将耐用财产当作存货（未销售的商品），继而在年终通过盘存估价增减业主权益。随着长期资产的日益增多，其在生产经营过程中的作用不断提升，人们逐渐意识到传统的做法已无法正确地确定盈亏，因此长期资产在其经济寿命期内应该采取一定的方式进行分摊，"折旧"的概念便应运而生。

2. 划分资本与收益

企业规模不断扩大，投资者与经营者日益分离并更加关心投入资本的报酬。因此，必须将业主的投资与投资报酬加以区分，使得会计人员严格区分收益性支出与资本性支出，同时要求收入与成本费用的恰当配比，使收益表成为对外披露的重要报表之一。

3. 成本会计

重工业的发展与生产规模的扩大使企业的制造费用激增，成为产品成本管理中一个不容忽视的组成部分。同时，随着企业生产的日益复杂化，制造费用的归集与分配也变得复杂。1911 年，被尊为"科学管理之父"的泰勒出版了著名的《科学管理原理》一书，并在企业中推行泰勒制管理，随后与其相联系的一系列管理方法、技术被引入会计领域，标准成本和预算控制方法也在这个期间产生，由此构成了成本会计的主要内容。

4. 财务报告审计制度

由于所有者与经营者的分离日益明显，作为不参与企业日常经营管理的所有者，必然关心投入资本的保值、增值情况，因此，所有者要求管理者定期提供反映企业财务状况、经营成果的财务报告。管理者与所有者之间微妙的利益对立关系，以及两者之间的信息不对称，使所有者（可能并不具备会计专业知识）对管理者提供的财务报告不完全信任，希望能够由客观、中立的会计师验证，以增加财务报告的可信度，这就形成了财务报告审计制度。

1854 年，苏格兰成立了世界上第一家特许会计师协会，被认为是继复式簿记后会计发展史上的又一个里程碑。

（三）现代会计阶段

现代会计阶段以"公认会计准则"（Generally Accepted Accounting Principles, GAAP）的"会计研究公报"（ARB）为起点。在这一发展阶段，会计理论与实务都取得了惊人的发展，标志着会计的发展进入成熟期。

我国现代会计的时间跨度自 20 世纪 50 年代至今。在此期间，会计方法、技术和内容有两个重要发展标志：一是会计核算手段取得质的飞跃，即现代电子技术与会计融合带来的会计电算化；二是伴随着生产和管理科学的发展将会计分化为财务会计和管理会计。1946 年在美国诞生了第一台电子计算机，1953 年便在会计中得到迅速发展，在 20 世纪 70 年代发达国家就已经出现了电子计算机软件数据库的应用，并建立了电子计算机的全面管理系统。从系统的财务会计中分离出管理会计，这一术语在 1952 年的世界会计学会上获得正式通过。

财务会计是向投资者、债权人和企业外部利益相关者提供投资决策、信贷决策和其他经济决策所需要的信息为主。管理会计是向企业管理者提供决策与控制信息为主，也被称为"对内报告会计"。现代会计除了划分为财务会计和管理会计，介于它们之间的成本会计也经常被当作一个相对独立的领域。此外，还有许多新的发展领域，比如"公允价值会计""人力资源会计""通货膨胀会计""资本成本会计"和"国际会计"等。

1985 年 1 月 21 日，第六届全国人民代表大会常务委员会第九次会议通过了《中华人民共和国会计法》（以下简称《会计法》），标志着我国会计进入法制时代。20 世纪 90 年代以来，我国进行了一系列的会计制度改革，财政部发布了《企业会计准则》和《企业财务通则》等一系列会计制度，实现了会计核算制度和财务管理模式的重要改革。1993 年、1999 年和 2017 年，我国先后对《会计法》进行了修订和修正。2000 年 6 月 21 日，国务院以 287 号令的形式发布了《企业财务会计报告条例》。2001 年《企业会计制度》颁布实施，进一步加快了会计的国际化进程。2006 年 2 月 15 日，财政部（财政部第 33 号令）颁布并要求于 2007 年 1 月 1 日起执行新的《企业会计准则》。为了使我国会计准则与国际财务报告准则持续趋同，财政部在 2012 年发布了一系列准则征求意见稿，于2014年正式修订了五项、新增了三项企业会计准则，并修改了《企业会计准则——基本准则》中关于公允价值计量的表述。2017年财政部新颁布一项具体准则《企业会计准则第14号——收入》（"新收入准则"），该准则修订主要是为了与国际会计准则理事会于2014年5月发布的《国际财务报告准则第15号——源于客户合同的收入》（IFRS 15）保持趋同。

目前，我国在会计理论研究、会计教育、数字化会计和会计的应用等方面都取得了突出的成就，使会计工作能够更好地适应市场经济发展的需要，以崭新的面貌走向未来。

第二节　会计的概念、特点与本质

一、会计的概念

在实务中"会计"有两层含义，一是指会计工作，二是指会计工作人员。对于现代会计的定义，许多学者提出了自己不同的看法，基于对会计概念的不同看法，我们对会计概念做如下描述：会计是以会计凭证为依据，以货币为主要计量单位，借助一系列专门的技术方法，全面、连续、系统、综合地核算和监督企事业单位的经济活动，并向相关会计信息使用者提供符合会计法律、法规和规章制度要求的会计信息、参与经营管理、提高经济效益的一项经济管理活动。

【例1-1】你知道财务与会计有什么区别吗？

区别一：小明向爸爸打报告要钱去商场买玩具，这个过程就是财务。小明回来后，给爸爸交回小票，爸爸根据这个小票记账，这就是会计。

区别二：你决定未来一个月，对于每笔花销进行分类记录，这就是会计。在这一个月里，你记录、汇总并分析各种花销的差异，总结是否浪费，进而制定出省钱计划，这就是财务。

二、会计的特点

根据会计的定义，会计具有以下几个基本特征：

（一）会计以货币作为主要计量单位

在现实经济活动中，会计为了从数量上核算和监督各类企业、机关单位和事业单位等经济活动的过程，主要采用实物量度（例如，千克、吨、米、台、件等）、劳动量度（例如，劳动日、工时等）和货币量度（例如，元、角、分等）三种计量尺度，前两种量度具有具体、直观的优点，但是缺乏综合性和可比性；而货币量度则将千差万别的财产物资、劳动的消耗和劳动的成果折算为统一的价值计量，具有很强的综合性和可比性。在实际工作中，以货币量度为主。只有借助于统一的货币量度，才能取得经营管理上所必需的连续、系统而综合的会计资料。因此，在会计上，对于各种经济事项即使已按实物量度或劳动量度进行计算和记录，最后仍需要按货币量度综合核算。

（二）会计具有连续性、系统性、综合性和全面性的特点

会计对经济活动过程进行核算和监督，是按照经济活动发生的时间顺序不间断地连续记录，并且对现在或将来可能影响企业收益的、能够用货币表现的经济业务，都必须全面、准确地记录。会计日常记录的内容，应当按照国家的方针政策、制度或会计惯例以及管理要求，定期进行归类整理，揭示经济业务所固有的内部联系，以便随时提供企业经营管理所需的各种资料。

（三）会计具有一整套科学实用的专门方法

为了正确地反映企业的经济活动，会计在长期发展过程中，形成了一系列科学、实用的专门核算方法。这些方法相互联系和配合，构成一个完整的核算和监督经济活动过程及其结果的方法体系。这是会计管理区别于其他经济管理的重要特征之一。

（四）会计是一项经济管理活动

会计的产生过程表明：它是社会生产实践过程中分离出来的一种管理工作。企业和行政、事业单位的每一个管理环节都离不开会计人员的参与，从会计职能的属性上分析，核算和监督本身就属于一种管理活动。因此，会计是一项经济管理活动，它属于管理范畴。

三、会计的本质

在中外会计界，人们对会计本质的认识历来存在分歧。这些对会计认识的观点当中，具有代表性有"信息系统论"和"管理活动论"。综合起来，关于会计本质的观点主要有以下几种：

（一）管理工具论：会计是管理经济活动的一种工具

这种观点在我国 20 世纪 50 ～ 80 年代比较流行。持这种观点的学者认为，不能把会计和会计工作混为一谈，会计是从事会计工作的手段，它是一个独立的方法体系。这个方法体系是人们长期从事会计实践的经验总结，把它再用于会计实践，才表现为会计工作。这种说法降低了会计在经济活动中的地位、职能和作用，阻碍了会计作用的发挥。

（二）艺术论：会计是一种记录、分类和总结企业的交易并报告和解释其结果的艺术

1980 年第 15 版《大英百科全书》对会计提出了几条定义，其中一个就是："会计是一种艺术（Art），它记录、分类和总结一个企业的交易并报告和解释其结果。"

（三）信息系统论：会计是一个以提供财务信息为主的经济信息系统

该观点最早出现在美国会计学家 A.C. 利特尔顿 1953 年出版的《会计理论结构》中，随着信息论、系统论和控制论的发展，美国会计学界开始倾向这个观点并进行流传。它将会计的本质看作是信息系统，这个观点在 20 世纪 70 年代以来西方会计理论中占据了主导地位。

我国最早引进并主张该观点的学者是余绪缨教授，后来葛家澍教授也接受了这个观点。两位学者共同提出了会计信息系统论的观点，认为会计的目的是提高企业行为活动的经济效益，通过加强经济管理而建立的一个以提供财务信息为主的经济信息系统。

具体有以下含义：

（1）会计作为信息系统，并不直接参与管理，而是通过提供会计信息为管理者提

供信息咨询等服务。

（2）以提供信息为主进行信息反映是最主要的职能，且将整个会计程序分为确认、计量、记录和报告四个环节，将会计目标定位于"受托责任观"和"决策有用观"。

（3）会计信息系统是由会计、信息、系统三个概念组成的。所谓会计，包括财务会计和管理会计，二者都是企业主要的信息来源。

（四）管理活动论：会计是一种经济管理活动，其本身具有管理职能

在西方国家，会计理论界对会计本质问题的研究重视不够。而在我国，在 20 世纪 50 ～ 80 年代末，会计本质问题一直是会计理论界争论的热点。至今，仍有很多学者认为会计本质是会计理论研究的逻辑起点。

1980 年，在中国会计学会成立大会上，阎达五教授与杨纪琬教授合作发表了题为《开展我国会计理论研究的几点意见——兼论会计学的科学属性》的学术论文，首次提出了"会计管理"概念，视会计为一种管理活动。1983 年 6 月，成圣树教授等人撰文指出，会计是经营管理的核心，是反映和控制经济活动并使之达到一定目的的一种能动行为，是有组织和管理职能的一种管理活动。阎达五教授继续进行深入研究，并于 1985 年和 1987 年分别出版了《会计理论专题》和《责任会计的理论和实践》两本专著，标志着会计管理理论初步形成。

这种观点既否定了会计是一种应用技术的看法，又否定了会计是一种管理经济工具的看法，转而强调会计具有反映和监督的双重职能。具体表现为：

（1）会计是一种社会关系，是人们自觉运用经济规律并通过特定的技术程序管理实际经济活动的一个社会环节。

（2）现代会计是经济管理的重要组成部分，本身具有经济管理的职能，明确了它在国家经济管理与企业经营的地位。

第三节　会计的职能、对象与目标、核算方法

一、会计的职能

会计职能就是会计本身所具有的功能。进入 20 世纪 90 年代，会计理论界对会计职能的认识逐渐趋于一致，即会计具有核算和监督两项基本职能以及预测经济前景、参与经济决策、评价经营业绩等拓展职能（图 1-1）。

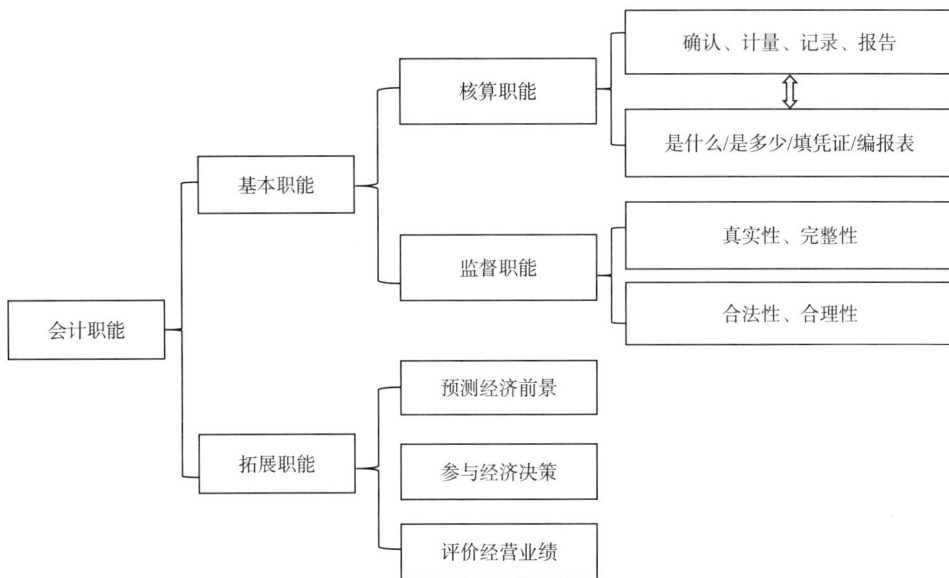

图1-1　会计的职能

（一）会计的核算职能

会计的核算职能，亦称反映职能，是指会计以货币为主要计量单位，对特定主体的经济活动进行确认、计量、记录和报告。记账、算账、报账是会计执行事后核算职能的主要形式，它把经济业务通过记录、分类、计算、汇总，转化为一系列经济信息，使其正确地、综合地反映企业经济活动的过程和结果。记账是把一个会计主体在一段时期内所发生的经济业务事项通过一定的程序和方法在会计凭证账簿上进行记录和反映的过程。算账是指通过会计核算的组织形式和专门方法，对相关会计要素进行归类计算的过程。报账是指在记账、算账的基础上，通过会计报表的形式为会计信息使用者提供某一会计主体一定时期财务状况和经营成果的会计信息。

1.会计核算的基本特点

（1）会计核算主要利用货币作为价值尺度进行价值核算。会计核算和监督的经济内容可以运用多种计量单位，包括实物单位、劳动单位和货币单位。虽然实物单位和劳动单位能够具体反映各项财产物资的增减变动和生产过程中的劳动消耗，对核算和管理经济活动都是必要的，但是这两种计量单位都不能综合反映会计内容。在商品经济条件下，价值规律和等价交换的原则决定了人们主要利用货币计量，通过核算价值量综合反映经济活动的过程和结果。

（2）会计核算具有完整性，连续性和系统性。

（3）会计核算要以凭证为依据，并严格遵循会计规范，进行会计记录。会计信息讲究真实性和可验证性，这就要求企业或者行政事业单位对发生的一切经济业务都必须取得或者填制合法的凭证，并以凭证为依据进行核算，在会计核算的各个过程中都必须严格遵循会计规范，以保证会计记录和会计信息的真实性、可靠性和一致性。

2. 会计核算的四个环节

（1）确认。通过一定的标准或方法确定所发生的经济活动是否应该或能否进行会计处理。

（2）计量。以货币为计量单位对已确定可以进行会计处理的经济活动确定其应记录的金额。

（3）记录。通过一定的会计专门方法按照上述确定的金额将发生的经济活动在会计特有的载体上进行登记工作。

（4）报告。通过编制财务报告的形式向有关方面和人员提供会计信息。

（二）会计的监督职能

会计监督职能，又称会计控制职能，是指依据国家的会计法律法规，行业会计制度和企业的管理制度通过预测、决策、控制、分析、考评等具体方法，使经济活动按照规定的要求运行，以达到预期的目的，主要监督经济活动的真实性、合法性和合理性等方面。会计监督的内容主要表现在：

1. 监督经济业务的真实性

监督企业、行政、事业等单位发生的经济业务是否真实，会计机构、会计人员对不真实、不合法的原始凭证不予受理。对弄虚作假，严重违法的原始凭证，在不予受理的同时，应当予以扣留，并及时向领导报告，请求查明原因，追究当事人的责任。对记载不准确、不完整的原始凭证予以退回，要求经办人员更正、补充。发现账簿记录与实物不符时，应当按照有关规定进行处理。

2. 监督财务收支的合法性

监督企业、行政、事业等单位所发生的经济业务是否符合党和国家的财经法律、法规、规章和国家统一会计制度的要求。凡符合有关规定的，会计人员予以办理。会计机构、会计人员对不合法的原始凭证，不予受理；对违法的收支，应当制止和纠正；制止和纠正无效的，应向单位领导提出书面意见，要求处理；对严重损害国家和社会公众利益的违法收支，应当向主管单位或者财政、审计、税务机关报告。

3. 监督公共财产的合理性

企业、行政、事业等单位的公共财产，包括其各项资产。会计机构、会计人员要监督公共财产是否得到妥善保管或正确记录，账实是否相符。发现公共财产短缺或损毁，应查明原因，及时处理。监督的内涵是监察、督促，而会计的监督职能是指会计按照一定的目标和要求，利用会计信息系统所提供的信息，对会计主体的经济活动进行控制以达到预期目的。其特征是：

（1）会计监督具有强制性和严肃性。

（2）会计监督具有连续性。

（3）会计监督具有完整性。

会计监督按照经济业务发生的时间，可分为事前监督、事中监督、事后监督。事前监督指在经济业务发生之前，即审核其是否符合有关政策、法令和制度的要求，对于违法的经济活动，要坚决加以限制和制止。限制非法活动，鼓励正当经营；限制滥用、浪费，增产节约，增收节支。事前监督有防患于未然之效，使会计监督处于主动地位。事中、事后的会计监督是对会计所反映的经济活动情况及有关资料加以检查和分析。通过检查和分析可以发现问题、总结经验。对已发现的问题，要拿出整改意见，提出行之有效的措施，调整经济活动，实现规定要求的预期目标。

二、会计对象

（一）会计对象的定义

任何工作都有其特定的工作对象，会计工作也不例外。会计对象是指会计所核算和监督的内容，即会计工作的客体。由于会计是以货币为主要计量单位，对一定会计主体的经济活动进行核算和监督，因此，会计并不能核算和监督社会再生产过程中的所有经济活动。即凡特定主体能够以货币表现的经济活动，都是会计核算和监督的内容，也就是会计对象。以货币表现的经济活动，通常又称价值运动或资金运动。单位的组织形式和经济活动内容不同，所以不同单位的会计对象均有不同特点。

（二）会计对象的表现形式

会计对象的抽象描述是能用货币表现的经济活动，即价值运动或资金运动。

资金是能用货币表现的财产物资，它并非静止不变，而是通过自身运动而不断变化。资金运动主要有以下三种表现形式：

（1）资金进入企业：企业通过吸收投资、银行借入、发行股票或债券筹集资金，增加企业资金。

（2）资金在企业中的周转：企业用货币资金购买材料，形成储备资金；工人利用自己的生产技术，借助于机器设备对材料进行加工，发生的耗费形成生产资金；产品完工后形成成品资金；将产品销售、收回货款，得到新的货币资金。

（3）资金退出企业：企业偿还银行借款、上缴税金和分派利润或股利。

整个周转过程表现为：货币资金→储备资金→生产资金→成品资金→新的货币资金（图1-2）。

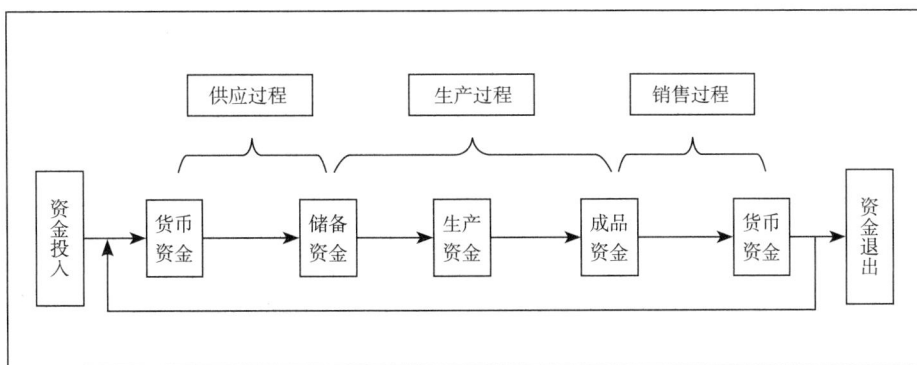

图1-2　资金的运动

（三）会计对象的分类

1. 工业企业

会计对象是在企业再生产过程中能以货币形式表现的经济活动，即企业再生产过程中的资金运动。

工业企业进行生产经营活动，首先要用货币资金去购买生产设备和材料物资为生产过程做准备；其次将这些设备和物资投入到企业生产过程中产出产品；最后将产品对外出售并收回出售产品而取得的货币资金。这样，工业企业的资金经过供应、生产和销售过程，其形态也随之发生变化。使用货币购买生产设备、材料物资时，货币资金转化为固定资金、储备资金；车间生产产品领用材料物资时，储备资金又转化为生产资金；将车间加工完毕的产品验收入成品库后，此时，生产资金又转化为成品资金；将产成品出售又收回货币资金时，成品资金又转化为货币资金。我们把资金从货币形态开始，依次经过储备资金、生产资金、成品资金，又回到货币资金这一运动过程叫作资金循环；周而复始的资金循环叫作资金周转。实际上，企业的生产经营过程是周而复始地进行，即企业不断地投入原材料、加工产品、销售产品，其资金也是不断循环周转的。上述资金循环和周转过程，可以划分为三个具体阶段，即供应、生产和销售阶段。

工业企业的资金在供、产、销三个阶段不断地循环周转，这些资金在空间序列上并存，在时间序列上依次继起。企业资金在供应、生产和销售三个阶段上的循环和周转，支撑着企业的正常运营。就整个企业的资金运动而言，资金的循环周转还应该包括资金的投入和资金的退出。资金的投入是指资金进入企业。企业进行经营生产活动的前提是首先必须拥有一定数量的资金，投入包括投资者的资金投入和债权人的资金投入。前者构成了企业的所有者权益，后者形成了企业的债权人权益，即企业的负债。投入企业的资金一部分形成流动资产，另一部分形成企业的固定资产等非流动资产。资金的退出是指资金退出企业的资金循环和周转，它包括按法定程序返回投资者的投资、偿还各项债务、上缴税费、向所有者分配利润等内容，这使得一部分资金离开企业，游离于企业资金运动之外。资金的投入、运用和退出是资金运动的三个阶段，三者相互支撑，构成一个统一体。没有资金的投入，就没有资金的循环和周转；没有资金的循环和周转，就没有资金的退出。综上所述，工业企业因资金的投入，循环周转和资金的退出等经济活动而引起的各项财产和资源的增减变化情况，以及企业销售收入的取得和企业纯收入的实现、分配情况，构成了工业企业会计的具体对象。

2. 商品流通企业

与工业企业相比，商品流通企业的经营活动没有产品生产环节，主要分为商品购进和商品销售两个环节。在前一个环节中，主要是采购商品，此时货币资金转换为商品资金；在后一个环节中，主要是销售商品，此时资金又由商品资金转换为货币资金。商业企业经营过程中消耗一定的人力、物力和财力，表现为商品流通费用。在销售过程中，获得销售收入和实现经营成果。因此，商品流通的资金是沿着"货币资金—商品资金—货币资金"方式运动。

3. 行政事业单位

行政、事业单位为完成国家赋予的任务，同样需要一定数额的资金，但其资金来源主要是国家财政拨款。行政、事业单位在正常业务活动过程中，所消耗的人力、物力和财力的货币表现，即为行政费用和业务费用。一般来说，行政事业单位没有或只有很少一部分业务收入，因为费用开支主要是靠国家财政预算拨款。因此，行政事业单位的经济活动一方面按预算从国家财政取得拨入资金；另一方面又按预算以货币资金支付各项费用。其资金运动的形式是"资金拨入—资金付出"。由此可见，行政事业单位会计对象的内容就是预算资金及其收支。

总之，不论是工业企业、商业流通企业，还是行政、事业单位都是社会再生产过程中的基层单位，会计反映和监督的对象都是资金及其运动过程，正因为如此，可以把会计对象概括为社会再生产过程中的资金运动。

三、会计的目标

会计目标亦称会计目的，是要求会计工作完成的任务或达到的标准。会计目标是关于会计系统所应达到境地的抽象范畴，是沟通会计系统与会计环境的桥梁，是连接会计理论与会计实践的纽带。在不同历史阶段，会计的具体目标不同，它受到环境因素的影响，随环境因素的变化而变化。

会计目标的研究一直是会计理论界的一个热点问题。西方会计（以美国为代表）从20世纪60年代开始探讨会计目标，并逐渐将其视为会计理论研究的起点，这在美国财务会计概念结构中表现得尤为突出。20世纪70年代后美国会计界关于会计目标的研究，形成了受托责任学派和决策有用学派。目前，我国会计理论界对于会计目标的探讨，也主要限于这两个学派之争，关于会计目标的观点主要有受托责任观和决策有用观。

（一）受托责任观

受托责任观产生的经济背景是企业所有权与经营权相分离，并且投资人与经营者之间有明确的委托与受托关系。受托责任观认为，财务会计的主要目标是管理当局向投资者、债权人等报告资源的运用情况，即评价受托经济责任。由于所有权和经营权的分离，资源的受托者就负有了对资源的委托者解释、说明其活动及结果的义务。因此，会计的目标就是向资源的提供者报告资源受托管理的事情。

（二）决策有用观

决策有用观是20世纪70年代美国注册会计师协会（AICPA）出资成立的特鲁彼拉特委员会（Trueblood）在对会计信息使用者进行大量实证调查研究后得出的结论。1973年，该委员会的研究报告中明确提出12项财务报告的目标，其基本目标是"提供据以进行经济决策所需的信息"。决策有用观的主要观点是美国会计学会（AAA）发表的《基本会计理论报告》指出会计的目标是为"作出关于利用有限资源的决策，包括确定重要的决策领域以及确定目的和目标"提供有关的信息。1978年，美国财务会计准则委员会在其《财务会计概念公告》中，对财务报告的目标作出了进一步的阐述：

（1）财务报告应提供对现在和潜在的投资者、债权人以及其他使用者作出合理的投资、信贷及类似决策有用的信息。

（2）财务报告应提供有助于现在和潜在的投资者、债权人以及其他使用者评估来自销售、偿付到期证券或借款等实得收入的金额、时间分布和不确定的信息。

（3）财务报告应能提供关于企业的经济资源、对这些经济资源的要求权（企业把资源转移给其他主体的责任及业主权益）以及使资源和对这些资源要求权发生变动的交易、事项和情况影响的信息。

从上述介绍可以看出，受托责任观重在委托者报告受托者的受托管理情况，出发点是企业内部；而决策有用观是从企业会计信息的外部使用者出发。实际上，两者并不矛盾，都暗含了"会计信息观"，即会计目标是提供信息。在受托责任观下，会计目标是向资源委托者提供信息；在决策有用观下，会计的目标是向信息使用者提供有用的信息，不但向资源委托者，而且包括向债权人、政府等和企业有密切关系的信息使用者提供决策有用的信息。同时，两者侧重的角度不同。受托责任观是从监督角度考虑，主要是为了监督受托者的受托责任；决策有用观侧重于信号角度，即会计信息能够传递信号，向信息使用者提供决策有用的信息。两者之间相互联系，相互补充。

四、会计核算方法

会计方法是指从事会计工作所使用的各种技术方法，会计方法的内容在理论界与实务界存在不同的看法。大多数学者认为，会计方法至少包括会计核算、会计分析、会计考核、会计预测以及会计决策等方面的内容。其中，会计核算方法是最基本、最主要的方法，是其他各种方法的基础。

（一）会计核算方法体系

会计核算方法体系是指对经济活动进行全面、综合、连续、系统的确认、计量和报告所采用的各种方法，由设置会计科目和账户、复式记账、填制和审核凭证、登记账簿、成本计算、财产清查、编制会计报表等专门方法构成。它们相互联系、紧密结合，确保会计工作有序进行。方法体系主要有：会计核算方法是对各单位已经发生的经济活动进行连续、系统、完整的核算和监督所应用的方法。会计分析方法是利用会计核算的资料，考核并说明各单位经济活动的效果，在分析过去的基础上，提出指导未来经济活动的计划、预算和备选方案，并对报告结果进行分析和评价。会计检查方法也称为审计，主要是根据会计核算检查各单位的经济活动是否合理合法，会计核算资料是否真实准确，根据会计核算资料编制的未来时期的计划和预算是否可行有效等。上述各种会计方法紧密联系，相互依存，相辅相成，形成了一个完整的会计方法体系。其中，会计核算方法是基础，会计分析方法是会计核算方法的继续和发展，会计检查方法是会计核算方法和会计分析方法的保证。作为广义的会计方法，既相互联系，又有相对的独立性，所应用的具体方法各不相同，并有各自的工作和研究对象，形成了较独立的学科。

1. 设置会计科目及账户

设置会计科目及账户，是对会计对象具体内容进行分类反映和监督的专门方法。会计对象包含的内容纷繁复杂，设置会计科目及账户就是根据会计对象具体内容的不同特点和经济管理的不同要求，选择一定的标准进行分类，并事先规定分类核算项目，在账簿中开设相应的账户，以取得所需要的核算指标。正确、科学地设置会计科目及账户，细化会计对象，提供会计核算的具体内容，是满足经营管理需要，完成会计核算任务的基础。

2. 复式记账

复式记账是指对每一项经济业务都要以相等的金额在两个或两个以上的相互联系的账户中进行登记的一种专门方法。复式记账法要使每项经济业务所涉及的两个或两个以上账户之间，形成一种平衡关系，了解和掌握经济业务的内容，检查会计记录的正确性，复式记账法能够全面系统地记录各项经济业务之间的联系，反映经济活动的全貌。

3. 填制和审核凭证

各单位发生的任何会计事项都必须取得原始凭证，证明其经济业务的发生或完成。原始凭证要送交会计进行审核，审核其填制内容是否完备、手续是否齐全、业务的发生是否合理合法等，经审核无误后，才能编制记账凭证。记账凭证是记账的依据，原始凭证和记账凭证统称为会计凭证。审核和填制会计凭证是会计核算的一种专门方法，它能保证会计记录的完整、可靠，提高会计核算质量。

4. 登记账簿

登记账簿是根据填制和审核无误的记账凭证，在账簿上连续完整系统地记录经济业务的一种专门方法。账簿是用来记录经济业务发生的账本，登记账簿应以审核无误的记账凭证为依据，按照规定的会计科目开设账户，将记账凭证中反映的经济业务分别记入有关账户，并定期进行结账和对账，为编制会计报表提供完整系统的计数依据。

5. 成本计算

成本计算是按照一定对象归集和分配生产经营过程中发生的各种费用，以便确定各对象的总成本和单位成本的一种专门方法。正确地进行成本计算，可以考核生产经营过程的费用支出水平，同时又是确定企业盈亏和制定产品价格的基础，并为企业进行经营决策提供重要数据。

6. 财产清查

财产清查是通过对各项财产物质、货币资金进行实物盘点，对往来款项进行核对，以查明实存数与账存数是否相符的一种专门方法。在财产清查中发现有财产、资金账面数额与实存数额不符的情况，应该及时调整账簿记录，使账存数与实存数一致，并查明账实不符的原因，明确责任。通过财产清查，可以查明各项财产物资、债权债务、所有者权益的情况，可以促进企业加强物资管理，保证财产的完整，并能为编制会计报表提供真实、准确的资料。

7. 编制会计报表

编制会计报表是根据账簿记录的数据资料，采用一定的表格形式，概括、综合地反映各单位在一定时期内经济活动过程和结果的一种方法。编制会计报表是对日常核算工作的总结，是在账簿记录基础上对会计核算资料的进一步加工整理。会计报表提供的资料是进行会计分析、会计检查的重要依据。

在会计核算的 7 个具体方法中，日常经济业务的核算起点是填制和审核凭证。经济业务发生后，从填制和审核凭证，再到登记账簿和编制会计报表是会计工作的主要环节，其他环节围绕这三项主要活动开展，共同构成了企业周而复始的会计循环。具体来说就是经济业务发生后，经办人员要填制或取得原始凭证，经会计人员审核整理后，按照设置的会计科目，运用复式记账法，编制记账凭证，并据以登记会计账簿；对生产经营过程中发生的各项费用，要进行成本计算；对账簿记录，要通过财产清查以保证账实相符；在此基础上，根据账簿资料编制会计报表。

上述会计核算的 7 种方法不是独立的，它们相互配合，形成完整的体系。它们的关系如图 1-3 所示。

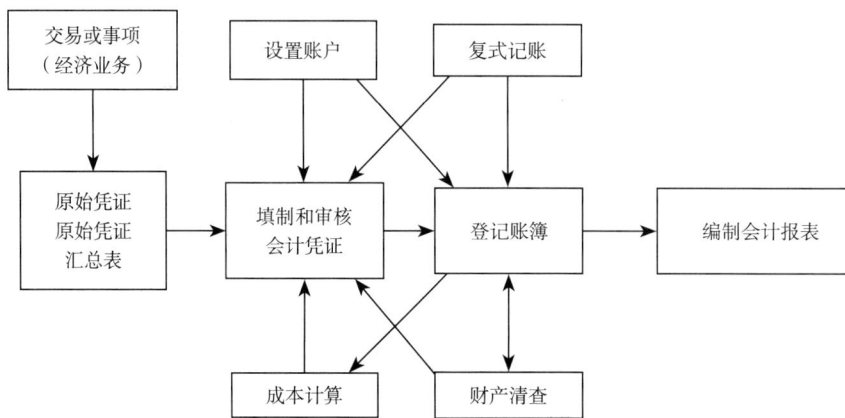

图1-3　会计核算方法体系

（二）会计循环

从会计工作流程看，会计循环由确认、计量、记录和报告等环节组成。

从会计核算的具体内容看，会计循环由填制和审核会计凭证、设置会计科目和账户、复式记账、登记会计账簿、成本计算、财产清查和编制会计报表等组成。填制和审核会计凭证是会计核算的起点。

1. 审核原始凭证

企业在日常经营活动中发生每一项经济业务，都必须取得或填制合法的、能够证明该项经济业务内容和金额的原始凭证，会计人员应该对原始凭证所记载的经济业务的真实性、合法性和合理性进行严格审核，保证会计信息的可靠性。

2. 编制记账凭证

会计人员应对审核无误的原始凭证上所记载的经济业务进行认真分析，根据其内容和性质，确定应用的会计科目借贷方向和金额，编制会计分录，并按照一定的格式填制记账凭证。根据记账凭证确定会计科目、记账方向和金额，登记现金和银行存款日记账、明细分类账以及总账，连续系统地反映经济业务的发生情况。

3. 账项调整

每一个会计期末，企业应当按照权责发生制的要求确认计入本期的收入和费用是否应归属于本期，对于已经计入本期而不归属于本期的收入和费用，应进行账项调整，从本期的收入和费用中除去编制会计分录，计入有关的账户。

4. 试算平衡

为了保证会计记录的正确性，每一个会计期末，企业应当根据各账户的发生额和余额编制试算平衡表，检查和验证账户记录的正确性和完整性。

5. 结账

经过账项调整和试算平衡后，将收入、费用类账户的发生额结转到本年利润账户。同时，将资产、负债及所有者权益账户本期期末余额结转到下期，作为下期期初的余额。

6. 编制会计报表

根据会计账簿记录的数据资料编制资产负债表、利润表和现金流量表等会计报表，反映企业的财务状况，经营成果和现金流量等情况，为会计信息使用者提供所需要的会计信息。

（三）会计核算内容

会计核算是会计工作的基础，必须遵守《会计法》和有关财务制度的规定，符合有关会计准则和会计制度的要求，力求会计资料真实、正确、完整，保证会计信息的质量。

会计核算内容是指特定主体的资金运动，包括资金投入、资金循环与周转、资金退出三个阶段。资金运动是通过一系列的经济业务事项进行的，经济业务事项包括经济业务和经济事项两类。经济业务又称经济交易，是指企业与其他单位和个人之间发生的各种经济利益的交换，如商品销售、发放工资等。经济事项是指在企业发生的具有经济影响的各类事件，如计提坏账准备、计提工资等。

1. 款项和有价证券的收付

款项是作为支付手段的货币资金，主要包括现金、银行存款、银行汇票存款、银行本票存款、信用卡存款、信用证存款等。有价证券是指具有一定财产拥有权或支配权的证券，如国库券、股票、企业债券等。

款项和有价证券是流动性最强的资产。从会计核算的角度看，款项和有价证券的核算，并不复杂，但由于其具有高度的流动性，因此，加强款项和有价证券的管理和控制显得十分重要。如果款项和有价证券收付环节出现了问题，不仅使企业款项和有价证券受损，更直接影响到企业货币资金的供应，从而影响企业生产经营。各企业必须按照国家统一的会计制度的规定，及时如实地核算款项和有价证券的收付及结存，保证企业货币资金的流通性、安全性，提高货币资金的使用效率。

2. 财物的收发增减和使用

财物是财产物资的简称，企业财物是企业进行生产经营活动且具有实物形态的经济资源，一般包括原材料、原料包装物、低值易耗品、库存商品等流动资产以及房屋、建筑物、机器设备、设施、运输工具等固定资产，这些物资在企业资产总额中往往占有很大比重。

财物的收发、增减和使用，是会计核算中的经常性业务，也是发挥会计在控制和降低成本，保证财物安全完整，防止资产流失等职能作用的重要方面。因此，各企业必须加强对财物收发、增减和使用环节的核算，维护企业正常的经营秩序。

3. 债权债务的发生和结算

债权是企业收取款项的权利，一般包括各种应收及预付款项等。债务则是指由于过去的交易、事项形成的，企业需要以资产或劳务等偿付的现时义务，一般包括各项借款、应付及预收款项和应交款项等。

债权和债务是企业日常生产经营和业务活动中大量发生的经济业务事项。由于债权债务的发生和结算涉及本企业与其他单位或有关方面的经济利益，关系到企业自身的资金周转，影响着企业的生产经营活动。因此，企业必须及时、真实、完整地核算本企业的债权债务，防止在债权债务环节发生非法行为。

4. 资本及基金的增减

资本是投资者为开展生产经营活动而投入的资金。会计上的资本是指所有者权益中投入资本。基金是各单位按照法律、法规的规定而设置或筹集的具有某些特定用途的专项资金，例如政府基金、社会保险基金和教育基金等。资本和基金的关系比较明确，用途也基本定向。办理资本、基金增减的政策性强，一般都以具有法律效力的合同、协议和董事会议等为依据，各单位必须按照国家统一的会计制度规定和具有法律效力的文书进行资本核算。

5. 收入、支出、费用、成本的计算

收入是指企业在销售商品、提供劳务以及让渡资产使用权等日常活动中所形成的经济利益的总流入。支出是指企业所实际发生的各项开支以及在正常生产经营活动以外的支出和损失。费用是指企业为销售商品、提供劳务等日常活动所发生的经济利益的流出。成本是指企业为生产产品、提供劳务而发生的各种耗费，是按一定的产品或劳务对象所归集的费用。

收入、支出、费用和成本都是计算和判断经营成果和盈亏状况的主要依据。各企业应当重视收入、支出、成本和费用环节的管理，按照国家统一的会计制度，正确核算收入支出费用和成本。

6. 财务成果的计算和处理

财务成果是指企业在一定时期内通过从事生产经营活动而在财务上所取得的结果，具体表现为盈利或亏损。财务成果的计算和处理一般包括利润的计算、所得税的计算、利润分配或亏损弥补等。

财务成果的计算和处理涉及所有者、国家等各方面的利益。因此，各单位必须按照国家统一的会计制度和其他法规的规定对财务成果进行正确计算和处理。

7. 需要办理的会计手续进行会计核算的其他事项

其他事项是指除上述 6 项经济业务事项以外的，按照国家统一的会计制度办理会计手续和进行会计核算的其他经济业务事项。随着我国经济的不断发展，新的会计业务不断出现，对此都必须及时办理，有关会计手续进行会计核算。

第四节　会计在现代财务中的作用

会计，可以称为一种工具、一个职位、一门学问以及行业等。会计几乎覆盖了社会生活中的各行各业，包括：工业、农业、服务业。社会在不断地发展与进步，在这一过程中，随着技术的改进、分工的细化，不断催生出各种新的职业阶层。会计行业的出现和发展也是应社会的需求和发展而不断进步的。

会计本质上属于一种经济管理活动，它的目标在于通过货币这一主要计量单位，运用专门方法对经济主体的经济活动进行全面、系统的核算和监督，提高经济效益，提供会计信息。会计是企业、社会经济管理活动的重要组成部分，无法想象没有会计的社会如何发展和进步。

会计在现代社会中的作用有：

（1）有助于提供决策有用的信息，提高企业透明度，规范企业行为。

（2）有助于企业加强经营管理，提高经济效益，促进企业可持续发展。

（3）有助于考核企业管理层经济责任的履行情况。

一、提供对决策有用的信息

根据向财务报告使用者提供决策有用的信息这一目标的要求，财务报告所提供的会计信息应当如实反映企业所拥有或者控制的经济资源、对经济资源的要求权及其变化情况；如实反映企业的各项收入、费用、利得和损失的金额及其变动情况；如实反映企业各项经营活动、投资活动和筹资活动所形成的现金流入和现金流出情况等，从而有助于现在的或者潜在的投资者、债权人以及其他使用者正确、合理地评价企业的资产质量、偿债能力、盈利能力和营运效率等；有助于使用者根据相关会计信息作出理性的投资和信贷决策；有助于使用者对投资和信贷有关的未来现金流量的金额、时间和风险等进行评估。

财务报告使用者主要包括投资者、债权人、政府部门、企业管理人员、职工、供应商和社会公众等。企业的存在不只是为了给公司提供财务资源的投资者和债权人赚取回报，企业有义务采取对社会负责的经营方式，并且应该在更为宽泛的社会责任范围内权衡其对财务成功的渴求。

会计的主要目标是提供有助于决策的信息。会计不是目的而是达到目的的手段，会计信息的最终产品是决策。无论决策者是所有者、企业管理人员、债权人、政府监督管理机构、工会或是与企业财务业绩利益相关的其他团体，其决策力都会因使用会计信息而得到加强。

由于会计被广泛用来反映各种商业活动，所以会计有时被称为商业语言。成本、价格、销售量、利润及投资报酬率都是会计计量指标。投资者、债权人、企业管理人员和其他企业财务利益相关者，如果想要了解企业情况，就需要清晰把握会计术语和概念。当然，政府机构、非营利组织和个人也会使用会计信息，而且使用方式与企业组织非常相似。

（一）会计信息的使用者

许多人把会计简单看成由专业会计人员组成的技术领域。事实上，几乎每人每天都在使用会计信息。会计信息是计量和沟通经济事项的手段。无论是企业管理还是投资，或是监控资金的收取和使用，实际上都是与会计概念及会计信息有关系。

（1）会计信息所反映的是经济活动实质。

（2）会计信息的形成需要利用假设和计量方法。

（3）会计信息应与各种决策密切相关。

图 1-4 描述了会计是如何反映经济活动的。会计过程形成会计信息，决策者再根据这些会计信息进行经济决策并采取具体行动，决策和行动又形成产生循环的经济活动。

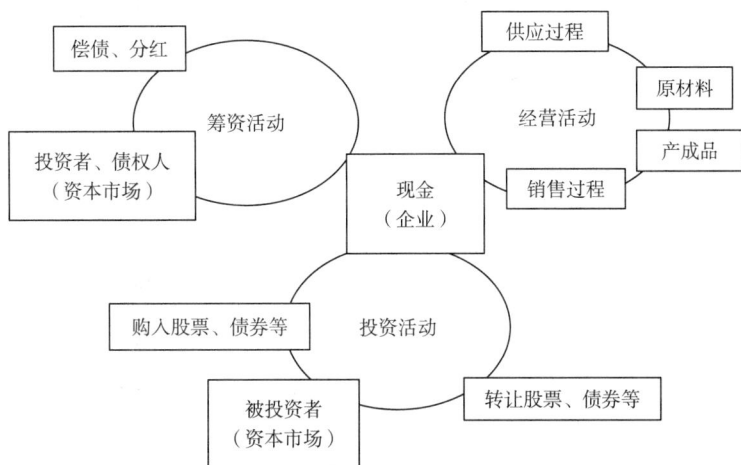

图1-4　会计反映经济活动的过程

（二）会计信息的类型

会计信息与经济决策一样有很多类型。财务会计、管理会计和税务会计这三个术语通常被用来描述企业界广泛使用的三种会计信息。

1. 财务会计

财务会计（Financial Accounting）指通过对企业已经完成的资金运动全面系统的核算与监督，以外部与企业有经济利害关系的投资人、债权人和政府有关部门提供企业的财务状况与盈利能力等经济信息为主要目标而进行的经济管理活动。财务会计是现代企业的一项重要的基础性工作，通过一系列会计程序，提供决策有用的信息，并积极参与经营管理决策，提高企业经济效益，服务于市场经济的健康有序发展。会计人员用"财务状况"这一术语描述经营主体在某个时点的财务资源和责任，用"经济成果"这一术语描述经营主体一年内的财务活动。

2. 管理会计

管理会计（Management Accounting）又称"内部报告会计"，旨在提高企业经济效益，并通过一系列专门方法，利用财务会计提供的资料进行加工、整理和报告，使企业各级管理人员能据以对日常发生的各项经济活动进行规划与控制，并帮助决策者作出各种专门决策的一个会计分支。

管理会计的目的是形成并解释专门帮助企业管理人员经营企业的会计信息。借助这些信息，管理人员可以制定公司的总体目标、评价部门和个人的业绩，公司管理者与员工总是需要这些信息管理企业的日常经营。例如，需要知道公司在银行账户中的金额，公司仓库中商品的种类、数量和金额，以及对具体债权人的负债金额。许多管理会计信息虽然本质上属于财务信息，但这些信息直接按决策需要进行组织。

3. 税务会计

税务会计（Tax Accounting）是以税法法律制度为准绳，以货币为计量单位，运用会计学的原理和方法，对纳税人应纳税款的形成、申报、缴纳进行反映和监督的一种管理活动，是税务与会计结合而形成的一门交叉学科。引入税务会计信息概念的目的是便于与财务会计信息和管理会计信息进行对比。人们认为税务会计是财务会计和管理会计的自然延伸，这种自然延伸的先决条件是税收法规的日益复杂化。

编制纳税申报表是会计中的专门领域。很大程度上，纳税申报表的编制要以财务会计信息为基础。不过，这些信息通常要进行调整或重新组织，以符合纳税申报表的要求。虽然税务信息对公司成功经营至关重要且与财务会计和管理会计信息相关，但它来自不同系统，且必须符合有关公司纳税义务的专门法律要求。有关纳税的法律通常不同于财务会计和管理会计信息的编制规定，由此产生不同的数字和报告也就不足为奇了。

二、对企业内部决策的作用

企业雇用的内部决策制定者常常被称为企业管理人员。企业管理人员提供并使用的内部会计信息，也可以供外部决策者使用。例如，为了完成某一生产进度，生产企业可能给供应商详细描述其生产计划。生产企业与供应商公司会共享这些信息，以帮助生产企业实现目标。因此，虽然会计信息的提供者和发布者都是内部决策者，但信息的接收方是外部决策者。不过，其他类型的会计信息并不向外部决策者提供，如长期计划、研发成果、资本预算详情及竞争战略等，尤其是属于公司机密的信息必须严格保密。

（一）内部会计信息的使用者

企业的每位员工都可能会使用内部会计信息。从基层员工到首席执行官（CEO），公司要对所有员工支付工资，其工资都是通过会计信息系统生成的。然而，就会计信息系统的使用量（特别是对会计信息系统设计的参与程度）而言，往往差异很大。会计信息系统的内部使用者（Internal Users）包括：董事会、首席执行官、首席财务官（CFO）、副总裁（分别负责生产、人力资源、行政等）、业务部门经理、分厂经理、销售经理和生产线主管等。从图1-5所示的组织结构简图中，不难发现不同员工所形成和使用的信息差异很大。所有企业都遵循与其会计信息系统设计有关的规则，以确保会计信息的公允性并保护企业的资产。不过，对于内部报告的类型以及所生成的会计信息，并没有什么规则可言，员工决策过程中产生和使用的会计信息呈现多样化特征。

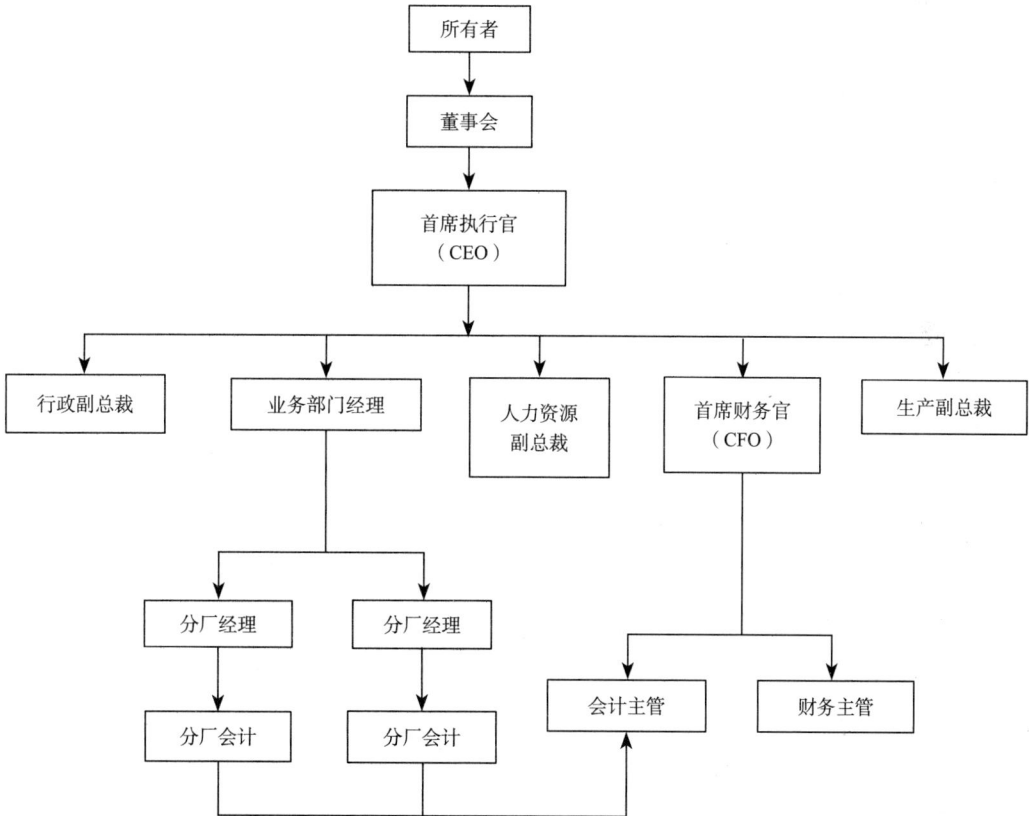

图1-5　企业典型组织结构简图

　　许多企业使用数据库方法创建会计信息系统。该方法结合用户使用的财务软件，使管理人员和其他特定员工能够获取用于编制各种会计报告（包括要求的对外财务报告）的信息。例如，生产线主管使用生产过程发生的详细成本信息帮助控制生产成本。在考虑设备和人员的最佳配置时，程序设计工程师会使用同样的信息降低成本或提高效率。与生产相关的成本信息还会出现在给投资者和债权人使用的对外财务报告中。

（二）管理会计信息的特征

　　管理会计形成并使用的会计信息主要服务于计划和控制决策。因为形成和使用信息的目的不同于形成对外报告财务信息的财务会计，因此管理会计信息具有不同的特征。

　　1. 及时性

　　为了对当前经营过程进行计划和控制，会计信息应当具有及时性。许多企业面临的竞争环境要求及时获取信息。针对这一需求，企业可以建立计算机数据库，从而与行业协会的外部预测、供应商和客户及委托人相联系。随着新产品及服务的开发和推广期越来越短，企业必须优先考虑快速获取信息这一问题。

　　除了计划需要及时信息外，企业总是需要监督和控制当前经营活动。如果某个过程或作业失控，那么企业可能遭受巨大损失。例如，产品召回对公司而言代价很高。如果公司能对所有环节进行监督，避免把质量低劣或有缺陷的产品卖给客户，那么公司就可节约大笔开支。

　　2. 决策者的身份

　　用于监控和控制过程的信息必须提供给有权力纠正问题的决策者。向一线工人报告残次品和返工信息而不给予决策者修正工序的权力是毫无效果的。然而，对于拥有设备及相关工作决策权的自主团队而言，如果团队成员能控制引起问题的过程，那么团队会对返工和残次品问题产生重大影响。

　　3. 面向未来

　　尽管与财务会计信息一样，有些管理会计信息本质上具有历史性，但创造和形成这些信息的目的是影响未来。其目标是促使管理人员制定对企业最有利、与企业目的、目标和使命相一致的未来决策。

　　4. 效率与效度衡量指标

　　管理会计信息衡量资源使用的效率和效度。通过比较企业与竞争者的资源投入与产生效度和效率的衡量指标，去评价管理人员完成组织使命的效果。管理会计系统以货币作为通用单位进行此类比较。

5. 管理会计信息是一种手段

与财务会计信息一样，管理会计信息也是达到目的的一种手段，但其本身并不是目的，其最终目标是设计并运用可帮助管理人员实现企业目的和目标的会计系统。

三、对企业外部决策的作用

财务会计是现代企业的一项重要的基础性工作，通过一系列会计程序，主要为外部决策者（投资者和债权人）提供决策有用的信息，并积极参与经营管理决策，提高企业经济效益，服务于市场经济的健康有序发展。

（一）会计信息的外部使用者

会计信息的外部使用者（External Users）指那些对报告企业拥有当前或潜在财务利益但不参与该企业日常经营活动的个人和企业。财务信息的外部使用者包括：所有者、供应商、债权人、客户、潜在投资者、商业协会、工会、职员、公众和政府机构等。

这些外部决策制定者各有独特的信息需求，以便对报告企业进行有关决策。例如，从报告企业采购的客户信息评价所购产品的质量及企业履行保修义务的可信度；政府机构（如市场监督管理局）可能会关注报告企业是否遵循了某些相关的政府规定；公众可能对企业履行社会责任的程度（如是否会污染环境）感兴趣。

对外财务报告主要供两类人（投资者和债权人）使用。投资者是拥有报告企业的个人和企业，债权人则是报告主体欠钱、欠货的个人和企业。例如，商业银行可能贷款给报告企业，供应商可能允许报告企业赊购商品。这里需要假定的是，企业在满足投资者和债权人的财务信息需求的同时，这些信息也可为其他很多财务信息使用者所用。

（二）对外财务报告的目标

投资者或债权人关心公司的现金流量预测（Cash Flow Prospects），是那些有助于判断公司因使用资金而提供投资报酬的能力的信息。投资者或债权人也关心投资收回（Return of Investment），预期公司会因使用资金而支付一定款项，即投资报酬（Return on Investment）。

财务报告的目标是向财务报告使用者提供与企业财务状况、经营成果和现金流量等有关的会计信息，反映企业管理层受托责任履行情况，有助于财务报告使用者作出经济决策。

对外财务报告最具体的目标是提供关于经济资源、对资源的要求权以及资源与要求权如何随时间变化的信息。企业的资源常被称为资产，对那些资源的要求权来自债权人和所有者，即负债和所有者权益。

投资者和债权人评价公司是否能够进行未来现金支付的主要方法之一就是检查和分析该公司的财务报告（Financial Statement）。一般而言，财务报告披露的仅仅是公司认为真实的情况。在会计编制财务报告时，用财务术语描述企业财务活动的一些属性。

编制时期短于一年的财务报告（如一个月、季度或半年）被称为中期财务报告。本书中，同时使用年度财务报告和中期财务报告。无论是使用者还是编制者，接触公司财务报告时首先要明确这些报表所反映的时期。

（三）对外报告信息的特征

为使信息有用性最大化，报告给投资者、债权人及报告企业其他外部人员的财务信息应具有可理解的某些特征。

1. 财务报告是一种手段

如本章前文所述，财务信息是达到目的的一种手段，其本身不是目的。提供财务信息的最终目的是提高外部人员的决策质量，财务报告本身是达到此目的的一种手段。

2. 财务报告与财务报表的比较

财务报告比财务报表范围更广。换言之，财务报表是财务报告所包括全部信息的一个子集。除正式的财务报告外，投资者、债权人和财务信息的其他外部使用者还可借助互联网从其他方面了解企业。在这些可获得信息的基础上，信息使用者便可进行有针对性的经济决策。

3. 历史性特征

对外报告的财务信息本质上属于历史信息，是对已经发生的事项和交易结果进行报告。历史信息对评价未来非常有用，但信息本身是关于过去而不是关于未来的。

4. 计量具有近似性而非精确性

对外报告财务信息表面上看似高度精确，但实际上很多信息都是基于对未来所必须进行的估计、判断和假设。假设某家公司购买了一台经营设备，为了对该项资产进行会计处理并将其反映在公司对外报告的财务信息中，必须对使用这台设备的时间进行估计，如使用年限、机器生产工时等。显然，绝大多数会计信息依赖大量判断，这一局限性有时会带来偏差。

5. 通用目的假设

如前所述，假设通过提供满足投资者和债权人需要信息的同时也满足其他外部人员的信息需求。如果企业能对每一个潜在外部使用者分别编制不同信息，那么企业就能提供更高质量的信息。不过，这种方法往往不现实。相反，企业更倾向编制对绝大多数使用者有用的信息，这种信息被称为通用信息（General-Purpose Information）。

6. 通过解释可增加有用性

企业界认为，对外部报告财务信息的价值因为有了企业管理人员的解释而得到提升，这些非量化信息通常有助于解释所列示的财务数据。正因为如此，包括财务报告在内的财务信息往往带有很多附注及其他解释，帮助说明和解释数字信息。

第二章　会计基本理论

★ 会计要素
★ 会计基本假设、会计核算基础与计量属性
★ 会计信息质量要求

扫码获得
本章PPT

【思政案例】

通过案例理解不忘初心的精神实质和核心内容，在岗位上塑造良好的品格、品行，树立正确的世界观、人生观和价值观。把学习和做事进行统一，这样才能在竞争的大潮中立于不败之地。下面案例中的会计人员在 26 年中用"坚守"点亮了会计人生。

孙爱妹，1992 年加入亨通集团有限公司（以下简称"亨通"），作为亨通财务部负责人，26 年来一路默默耕耘；2016 年，孙爱妹带领的团队被评为"年度先进团队"；2017 年，孙爱妹荣获"先进主任"的奖项。26 年的坚守，恣意盛放，她用实际行动点亮会计人生。

财务部作为公司的"内部管家"，既要做到各项收入"颗粒归仓"，也要求做到各项支出合理到位。庞大而索然的数据枯燥又乏味，考验的不仅仅是一个会计手头的功夫，更是一个人的耐心和心性。作为亨通财务部负责人，对这一切，孙爱妹甘之如饴。

有人说："财务工作，说得形象一点，就要像中国古代的钱币一样，既要做到外圆、中通和内方，又要具备良好的自身素质。"在公司初建的那些时光，办公资源匮乏，那时候的财务部在临时办公地点，孙爱妹一个人既当将帅，又当士兵，与各种数据打交道，面对公司初设带来的诸多财务上的复杂状况，她以一己之力默默地支撑起亨通财务的半边天。

"合抱之木，生于毫末；九层之台，起于累土。"随着亨通业务的不断壮大，孙爱妹带领她的小花们笃行致远，砥砺前行，让亨通的财务工作像春风化雨般，润物细无声。仅 2017 年，资金日均余额完成目标的 199.68%，资金归集率完成目标的 104.93%，存货周转天数从 2016 年的 27 天下降到目前的 20 天，下降比例为 25.93%。孙爱妹始终坚守着节流的闸门，为公司节省成本，精打细算着支出的流量，在她的努力下，仅去年财务部的成本改善金额就达到了 104.67 万元。

"一个人只有耐得住寂寞，才能守得住繁华。"耐得住寂寞，方能成就大事。寂寞

磨人，但它更能锻炼人。孙爱妹用26年的时光完美地诠释了这句话的真谛。

通过上述案例思考如下问题：

（1）上述案例中，你可以看到哪些会计要素呢？

（2）企业在创办并发展的过程中，财务人员会对会计要素有什么影响吗？

（3）从这一案例中你获得了哪些会计方面的知识？

第一节　会计要素

《企业会计准则——基本准则》（财政部令（第76号）2014年，以下简写为"2014年"）第十条规定："企业应当按照交易或者事项的经济特征确定会计要素。"

会计要素（图2-1）是指会计工作的具体对象，是对会计对象按经济特征所作的基本分类，用于反映企业财务状况，确定经营成果的因素。会计要素按照其性质分为资产、负债、所有者权益、收入、费用和利润。其中，资产、负债、所有者权益要素侧重反映企业的财务状况，收入、费用、利润要素侧重反映企业的经营成果。

会计要素的界定和分类可以使财务会计系统更加科学严密，为会计信息使用者提供更加有用的信息。

图2-1　会计要素的构成

一、资产

（一）资产的定义

《企业会计准则——基本准则》（2014年）第二十条指出："资产是指企业过去的交易或者事项形成的、由企业拥有或者控制的、预期会给企业带来经济利益的资源。"

根据资产的定义，资产具有以下三方面的特征：

1. 资产是由企业过去的交易或者事项形成的

资产应当由企业过去的交易或者事项所形成，过去的交易或者事项包括购买、生产、建造行为或其他交易或者事项。即只有过去的交易或者事项才能产生资产，企业预期在未来发生的交易或者事项不形成资产。例如，企业有购买某存货的意愿或者计划，但是购买行为尚未发生，就不符合资产的定义，不能确认资产。预期在未来发生的交易或者事项不形成资产。

【例2-1】中原海华公司计划2020年7月份购买设备一批，2020年10月份，中原海华公司与某公司签订了购买合同。但实际上，该设备的购买行为发生在2021年2月份。那么，中原海华公司是否能在2020年10月份确认购买的设备为资产？

解析：中原海华公司有购买该设备的计划，但是购买行为尚未发生，实际购买设备的时间与归属期不一致，因此不符合资产的定义，不能确认资产。

2. 资产是企业拥有或者控制的资源

资产作为一种资源，由企业拥有或者控制，具体是指企业享有某种资源的所有权，或者虽然不享有某种资源的所有权，但该资源能被企业所控制。

企业享有资产的所有权，通常表明企业能够排他性地从资产中获取经济利益。通常在判断资产是否存在时，所有权是首要考虑因素。在有些情况下，资产虽然不为企业所拥有，即企业并不享有其所有权，但企业控制了这些资产（如融资租入的机器设备），同样表明企业能够从资产中获取经济利益，符合会计上对资产的定义。如果企业既不拥有也不控制资产所能带来的经济利益（如放在仓库中保管的已售商品），就不能将其作为企业资产予以确认。

【例2-2】为了便于销售管理，中原海华公司将一批存货暂时存放在B公司。那么，对于暂时存放的货物应该作为资产吗？

解析：该货物虽然暂时存放在B公司，但是仍然被中原海华公司拥有或者控制，所以这批货物依旧可以作为中原海华公司的资产进行记录和计量，而不能作为B公司的资产。

【例2-3】中原海华公司有甲、乙两台机器设备，其中甲设备是从某公司以经营租赁的方式取得。乙设备是从新华公司以融资租入的方式取得。目前，甲、乙两台设备均正常投入使用，请问甲、乙设备是否可以确认为中原海华公司的资产？

解析：中原海华公司对于经营租入的甲设备没有所有权，也没有控制权，只拥有使用权，根据资产的定义来进行判断，甲设备不应该确认为中原海华公司的资产，但是融资租入的乙设备虽然没有所有权，但是享有与所有权相关的风险和报酬的权利。即拥有实际的控制权，所以应该将乙设备确认为中原海华公司的资产。

3. 资产预期会给企业带来经济利益

资产预期会给企业带来经济利益，是指资产直接或者间接导致现金和现金等价物流入企业的潜力。这种潜力可以来自企业日常生产经营活动，也可以是非日常活动；带来的经济利益，可以是现金或者现金等价物，可以是转化为现金或者现金等价物的形式，也可以是减少现金或者现金等价物流出的形式。

资产预期能否为企业带来经济利益是资产的重要特征。例如，企业采购的原材料、购置的固定资产等可以用于生产经营过程，制造商品或者提供劳务，对外出售后收回货款，货款即为企业所获得的经济利益。如果某一项目预期不能给企业带来经济利益（如过期的食品），那么就不能将其确认为企业的资产。前期已经确认为资产的项目（如已经发生毁损的存货），如果不能再为企业带来经济利益的，也不能再确认为企业的资产。

【例 2-4】中原海华公司选择直播带货的形式进行商品的营销，但由于选择营销的方式不太适合，造成了商品的滞销，大批商品保质期内未完成销售，那么，对于滞销的商品可以作为企业的资产进行记录吗？

解析：根据资产的定义，已经过期的商品不再具有价值，也不能给企业带来经济利益。因此，不能再将其确认为企业的资产。

将一项资源确认为资产，需要符合资产的定义，还应同时满足以下两个条件：

（1）与该资源有关的经济利益很可能流入企业。从资产的定义可以看到，能否带来经济利益是资产的一个本质特征。但现实生活中，由于经济环境瞬息万变，与资源有关的经济利益能否流入企业或者能够流入多少，实际上具有不确定性。因此，确认资产时还应与经济利益流入的不确定性程度结合起来进行判断，若根据编制财务报告时所得证据可知，与资源有关的经济利益很可能（$50\% \leqslant$ 概率 $<95\%$）流入企业，应当将其作为资产予以确认；反之，不能确认为资产。

（2）该资源的成本或者价值能够可靠计量。财务会计系统是一个确认、计量和报告的系统，其中计量起着枢纽作用，可计量性是所有会计要素确认的重要前提，资产的确认也是如此。只有当有关资源的成本或者价值能够可靠计量时，资产才能予以确认。在实务中，企业取得的资产，只要实际发生的购买成本或者生产成本能够可靠计量，不论其发生实际成本的大小或有无，如果公允价值能够可靠计量，就视为符合可计量性的确认条件。

（二）资产的分类

资产按其流动性可分为流动资产和非流动资产（图2-2）。

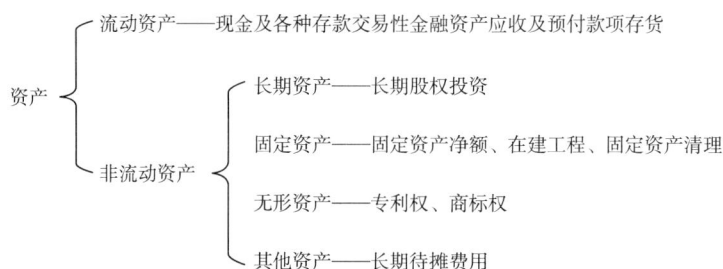

图2-2　资产的分类

1.流动资产

流动资产是指企业在一个正常营业周期中变现、出售或耗用，或者主要为交易目的而持有，或者预计在资产负债表日起一年内（含一年）变现的资产，以及自资产负债表日起一年内交换其他资产或清偿负债的能力不受限制的现金或现金等价物。

现金及各种存款，包括库存现金、银行存款和其他货币资金，如外埠存款、银行本票存款、银行汇票存款及在途货币资金等。由于现金和各种存款处于货币形态，又称为货币资金。

交易性金融资产是指企业为了近期内出售而持有的金融资产，包括企业以赚取差价为目的从二级市场购入的股票、债券或基金等。

应收及预付款项是指企业在日常生产经营过程中发生的各项债权，包括应收票据、应收账款、其他应收款和预付账款等。

存货是指企业在日常活动中持有以备出售的产成品或商品、处在生产过程中的在产品、在生产过程或提供劳务过程中耗用的材料和物料。包括原材料、周转材料、在产品、半成品、产成品、商品以及委托加工物资等。

流动资产变现能力强，经常改变存在形态，其价值一般是一次计入成本，或在较短时间内分几次转入成本费用，并从销售收入中得到补偿。

2.非流动资产

非流动资产是指计划长期持有、不准备在1年内变现的投资或为管理目的而拥有或控制的资产，包括持有至到期投资、长期股权投资、固定资产、无形资产和长期待摊费用等。

　　持有至到期投资是指企业购入的准备持有至到期收回的债券投资以及企业委托银行或金融机构向其他单位贷出的款项等。

　　长期股权投资是指企业投出的期限在 1 年以上（不含 1 年）的各种股权性质的投资，包括购入的股票和其他股权等。长期股权投资的目的不仅在于谋取一定的投资收益，而且在于影响和控制被投资企业的经营决策，以求取得更大利益，实现企业长远发展战略。在投资过程中企业是以投资者即股东身份出现的，对被投资企业的净资产具有所有权。

　　固定资产是指企业为生产商品、提供劳务、出租或经营管理而持有的、使用寿命超过一个会计年度、单位价值在规定的限额以上并能够可靠地计量、且长期使用能保持其原有实物形态的劳动资料。包括房屋、建筑物、机器设备、运输工具等。固定资产多次参加企业生产经营周期的运转，并在使用过程中不改变其实物形态，其价值随着生产经营活动的进行逐渐地提取折旧的形式转移到成本费用中去，并逐步从销售收入中得到补偿。

　　无形资产是指企业拥有或者控制的没有实物形态的可辨认非货币性资产，包括专利权、非专利权技术、商标权、著作权、土地使用权和商誉等。可辨认性标准是指能够从企业中分离或者划分出来，并能单独或者与相关合同、资产或负债一起，用于出售、转移、授予许可、租赁或者交换；源自合同性权利或其他法定权利，无论这些权利是否可以从企业或其他权利和义务中转移或者分离。

　　无形资产通常代表企业所拥有的一种法定权利或优先权，或者企业所拥有的高于一般水平的获利能力。但其所提供的未来经济效益具有很大的不确定性，是企业有偿取得的，仅与特定的会计主体相关，并受法律、契约、制度的保护，禁止非所有者无偿获得。

　　长期待摊费用是指企业已经发生但应由本期和以后各期负担的、分摊在 1 年以上（不含 1 年）的各项费用，包括以经营租赁方式租入固定资产发生的改良支出等。

二、负债

（一）负债的定义

　　《企业会计准则——基本准则》（2014 年）第二十三条规定："负债是指企业过去的交易或者事项形成的、预期会导致经济利益流出企业的现时义务。"

　　根据负债的定义，负债具有以下三方面的特征：

1. 负债是由企业过去的交易或事项形成的

负债的本质是一种经济义务，它是由过去已经发生的交易或事项所形成的。换言之，只有过去发生的交易或者事项才形成负债，企业将在未来发生的承诺、签订的合同等交易或者事项，不形成负债。

【例 2-5】中原海华公司于 2020 年 2 月与某进出口贸易有限公司签订了购买合同购买了设备一台，并当月投入使用，但实际支付款项是在 2020 年的 5 月。那么在 2020 年 2 月购买设备时是否要确认负债呢？

解析：根据负债的定义。中原海华公司在 2020 年 2 月的买了这个设备属于已经发生的交易或者事项，因此可以确认为负债。

2. 负债是企业承担的现时义务

负债必须是企业承担的现时义务。其中，现时义务是指企业在现行条件下已承担的义务。未来发生的交易或者事项形成的义务，不属于现时义务，不应当确认为负债。

这里所指的义务可以是法定义务，也可以是推定义务。其中，法定义务是指具有约束力的合同或者法律法规规定的义务，通常在法律意义上需要强制执行。例如，企业购买原材料形成应付账款、企业向银行借款等，均属于企业承担的法定义务，需要依法予以偿还。推定义务是指根据企业多年来的习惯做法、公开的承诺或者公开宣布的政策而导致企业将承担的责任，这些责任也使有关各方形成了企业将履行义务解脱责任的合理预期。例如，某企业多年来制定有一项销售政策，对于售出商品提供一定期限内的售后服务，预期将为售出商品提供保修服务就属于推定义务，应当将其确认为一项负债。

【例 2-6】中原海华公司 2021 年 6 月，在进行生产经营决策时发现，企业预计会存在资金的缺口，准备在两个月以后向银行借款 50 万元。那么，2021 年 6 月是否可以将该笔借款确认为负债？

解析：中原海华公司的借款实际发生在 8 月，根据负债的定义，该企业在 2021 年 6 月不应该确认这笔款项为负债。

3. 负债预期会导致经济利益流出企业

负债的实质是以牺牲资产为代价的一种受法律保护的责任；也许企业可以通过承诺新的负债或通过将负债转为所有者权益等方式清偿一项现有负债，但这并不与负债的实质相背离。在前一种方式下，仅是负债的偿还时间被延迟了，最终，企业仍然需要以债权人所能接受的经济资源来清偿债务；在后一种方式下，则相当于企业用增加所有者权益而获得的资产偿还了现有负债，即企业让渡了资产的所有权。两者都牺牲了企业的经济利益。

将一项现时义务确认为负债，需要符合负债的定义，还应当同时满足以下两个条件：

（1）与该义务有关的经济利益很可能流出企业。从负债的定义可以看到，预期会导致经济利益流出企业是负债的一个本质特征。在实务中，履行义务所需流出的经济利益带有不确定性，尤其是与推定义务相关的经济利益通常需要依赖于大量的估计。因此，负债的确认应当与经济利益流出的不确定性程度的判断结合起来，如果有确凿证据表明，与现时义务有关的经济利益很可能流出企业，就应当将其作为负债予以确认；反之，如果企业承担了现时义务，但是会导致企业经济利益流出的可能性很小（5%≤概率<50%），就不符合负债的确认条件，不应将其作为负债予以确认。

（2）未来流出的经济利益的金额能够可靠计量。

（二）负债的分类

负债通常是按照偿还期限的长短分为流动负债和非流动负债（图2-3）。

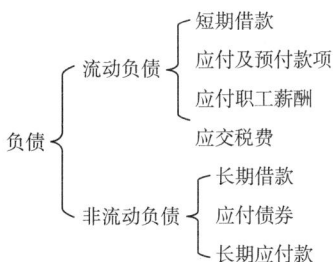

图2-3　负债按照流动性的分类

1. 流动负债

流动负债是预计在一个正常营业周期中偿还，自资产负债表日起1年内（含1年）到期应予以清偿，或者企业无权自主地将清偿推迟至资产负债表日后1年以上的负债。主要包括短期借款、应付及预收款项、应付职工薪酬和应交税费等。

流动负债中，短期借款是指企业从银行或其他金融机构等借入的期限在1年以下（含1年）的各种借款。应付及预付款项是指企业在日常生产经营过程中发生的各项债务，包括应付票据、应付账款、其他应付款和预收账款等。应付职工薪酬是指企业根据有关规定应付给职工的各种薪酬，包括职工工资、奖励、津贴和补贴、职工福利费等。应交税费是指企业按照税法等规定计算的应向国家缴纳的各种税费，包括增值税、消费税、所得税、城市维护建设税和教育费附加等。

2. 非流动负债

非流动负债是指流动负债以外的负债，主要包括长期借款、应付债券和长期应付款项等。

非流动负债中，长期借款是指企业向银行或其他金融机构借入的期限在 1 年以上（不含 1 年）的各项借款。应付债券是指企业为筹集长期资金而发行债券的本金及应付的利息。长期应付款是指企业除长期借款、应付债券以外的其他各种长期应付款项，包括应付引进设备款、融资租入固定资产应付款等。长期债务的目的是购置大型设备、房地产、增建和扩建厂房等，而流动负债的举借目的主要是为了满足生产周转需要。此外，将于 1 年内到期的非流动负债应当在流动负债下单列项目予以反映。

三、所有者权益

（一）所有者权益的定义

《企业会计准则——基本准则》（2014 年）第二十六条规定："所有者权益是指企业资产扣除负债后由所有者享有的剩余权益。"

所有者权益是所有者对企业资产的剩余索取权，它是企业资产中扣除债权人权益后应由所有者享有的部分，既可反映所有者投入资本的保值增值情况，又体现了保护债权人权益的理念。公司的所有者权益又称为股东权益。

（二）所有者权益的来源构成

《企业会计准则——基本准则》（2014 年）第二十七条规定："所有者权益的来源包括所有者投入的资本、直接计入所有者权益的利得和损失、留存收益等。"

按其构成内容不同，具体表现为实收资本（或股份制企业的"股本"）、资本公积（含资本溢价、其他资本公积）、盈余公积和未分配利润（图 2-4）。其中，盈余公积和未分配利润统称为留存收益。

$$
所有者权益
\begin{cases}
实收资本（或股本）\\
资本公积\\
盈余公积\\
未分配利润
\end{cases}
$$

图2-4 所有者权益的范围

1. 所有者投入的资本

所有者投入的资本是指所有者投入企业的资本部分，既包括构成企业注册资本（实收资本）或者股本部分的金额，也包括投入资本超过注册资本或者股本部分的金额，即资本溢价或者股本溢价，这部分投入资本在我国企业会计准则体系中计入资本公积，并在资产负债表中的资本公积项目下反映。

2. 直接计入所有者权益的利得和损失

直接计入所有者权益的利得和损失是指不应计入当期损益、会导致所有者权益发生增减变动的、与所有者投入资本或者向所有者分配利润无关的利得或者损失。其中，利得是指由企业非日常活动所形成的、会导致所有者权益增加的、与所有者投入资本无关的经济利益的流入。损失是指由企业非日常活动所发生的、会导致所有者权益减少的、与向所有者分配利润无关的经济利益的流出。直接计入所有者权益的利得和损失主要包括可供出售金融资产的公允价值变动额、现金流量套期中套期工具公允价值变动额（有效套期部分）等。

3. 留存收益

留存收益是企业实现的净利润留存于企业的部分，包括计提的盈余公积和未分配利润。盈余公积是指企业从税后利润（净利润）中提取的公积金，包括法定盈余公积和任意盈余公积等。未分配利润是企业待分配或留于以后年度分配的利润。

四、收入

（一）收入的定义

《企业会计准则——基本准则》（2014年）第三十条规定："收入是指企业在日常活动中形成的、会导致所有者权益增加的、与所有者投入资本无关的经济利益的总流入。"

《企业会计准则——基本准则》（2014年）第三十一条规定："收入只有在经济利益很可能流入从而导致企业资产增加或者负债减少、且经济利益的流入额能够可靠计量时才能予以确认。"

根据收入的定义，收入具有以下三方面的特征：

1. 收入是企业在日常活动中形成的

日常活动是指企业为完成其经营目标而从事的经常性活动，以及与之相关的其他活动。例如，工业企业制造并销售产品，商业企业销售商品，金融企业对外贷款，保险公司签发保单等。明确界定日常活动是为了将收入与利得相区分，因为企业非日常活动所形成的经济利益的流入不能确认为收入，而应当计入利得。

2. 收入会导致所有者权益的增加

与收入相关的经济利益的流入应当会导致所有者权益的增加，不会导致所有者权益增加的经济利益的流入不符合收入的定义，不应确认为收入。例如，企业向银行借入款项，尽管也导致了企业经济利益的流入，但该流入并不导致所有者权益的增加，反而使企业承担了一项现时义务。企业对于因借入款项所导致的经济利益的增加，不应将其确认为收入，应当确认为一项负债。

3. 收入是与所有者投入资本无关的经济利益的总流入

收入应当会导致经济利益的流入，从而导致资产的增加。例如，企业销售商品，应当收到现金或者在未来有望收到现金时，才表明该交易符合收入的定义。但不包括为第三方或客户代收的款项。代收款项发生时，会同时增加企业的资产与负债，并不能增加企业的所有者权益。

我国 2017 年颁布的《企业会计准则第 14 号——收入》中，规范的收入有三种：销售商品、提供劳务和让渡资产使用权，与建造合同准则当中的收入一并在利润表的营业收入中列示。

【例 2-7】中原海华公司销售商品收到款项 100 万元，该商品进货成本为 80 万元，请问这件商品的销售过程当中，总流入和净流入分别是多少？

解析：经济利益的总流入是企业的收入，即日常经营活动所取得的全部收入，是不扣除耗费的成本费用之前的收入。净流入指的是总流入中扣除成本等流出之后的净收益。因此，该商品销售中总流入为 100 万元，净流入为 20 万元。

（二）收入的确认条件与分类

企业收入的来源渠道多种多样，不同收入来源的特征有所不同，其收入确认条件也往往存在差别。一般而言，收入只有在经济利益很可能流入从而导致企业资产增加或者负债减少、且经济利益的流入额能够可靠计量时才能予以确认。例如，销售商品企业应当在履行合同中履约义务，即在客户取得相关的控制权时确认收入，取得相关商品控制权，能够主导该商品的使用并从中获得几乎全部的经济利益，企业与客户之间的合同同时满足下列条件时，企业应当在客户取得相关商品控制权时确认收入。

即收入的确认除了应当符合定义外，应该同时满足以下条件：

（1）合同各方已批准该合同，并承诺将履行各自义务。

（2）该合同明确了合同各方与所转让商品或提供劳务相关的权利和义务。

（3）该合同有明确的与所转让商品相关的支付条款。

（4）该合同具有商业性实质。

（5）企业因向客户转让商品而有权取得的对价，很可能收回。

收入按企业经营业务的主次可分为主营业务收入和其他业务收入（图2-5）。

（1）主营业务收入是由企业的主营业务所带来的收入，如工业企业销售商品、提供劳务等主营业务所实现的收入。

（2）其他业务收入是指除主营业务活动以外的其他经营活动实现的收入，如工业企业出租固定资产、出租无形资产、出租包装物和商品和销售材料等实现的收入。

收入按性质不同，可分为销售商品收入、提供劳务收入、让渡资产使用权收入等。

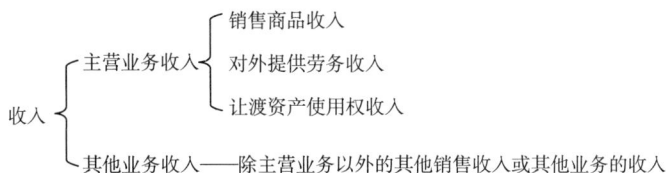

图2-5　收入的范围

【例2-8】中原海华公司在经营过程当中发现有无形资产和固定资产以及多余的材料若干，处于闲置的状态。因此，决定出租和出售部分无形资产和固定资产以及多余的材料。那么中原海华公司取得的出租和出售无形资产、固定资产和出售多余材料的款项是否应该确认为企业的收入？

解析：出租无形资产、固定资产在实际上是属于让渡资产使用权，出售多余材料的收入，也属于企业日常活动中形成的收入，因此，该部分应确认为企业的收入。出售无形资产、固定资产并非企业的日常活动，这种销售行为是偶然性发生的，取得款项不应该确认为企业的收入，而应该作为企业的利得计入营业外收入。

五、费用

（一）费用的定义

《企业会计准则——基本准则》（2014年）第三十三条规定："费用是指企业在日常活动中发生的、会导致所有者权益减少的、与向所有者分配利润无关的经济利益的总流出。"

《企业会计准则——基本准则》（2014年）第三十四条规定："费用只有在经济利益

很可能流出从而导致企业资产减少或者负债增加、且经济利益的流出额能够可靠计量时才能予以确认。"

《企业会计准则——基本准则》（2014年）第三十五条规定："企业为生产产品、提供劳务等发生的可归属于产品成本、劳务成本等的费用，应当在确认产品销售收入、劳务收入等时，将已销售产品、已提供劳务的成本等计入当期损益。"

根据费用的定义，费用具有以下特征：

1. 费用是企业在日常活动中发生的

费用和收入一样，产生于企业日常的经营活动，企业为获取收入，必然会发生费用，收入和费用相互配比，才会产生利润。因日常活动所产生的费用通常包括销售成本（营业成本）、职工薪酬、折旧费、无形资产摊销费等。将费用界定为日常活动所形成的目的是将其与损失相区分，企业非日常活动所形成的利益的流出不能确认为费用，而应当计入损失。

2. 费用会导致所有者权益的减少

不论费用是减少资产还是增加负债，根据资产扣除负债即为所有者权益的等式，都会使所有者权益减少。可能表现为企业资产的减少，如耗用材料；也可能引起负债的增加，如期末应付未付的工资；还可能同时引起资产的减少或负债的增加。

3. 费用是与向所有者分配利润无关的经济利益的总流出

费用的发生应当会导致经济利益的流出，从而导致资产的减少或者负债的增加（最终也会导致资产的减少）。其表现形式包括现金或者现金等价物的流出，存货、固定资产和无形资产等的流出或者消耗等。鉴于企业向所有者分配利润也会导致经济利益的流出，而该经济利益的流出显然属于所有者权益的抵减项目，不应确认为费用，应当将其排除在费用的定义外。

（二）费用的确定条件及分类

费用的确认除了应当符合定义外，至少应当符合以下三个条件：

（1）与费用相关的经济利益应当很可能流出企业。

（2）经济利益流出企业的结果会导致资产的减少或者负债的增加。

（3）经济利益的流出额能够可靠计量。

费用按照与收入的配比关系不同，可分为生产费用和期间费用（图2-6）。

生产费用是指与企业日常生产经营活动有关的费用，按其经济用途可分为直接材料、直接人工和制造费用。生产费用应按其实际发生情况计入产品的生产成本；对于生产几种产品共同发生的生产费用，应当按照受益原则，采用适当的方法和程序分配计入相关产品的生产成本。

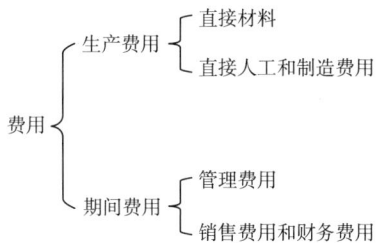

图2-6　费用按照与收入的配比关系分类

期间费用是指企业本期发生的、不能直接或间接归入产品生产成本，而应直接计入当期损益的各项费用。管理费用是指行政管理部门为组织和管理生产经营活动而发生的费用支出，行政管理部门人员的工资费、福利费、固定资产折旧费、业务招待费和工会经费等。销售费用是指企业在生产销售过程中产生的各项费用，如运输费、包装费、广告费等。财务费用是指企业为筹集生产经营所需要的资金而发生的各项费用，借款手续费、利息支出等。这些费用容易确定其发生的期间，难以判别其所应归属的产品，因而在发生的当期便直接计入当期损益。

六、利润

（一）利润的定义

《企业会计准则——基本准则》（2014 年）第三十七条规定："利润是指企业在一定会计期间的经营成果。"

通常情况下，如果企业实现了利润，表明企业的所有者权益增加，业绩得到了提升；反之，如果企业发生了亏损（即利润为负数），表明企业的所有者权益减少，业绩下滑了。利润是评价企业管理人员业绩的指标之一，也是投资者等财务报告使用者进行决策时的重要参考依据。

（二）利润的来源构成及确认条件

利润反映收入减去费用、直接计入当期利润的利得减去损失后的净额。利润的确认主要依赖于收入和费用，以及直接计入当期利润的利得和损失的确认，其金额的确定也主要取决于收入、费用、利得、损失金额的计量。

《企业会计准则——基本准则》（2014年）第三十八条规定："直接计入当期利润的利得和损失是指应当计入当期损益、会导致所有者权益发生增减变动的、与所有者投入资本或者向所有者分配利润无关的利得或者损失。"

《企业会计准则——基本准则》（2014年）第三十九条规定："利润金额取决于收入和费用、直接计入当期利润的利得和损失金额的计量。"

企业应当严格区分收入和利得、费用和损失，以更加全面地反映企业的经营业绩。利润包括收入减去费用后的净额、直接计入当期损益的利得和损失等。

按照利润的配比方法和形成的原因不同，利润可以分为营业利润，利润总额和净利润。

1. 营业利润

营业利润是指营业收入减去营业成本、税金及附加、销售费用、管理费用、财务费用、资产减值损失，加上公允价值变动收益（或减公允价值变动损失）和投资收益（或减投资损失）后的金额，营业利润的计算公式：

营业利润 = 营业收入 − 营业成本 − 税金及附加 − 销售费用 − 管理费用 − 财务费用 − 资产减值损失 + 公允价值变动收益（− 公允价值变动损失）+ 投资收益（− 投资损失）

营业收入 = 主营业务收入 + 其他业务收入

营业成本 = 主营业务成本 + 其他业务成本

2. 利润总额

利润总额是指营业利润加上营业外收入减去营业外支出后的金额（图2-7）。

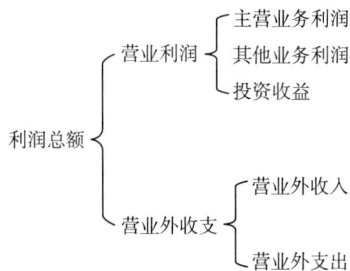

图2-7 利润总额的范围

利润总额的计算公式为：

利润总额 = 营业利润 + 营业外收入 − 营业外支出

3. 净利润

净利润是指利润总额减去所得税费用后的金额

净利润的计算公式为：

净利润 = 利润总额 − 所得税费用

会计要素的内容如图 2-8 所示,在各要素中,凡符合资产、负债的定义和确认条件的项目、所有者权益项目应列入资产负债表;凡符合收入、费用的定义和确认条件的项目、利润项目应列入利润表。

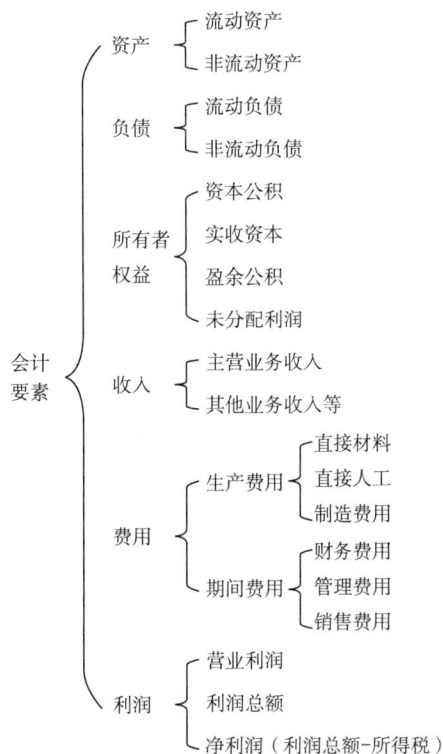

图2-8 会计要素分类

第二节 会计基本假设、会计核算基础与计量属性

一、会计基本假设

在市场经济条件下,整个社会的经济环境将变得越来越复杂且变化莫测。这种社会经济环境决定了各单位的会计活动存在着许多变化不定的因素。会计人员要全面反映和监督企业经济活动,为有关各方提供有用的会计信息,就必须对会计核算的对象及其所处的环境作出合理的推断或判断,即建立会计核算的基本前提。会计核算的基本前提是对会计核算所处的时间、空间环境以及计量方式和方法所作合理设定,具体包括以下四个基本前提:会计主体、持续经营、会计分期和货币计量。

（一）会计主体

《企业会计准则——基本准则》（2014 年）第五条规定："企业应当对其本身发生的交易或者事项进行会计确认、计量和报告。"

会计主体又称会计实体，是指会计工作服务的特定单位组织。它规定了会计核算的空间范围和界限，会计提供的信息并不是漫无边际的，而是应局限于一个特定的具有独立性或相对独立性的单位之内。如果以一个独立核算的企业作为会计主体，那么会计所提供的会计信息必须是与企业相关的，而那些与该公司无关的信息则不属于会计主体所核算的范围，即会计主体只对其本身发生的交易或者事项进行会计确认、计量和报告。

明确会计主体作为会计核算的基本前提，具有十分重要的意义。一方面，对会计核算的空间范围有了一个明确的界定。它要求会计核算应当区分自身的经济活动与其他企业单位的经济活动；区分企业的经济活动与所有者和债权人的经济活动。另一方面，划定了会计核算所要处理的经济业务事项的范围。只有那些影响会计主体利益的经济业务事项才能反映与记录，即会计的反映和监督只涉及本会计主体的经济活动。如某公司向其他单位销售一批商品，则这笔经济业务涵盖了两个方面，对于该公司来说是一项销售业务，而对于对方而言则是一笔购进业务，作为两个不同的会计主体，这两个企业都有自己明确的立场，即该公司在条件符合时确认收入，而对方在满足条件时确认商品购进。以会计主体作为会计核算的基本前提，对会计核算范围从空间上进行了有效的界定，有利于正确地反映一个经济实体所拥有的财产及承担的债务，计算其经营收益或可能遭受的损失，向信息需求者提供准确的财务信息。

需要注意的是，会计主体不同于法律主体。一般来说，法律主体必然是一个会计主体，但会计主体不一定是法律主体。无论是独资、合资还是合伙企业，都是一个会计主体。在企业规模较大的情况下，为了便于掌握其分支机构的生产经营活动和收支情况，可以将分支机构作为一个会计主体，要求其定期编制会计报表。此外，在控股经营的情况下，母公司及其控股的子公司均为独立的法律主体，但是为了全面反映企业集团的财务状况、经营成果和现金流量，就必须要将这个企业集团作为一个会计主体，编制合并报表。也就是说，会计主体可以是独立的法人，也可以是非法人（如合伙企业等）；可以是一个企业，也可以是企业内部的某一单位或企业的一个特定部分（如企业的分公司、车间、班组等）；可以是一个单位，也可以是由几个企业组成的企业集团。

（二）持续经营

《企业会计准则——基本准则》（2014 年）第六条规定："企业会计确认、计量和报告应当以持续经营为前提。"

持续经营是指会计核算以会计主体持续正常的生产经营为前提，企业在可以预见的将来，将持续不断地经营下去，不会面临破产和清算。在此前提下，会计便可以认定企业所持有的资产将在正常的经营过程中被合理地支配和耗用，企业所负担的债务也将在持续经营过程中得到有序的偿付；经营成果就会不断形成，核算的必要性是不言而喻的。持续经营与会计主体有着密切的联系。会计主体界定了会计核算的空间范围，而持续经营则明确了会计工作的时间长度。然而持续经营并不否认在激烈的市场竞争中其经营过程的风险性，它只是为了便于会计工作的正常进行，告诉人们会计信息是在何种前提下产生的。持续经营前提是从会计主体中引申出来的，即核算主体是持续不断地进行经营的。

持续经营对于会计十分重要，它为正确地确定财产计价、收益计量提供了理论依据。现行的会计处理方法大部分都是建立在持续经营的基础上的。如果持续经营这一前提不存在了，那么一系列的会计准则和会计方法也相应地丧失其存在的基础，所以，会计主体必须以持续经营作为前提条件。

（三）会计分期

《企业会计准则——基本准则》（2014 年）第七条规定："企业应当划分会计期间、分期结算账目和编制财务报告。会计期间分为年度和中期。中期是指短于一个完整的会计年度的报告期间。"

根据持续经营基本前提，一个企业将要按当前的规模和状态持续经营下去。因此，最终确定企业生产经营成果，只能等到企业经营结束进行清算之日。但是，企业的生产经营活动和投资决策要求提供及时的信息，不能等到停业时一次性地核算盈亏。持续经营设定企业的经营活动是无限期的，这给会计核算带来诸多困难。为了及时获得会计信息，充分发挥会计的反映和监督职能，人们便将持续经营的活动人为地划分为一个个连续的、长短相同的期间，以便能够及时地核算与报告有关企业财务状况和经营成果的信息。会计核算一般以 1 年作为一个会计期间。这里指的 1 年可以采取公历年度，即从公历 1 月 1 日～12 月 31 日，也可以采纳财政年度。我国规定会计期间采取公历年度；英国、日本等国规定会计期间从 7 月 1 日起至次年 6 月 30 日；美国等国规定会计期间从 10 月 1 日起至次年 9 月 30 日。此外，在信息时代的今天，考虑信息提供的及时性，会计期间也呈现出逐渐缩短的倾向，如以半年、季度、月度作为会计期间。

（四）货币计量

货币计量是指会计主体在会计核算过程中采用货币作为统一的主要计量单位，且在不同时期货币的币值保持稳定。

《企业会计准则——基本准则》（2014 年）第八条规定："企业会计应当以货币计量。"

《会计法》第十二条规定："会计核算以人民币为记账本位币。业务收支以人民币以外的货币为主的单位，可以选定其中一种货币为记账本位币，但是编制财务会计报告应当折算为人民币。"

企业的经济活动一般表现为商品的购销、各种原材料的耗费以及各种费用的支付等，由于商品和各种材料、劳务耗费在实物上不存在统一的计量单位，无法比较；为了全面反映企业的经济活动，会计核算客观上需要统一的计量单位作为会计核算的计量尺度。货币计量是指会计主体在会计核算过程中采用货币作为计量单位，记录、反映会计主体的经营情况。在商品经济条件下，货币是商品的一般等价物，是衡量商品价值的共同尺度，会计核算必然选择货币作为其计量单位反映企业经营活动的全过程。

货币计量包括两个层次：一个是货币计量单位，另一个是货币币值稳定与否。我国以人民币作为会计核算的记账本位币，平时经营业务以外币为主的企业可以采用某种外币作为记账本位币，但是年末编制财务报告时必须将外币折合为人民币反映。按照国际惯例，当币值变动不大，或者币值上下波动的幅度不大而且可以相互抵消时，会计核算时可以不考虑这些影响，仍然假设币值是稳定的。

二、会计核算基础

会计核算基础也称会计处理基础，是指确定收入和费用归属期间的标准收入和费用的收付期间与归属期间是否一致，可以归纳为以下三种情况：

第一，收入和费用的收付期间与归属期间是相同的。企业本期内收到的收入就是本期已经获得的收入，本期已经付出的费用就是本期应该负担的费用。

第二，本期收入和支付的款项不应该归属于本期。本期收到的收入并不是本期获得的收入，本期支付的费用并不是应当由本期负担。

第三，应归属于本期的收入和费用尚未收款或付款。本期应该获得的收入本期尚未收到，本期应该负担的费用本期尚未支付。

会计核算的基础有权责发生制和收付实现制两类。权责发生制是以归属期为标准来确认各个会计期间的收入和费用。收付实现制是以款项的收付期为标准确认各个会计期间的收入和费用，不同类型的会计体制及提供会计信息的目的和经济业务存在差异，因此可以采用不同的会计核算基础。

（一）收付实现制

1. 收付实现制概念

收付实现制是以实际收到现金或支付现金作为确认收入和费用的记账基础。

在这种会计处理基础下，凡是在本期收到款项的收入或付出款项的费用，不论是否归属本期，都作为本期的收入和费用。反之，凡是在本期未收到的款项的收入或未付出款项的费用，即使归属本期，也不能作为本期的收入和费用。这种处理方法比较符合一般人们的生活习惯，核算手续也比较简单，但不能合理计算确定本会计期间的经营成果。

【例2-9】某商品零售企业因为规模小，经营业务比较简单，采用收付实现制进行会计记账的。该企业二月份发生的经济业务以及采用收付实现制会计基础确定本月的收入和费用（表2-1）。

表2-1　收付实现制下的收入和费用情况

业务	经济业务	收入	费用
1	以现金支付上个月的水电费800元	—	800
2	购进商品600元，以存款支付	—	600
3	以存款预付某商品定金1 000元	—	1 000
4	现金支付职工本月的工资2 000元	—	2 000
5	本月经营场地租金3000元，尚未支付	—	—
6	本月水电费100元，尚未支付	—	—
7	销售商品1 200元，已经收到款项并存入银行	1 200	—
合计		1 200	4 400

2. 收付实现制的优点、缺点及使用范围

（1）收付实现制的优点。收付实现制操作简单，需要的会计技术比较少，易于被使用者理解，数据处理成本比较低。收付实现制能反映企业实实在在拥有的现金，而且能否按期偿还债务、支付利息、分派股利等很大程度上取决于企业实际上拥有的现金。此外，以收付实现制为基础的现金流量，能为长期投资提供更有用的决策依据。

（2）收付实现制的缺点。收付实现制的不足之处主要体现在各个会计期间确认的收入和费用，配比不合理，不能准确地反映各期盈亏情况。此外，收付实现制不利于单位进行成本核算、提高效率和绩效考核，不能全面准确地记录和反映单位的负债情况，不利于防范财务风险。

（3）收付实现制的使用范围。非营利性组织一般不以营利为目的，往往采用收付实现制作为会计核算的基础。目前，我国的行政单位会计采用收付实现制作为核算基础，事业单位会计除经营业务采用权责发生制以外，其他大部分业务也可以采用收付实现制。

（二）权责发生制

1. 权责发生制的概念

权责发生制又称为责任制、应计制、应收应付制，它是以权利和责任的形成和发生为标准处理经济业务，确定本期收入和费用，计算本期盈亏的会计基础。

在这种会计处理基础下，凡是当期已实现的收入和发生或应当负担的费用，不论款项是否收付，都应当作为当期的收入和费用；凡是不属于当期的收入和费用，即使款项已在当期收付，也不应当作为当期的收入和费用。

权责发生制已收取款项的权利已经获得和支付款项的责任进行成为标准，确认各个会计期间所实现的收入和为实现收入所应负担的费用，因而能够准确核算企业收入和所应负担的费用，从而可以把各期的收入与其相关的费用成本相配比，能够恰当地反映某一会计期间的经营成果。

【例 2-10】仍然以上面的经济业务为例，在权责发生制下对企业的收入和费用进行核算（表 2-2）。

表2-2　权责发生制下本月收入和费用情况

业务	经济业务	收入	费用
1	以现金支付上个月的水电费 800 元	—	—
2	购进商品 600 元，以存款支付	—	600
3	以存款预付某商品定金 1 000 元	—	—

业务	经济业务	收入	费用
4	现金支付职工本月的工资 2 000 元	—	2 000
5	本月经营场地租金 3 000 元，尚未支付	—	3 000
6	本月水电费 100 元，尚未支付	—	100
7	销售商品 1 200 元，已经收到款项并存入银行	1 200	—
合计		1 200	5 700

2. 权责发生制的缺点

采用权责发生制时，会计核算要考虑预收款项和预付款项以及应收和应付费用，会计期末需要进行有关的账项调整，核算的手续比较复杂。权责发生制在反映企业的经营业绩时有其合理性，但是在反映企业的财务状况时却有局限性，一个在利润表上看起来经营业绩很好的企业，在资产负债表上却有可能没有相应的变现资金，而陷入财务的困境，这是由于权责发生制把应该计入的收入和费用都反映在损益表上，而资产负债表上部分反映为现金收入，部分反映为债权和债务。

3. 权责发生制的适用范围

因权责发生制在计算盈亏，确定经营成果方面的合理性，所以一般以盈利为目的的会计主体，比如企业单位往往采用权责发生制。此外，事业单位的经营性收支业务因为类似于企业的经营活动，因此其会计核算采用权责发生制。

在《企业会计准则——基本准则》（2014 年）第九条规定："企业应当以权责发生制为基础进行会计确认、计量和报告。"

【例 2-11】中原海华公司在 2021 年的 7 月 1 日预付了下半年的设备租金，金额共计 6 000 元。那么，在权责发生制和收付实现制下，到底分别应该如何确认费用呢？

解析：在权责发生制下，6 000 元的费用应该分摊到六个月时间里面分别进行记录，在 7 月份只需要确认其中的 1 000 元；收付实现制下，付出了多少钱就需要确认多少钱，所以 7 月份应该确认 6 000 元的费用。

【例 2-12】中原海华公司 2021 年 12 月应该支付的办公楼租金费用为 200 万元，实际用银行存款支付了 180 万元，20 万元没有支付。那么，按照权责发生制和收付实现制分别应该确认多少费用？

解析：从归属期来看，200 万元的租金费用都应该由本月来进行负担。从收支的时点来看，本月仅需要确认租金费用 180 万元。因此在权责发生制下，应该按照 200 万元来确认租金的费用。在收付实现制下，按照实际支付的 180 万元确认租金费用。

三、会计计量属性

《企业会计准则——基本准则》（2014 年）第四十一条规定："企业在将符合确认条件的会计要素登记入账并列报于会计报表及其附注（又称财务报表，下同）时，应当按照规定的会计计量属性进行计量，确定其金额。"

《企业会计准则——基本准则》（2014 年）第四十二条规定："会计计量属性主要包括：历史成本、重置成本、可变现净值、现值、公允价值。"

（一）历史成本

历史成本，又称为实际成本，是指为取得某项财产物资实际需要支付的现金或其他等价物。

在历史成本计量下，资产按照购置时支付的现金或者现金等价物的金额，或者按照购置资产时所支付的对价的公允价值计量。负债按照因承担现时义务而实际收到款项的金额、合同金额、或者按照日常活动中为偿还负债预期需要支付的现金或者现金等价物的金额计量。

这里的现金是指企业的库存现金以及可以随时用于支付的存款；现金等价物是指企业持有的期限短、流动性强、易于转换为已知金额的现金、价值变动风险很小的交易性证券。除法律、行政法规和国家统一的会计制度规定外，企业一律不得调整其账面价值。历史成本计量，要求对企业资产、负债和所有者权益等项目的计量，应当基于经济业务的实际交易成本，而不考虑随后市场价格变动的影响。历史成本正是当时实际发生的金额，有客观依据，便于核查，也容易确定，能够使会计核算与会计信息真实可靠，如果后期各项财产发生减值，应按照会计制度的规定计提相应的减值准备。

（二）重置成本

重置成本，又称现行成本，是指按照当前市场条件，重新取得同样一项资产所需要支付的现金或者现金等价物的金额。

在重置成本计量下，资产按照现在购买相同或者相似的资产所需支付的现金或者现金等价物的金额计算。负债按照偿付该项债务所需支付的现金或者现金等价物的金额进行计算。

重置成本是企业在特殊情况下采用的一种成本计量方式。如在企业改为股份公司的情况下，需对企业资产进行重新估计，使企业资产价值与市场价值相接近。

（三）可变现净值

可变现净值是指在正常的生产经营过程中，以预计售价减去进一步加工成本和预计销售费用以及相关税费后的净值。

在可变现净值计量下，资产应按照其正常对外销售所能收到现金或者现金等价物的金额扣减该资产至完工时估计将要发生的成本、估计的销售费用以及相关税费后的金额计量。可变现净值在会计核算中主要用于存货的期末计量。

（四）现值

现值是指对未来现金流量以恰当的折现率进行折现后的价值，是考虑货币时间价值的一种计量属性。资产按照预计从其持续使用和最终处置中所产生的未来净现金流入量的折现金额计算。负债按照预计期限内需要偿还的未来净现金流出量的折现金额计算。现值通常用于非流动资产和非流动负债的计量。

（五）公允价值

公允价值是指市场参与者在计量日发生的有序交易中，出售一项资产所能收到或者转移一项负债所需支付的价格。

公允价值计量属性在对会计要素进行计量时，在公平交易中，熟悉情况的交易双方自愿进行资产交换或者债务清偿的金额计量，主要用于交易性金融资产、可供出售金融资产以及投资性房地产。

《企业会计准则——基本准则》（2014年）第四十三条规定："企业在对会计要素进行计量时，一般应当采用历史成本，采用重置成本、可变现净值、现值、公允价值计量的，应当保证所确定的会计要素金额能够取得并可靠计量。"

在各种会计要素计量属性中，历史成本通常反映的是资产或者负债过去的价值，而重置成本、可变现净值、现值以及公允价值通常反映的是资产、负债的现时成本或现时价值。

【例 2-13】中原海华公司在 2020 年 6 月 9 日购买了一台电脑，购买价格是 10 000 元。在 2021 年 6 月 1 日中原海华公司发现，其在 2020 年 6 月 9 日购买的电脑没有入账。但是现在购买同样一台电脑的价格是 5 000 元。2022 年 1 月 5 日。中原海华公司发现 2020 年 6 月 9 日购买的电脑被损坏。中原海华公司准备将这台电脑进行处理，二手平台当中显示同样型号的电脑交易价格为 2 000 元，那么中原海华公司在对这台电脑进行记录的时候应该怎么进行记录？

解析：2020 年 6 月 9 日，购买电脑的成本是 10 000 元，历史成本应记录为 10 000 元，到了 2021 年 6 月 1 日。此时的价格 5 000 元是重置成本。2022 年 1 月 5 日的平台交易价格 2 000 元为可变现净值。

第三节　会计信息质量要求

会计的目标是向有关各方提供对决策有用的会计信息。会计信息能否全面、系统、正确地反映企业的实际情况，对会计目标的实现有重大影响。要提高会计信息质量，就必须规范企业的会计行为，为此，企业会计基本准则中对会计信息质量作了明确的规定。

会计信息质量的要求来源于会计实践经验的总结，是指导会计核算的基本规则，它体现了社会化大生产对会计核算的基本要求，是企业选择会计核算方法、建立会计核算形式的重要依据。我国财政部 2014 年修订的《企业会计准则——基本准则》中，对会计信息质量要求共规定了八条。

一、可靠性

《企业会计准则——基本准则》（2014 年）第十二条规定："企业应当以实际发生的交易或者事项为依据进行会计确认、计量和报告，如实反映符合确认和计量要求的各项会计要素及其他相关信息，保证会计信息真实可靠、内容完整。"

为了满足会计信息使用者的决策需要，企业提供的会计信息应做到内容真实、数字正确、手续齐备、资料可靠，绝不允许弄虚作假，隐瞒经济活动的真相，也不能发生错记、漏记、不记的现象，更不能有意作假。在会计核算工作中应当坚持以上原则，客观地反映企业的财务状况、经营成果和现金流量，保证会计信息的真实性。也就是说，会计信息应当能够经得起验证以核实其是否真实。

会计信息要有用，必须以可靠为基础，如果财务报告所提供的会计信息是不可靠的，就会给投资者等使用者的决策产生误导甚至损失。为了贯彻可靠性要求，企业应当做到：

（1）以实际发生的交易或者事项为依据进行确认、计量，将符合会计要素定义及其确认条件的资产、负债、所有者权益、收入、费用和利润等如实反映在财务报告中，不得根据虚构的、没有发生的或者尚未发生的交易或者事项进行确认、计量和报告。

（2）在符合重要性成本效益原则的前提下，保证会计信息的完整性，其中包括应当编报的报表及其附注内容等应当保持完整，不能随意遗漏或者减少应予披露的信息，与信息决策相关的有用信息都应当充分披露。

二、相关性

《企业会计准则——基本准则》（2014年）第十三条规定："企业提供的会计信息应当与财务会计报告使用者的经济决策需要相关，有助于财务会计报告使用者对企业过去、现在或者未来的情况作出评价或者预测。"

会计信息是否有用，是否具有价值，关键是看其与使用者的决策需要是否相关，是否有助于决策或者提高决策水平。相关的会计信息应当能够有助于使用者评价企业过去的决策，证实或者修正过去的有关预测，因而具有反馈价值。相关的会计信息还应当具有预测价值，有助于使用者根据财务报告所提供的会计信息预测企业未来的财务状况、经营成果和现金流量。例如，区分收入和利润、费用和损失，区分流动资产和非流动资产、流动负债和非流动负债以及适度引入公允价值等，都可以提高会计信息的预测价值，进而提升会计信息的相关性。

会计信息质量的相关性要求，需要企业在确认、计量和报告会计信息的过程中，充分考虑使用者的决策模式和信息需要。但是，相关性是以可靠性为基础的，两者之间并不矛盾，不应将两者对立起来。会计信息应在可靠性前提下，尽可能地做到相关性，以满足投资者等财务会计报告使用者的决策需要。

三、可理解性

《企业会计准则——基本准则》（2014年）第十四条规定："企业提供的会计信息应当清晰明了，便于财务会计报告使用者理解和使用。"

企业编制财务报告、提供会计信息的目的在于使用，而要使用者有效地使用会计信息，首先必须了解会计信息的内涵，弄懂会计信息的内容，这就要求会计核算和财务报告应当清晰明了，易于理解。只有这样，才能提高会计信息的有用性，实现财务报告的目标，满足向会计信息使用者提供决策有用信息的要求。即在会计核算工作中会计记录应当准确、清晰，填制会计凭证、登记会计账簿必须做到依据合法、账户对应关系清楚、文字摘要完整；在编制会计报表时，项目勾稽关系清楚、项目完整、数字准确。

会计信息毕竟是一种专业性较强的信息产品，在强调会计信息的可理解性要求的同时，还应假定使用者具有一定的有关企业经营活动和会计方面的知识，并且愿意付出努力去研究这些信息。对于某些复杂的信息，如交易本身较为复杂或者会计处理较为复杂，但其对使用者的经济决策相关的，企业应当在财务报告中予以充分披露。

四、可比性

《企业会计准则——基本准则》（2014 年）第十五条规定："企业提供的会计信息应当具有可比性。"

同一企业不同时期发生的相同或者相似的交易或者事项，应当采用一致的会计政策，不得随意变更。确需变更的，应当在附注中说明。

不同企业发生的相同或者相似的交易或者事项，应当采用规定的会计政策，确保会计信息口径一致、相互可比。

可比性也称统一性，是指不同的会计主体同一期间的会计报表中提供的会计信息相互之间应当可以进行比较。可比性主要包括两层含义：

（一）同一企业不同时期可比

为了便于会计信息使用者了解企业财务状况、经营成果和现金流量的变化趋势，比较企业在不同时期的财务报告信息，全面、客观地评价过去、预测未来，从而作出决策，会计信息质量的可比性要求同一企业在不同时期发生的相同或者相似的交易或者事项，应当采用一致的会计政策，不得随意变更。但是，满足会计信息可比性要求，并非表明企业不得变更会计政策，如果按照规定或者在会计政策变更后可以提供更可靠、更相关的会计信息的，可以变更会计政策。有关会计政策变更的情况，应当在附注中予以说明。即会计主体采用的会计核算形式与会计处理方法应该在前后各个会计期间尽可能地保持一致，除非存在充足的理由，否则企业不得随意变更会计核算形式与会计处理方法。

（二）不同企业相同会计期间可比

为了便于会计信息使用者评价不同企业的财务状况、经营成果和现金流量及其变动情况，会计信息质量的可比性要求不同，会计主体同一会计期间发生的相同或者相似的交易或者事项应当采用规定的会计政策，确保会计信息口径一致、相互可比，以使不同企业按照一致的确认、计量和报告要求提供有关会计信息。可比性要求的目的在于提高会计信息的决策相关性，使得会计主体在相互比较的基础上解释它们之间相同与差异的原因，国家可以据以进行有关的宏观经济决策，投资者与债权人也可以根据符合可比性要求的会计信息进行有关的投资与信贷决策，企业内部的管理部门可以据此进行有关的经营管理决策。

但是应该注意：为了增强可比性，要求不同的会计主体之间尽可能地采取统一的会计方法与程序，并以会计准则或会计制度为规范，但如果过分强调会计方法和程序的绝对统一，势必会削弱各个会计主体在会计核算方面的固有特点而损害决策的有用性。因此，可比性不是一个绝对的概念。

五、实质重于形式

《企业会计准则——基本准则》（2014 年）第十六条规定："企业应当按照交易或者事项的经济实质进行会计确认、计量和报告，不应仅以交易或者事项的法律形式为依据。"

这里所讲的形式是指法律形式，实质是指经济实质。企业发生的交易或事项在多数情况下，其经济实质和法律形式是一致的，但在有些情况下会出现不一致。为了真实反映企业的财务状况和经营成果，就不能仅仅根据经济业务的外在表现形式来进行核算，而要反映其经济实质。

例如，企业按照销售合同将产品销售给购货方，从法律形式上产品的所有权已经转移给对方，但若购货方因发生资金周转困难而宣布破产，企业势必无法收回资金，在该种情况下就不能确认收入。如果不考虑经济实质，仅看其法律形式，企业在产品转移的当月就可以反映收入。如果企业的会计核算仅仅按照交易或事项的法律形式进行而其法律形式又没有反映其经济实质和经济现实，那么其最终结果将不仅不利于会计信息使用者的决策，反而会误导会计信息使用者的决策。

六、重要性

《企业会计准则——基本准则》（2014年）第十七条规定："企业提供的会计信息应当反映与企业财务状况、经营成果和现金流量等有关的所有重要交易或者事项。"

重要性是指企业提供的会计信息应该反映与企业财务状况、经营成果和现金流量等有关的所有重要交易或者事项。会计核算过程中对经济业务或会计事项应区别重要程度，采用不同的会计处理方法和程序。具体地说，那些对企业的经济活动或会计信息的使用者相对重要的会计事项，应分别核算、分项反映、力求准确，并在会计报告中作重点说明；而对于那些次要的会计事项，在不影响会计信息真实性的情况下，则可适当简化会计核算手续，采用简便的会计处理方法进行处理，合并反映。

对某项会计事项判断其重要性，在很大程度上取决于会计人员的职业判断。但一般来说，重要性可以从质和量两个方面进行判断：从性质方面讲，只要该会计事项发生就可能对决策有重大影响的则属于重要性的事项；从数量方面讲，当某一会计事项的发生达到一定数量时则可能对决策产生影响，此事项就具有重要性。

例如，我国上市公司要求对外提供季度财务报告，考虑季度财务报告披露的时间较短，从成本效益原则考虑，季度财务报告没有必要像年度财务报告那样披露详细的附注信息。因此，《企业会计准则——中期财务报告》第七条规定："中期财务报告中的附注应当以年初至本中期末为基础编制，披露自上年度资产负债表日之后发生的，有助于理解企业财务状况、经营成果和现金流量变化的重要交易或者事项。"这种附注披露，就体现了会计信息质量的重要性要求。

七、谨慎性

《企业会计准则——基本准则》（2014年）第十八条规定："企业对交易或者事项进行会计确认、计量和报告应当保持应有的谨慎，不应高估资产或者收益、低估负债或者费用。"

谨慎性是针对经济活动中的不确定性因素，要求人们在会计处理上保持谨慎小心的态度，要充分估计到可能发生的风险和损失，要求企业对交易或者事项进行会计确认、计量和报告时，应当保持应有的谨慎，不应高估资产或者收益、低估负债或者费用。

在市场经济环境下，企业的生产经营活动面临着许多风险和不确定性，如应收款项的可收回性、固定资产的使用寿命、无形资产的使用寿命、售出存货可能发生的退货或者返修等。会计信息质量的谨慎性要求，需要企业在面临不确定性因素的情况下作出职业判断时，应当保持应有的谨慎，充分估计到各种风险和损失，既不高估资产或者收益，也不低估负债或者费用。例如，要求企业对可能发生的资产减值损失计提资产减值准备、对售出商品可能发生的保修义务等确认预计负债等，就体现了会计信息质量的谨慎性要求。

谨慎性的应用也不允许企业设置秘密准备，如果企业故意低估资产或者收益，以及故意高估负债或者费用，将不符合会计信息质量的可靠性和相关性要求，损害会计信息质量，扭曲企业实际的财务状况和经营成果，从而对会计信息使用者的决策产生误导，这是会计准则所不允许的。

八、及时性

《企业会计准则——基本准则》（2014 年）第十九条规定："企业对于已经发生的交易或者事项，应当及时进行会计确认、计量和报告，不得提前或者延后。"

会计信息的价值在于帮助会计信息使用者作出经济决策，具有时效性。即使是可靠、相关的会计信息，如果不及时提供，就会失去时效性，对于使用者的效用就大大降低，甚至不再具有实际意义。在会计确认、计量和报告过程中贯彻及时性要求是指：要求及时收集会计信息，即在经济交易或者事项发生后，及时收集整理各种原始单据或者凭证；要求及时处理会计信息，即按照会计准则的规定，及时对经济交易或者事项进行确认或者计量，并编制财务报告；要求及时传递会计信息，即按照国家规定的有关时限，及时将编制的财务报告传递给财务报告使用者，便于其及时使用和决策。

在实务中，为了及时提供会计信息，可能需要在有关交易或者事项的信息全部获得之前进行会计处理，这样虽然满足了会计信息的及时性要求，但可能会影响会计信息的可靠性；反之，如果企业等到与交易或者事项有关的全部信息获得之后再进行会计处理，这样的信息披露可能会由于时效性问题，对于会计信息使用者决策的有用性将大大降低。这就需要在及时性和可靠性之间作相应权衡，以最好地满足会计信息使用者的经济决策需要为判断标准。

第三章　复式记账

★ 会计等式

★ 会计科目与账户

★ 复式记账法

扫码获得
本章PPT

【思政案例】

理解不忘初心的精神实质，在品格、品行之上树立正确的世界观、人生观和价值观，在诚信的基础上做好经营，做好财务。

鲁镇的酒店的格局，是和别处不同的：都是当街一个曲尺形的大柜台，柜里面预备着热水，可以随时温酒。做工的人，傍午傍晚散了工，每每花四文铜钱，买一碗酒——这是二十多年前的事，现在每碗涨到十文——靠柜外站着，热热地喝了休息；倘肯多花一文，便可以买一碟盐煮笋，或者茴香豆，做下酒物了，如果出到十几文，那就能买一样荤菜，但这些顾客多是短衣帮，大抵没有这样阔绰。只有穿长衫的，才踱进店面隔壁的房子里，要酒要菜，慢慢地坐着喝。

鲁镇一家最大的咸亨酒店账房先生，采用单式记账法和复式记账法记录了其一天的主要经营情况（表3-1）。

表3-1　两种记账方法的比较

单式记账法	经济业务	复式记账法
现金账记 + 500	卖酒收入 500 文	营业收入账记 + 500（因） 现金账记 + 500（果）
现金账记 -100	现金 100 文购入茴香豆	库存材料账记 + 100（因） 现金账记 -100（果）
备忘簿记（擦去板上原记录）现金账记 + 30	收到阿 Q 前欠 30 文	应收账款账记 -30（因） 现金账记 + 30（果）
只做备忘登记（在板上作出记录）	孔乙己新欠 19 文	营业收入账记 + 19（因） 应收账款账记 + 19（果）

通过上述案例思考如下问题：

（1）通过案例先谈谈为什么诚信是会计执业机构和会计人员的安身立命之本？

（2）案例中单式记账法的特点及适用范围是什么？

（3）为什么现代经济业务中更多地采用复式记账法？其特点有哪些?

第一节　会计等式

一、会计等式的含义

会计等式也称为会计平衡公式，它是表明各会计要素之间基本关系的恒等式。会计对象可概括为资金运动，具体表现为会计要素，每发生一笔经济业务，都是资金运动的一个具体过程；每一个资金运动过程都必然涉及相应的会计要素，从而使全部资金运动涉及的会计要素之间存在一定的相互联系，会计要素之间的这种内在关系，就可以通过会计平衡等式表现出来，这种平衡等式就叫会计平衡公式。它是设置账户、复式记账和编制会计报表的理论依据。

二、会计等式的表现形式

会计六要素不是彼此孤立的，它们之间存在着内在联系。这种联系可以用下列两个会计等式，也称会计恒等式或会计基本平衡公式表示。

（一）反映财务状况的会计等式

$$资产＝负债＋所有者权益$$

该会计等式反映了会计基本要素（资产、负债、所有者权益）之间的数量关系，反映了企业资产归属关系及任何一个特定时点的财务状况。它是设置账户、复式记账、试算平衡和编制会计报表等会计核算方法的理论依据，在会计核算中有着非常重要的地位。

企业为了进行生产经营活动，实现其经营目标，必须拥有一定数量与结构的、具有未来经济效益的经济资源，这些经济资源在会计上总称为资产。资产最初进入企业的来源不外乎两种：一是国家（政府）、企业法人、团体或个人以投资的方式投入；二是企业以直接借款或发行企业债券的方式从各种金融机构、其他单位以及民间借入。企业资产的投资人称为企业的所有者，借款给企业的单位或个人称为债权人。既然企业的所有者和债权人为企业提供了全部资产，就应该对企业的资产享有要求权，这种对企业资产的要求权，在会计上总称为权益。其中属于所有者的部分，称为所有者权益；属于债权人的部分，称为债权人权益，简称负债。

　　资产和权益是同一事物从两个不同侧面进行观察和分析的结果，资产表明了企业的资金占用；权益则表明了企业的资金来源。一个在正常持续经营的企业，不论在任何一个时点上，有多少资金来源，必然形成多少资金占用，即"资金占用＝资金来源"。其中，根据要求权不同，权益又分为债权人的权益和投资者的权益。债权人的权益属于负债要素，投资者的权益属于所有者权益要素。

　　资产和权益之间是相互依存的关系，没有无权益的资产，也没有无资产的权益。权益代表资产的来源，而资产则是权益的存在形态，二者实际上是企业资本同一事物的两个不同方面或两种不同的表现形式，因此，二者之间客观上存在着必然相等的关系。即从数量上看，有一定数额的资产，必然有同等数额的权益，反之亦然。也就是说，一个企业的资产总额与权益总额必定相等。在等式中，负债总是位于所有者权益之前，这种顺序排列不是随意的，而是有其特定的经济意义，不可以随意颠倒，而且从任何一个时点来看，两者之间都必然保持数量上的平衡关系。

　　【例3-1】中原海华公司20××年10月31日资产和权益的资料（表3-2）。

表3-2　资产和权益资料表

资产	金额	负债及所有者权益	金额
现金	1 300		
银行存款	67 000	短期借款	20 000
应收账款	14 800	应付账款	31 000
原材料	120 000	应交税费	8 100
生产成本	20 000	长期借款	30 000
库存商品	30 000	实收资本	400 000
固定资产	270 000	盈余公积	34 000
合计	523 100	合计	523 100

　　【解析】该公司10月31日拥有资产总额523 100元。这些资产的取得来自于不同渠道：负债89 100元，其中短期借款20 000元，应付账款31 000元，应交税费8 100元，长期借款30 000元；所有者权益434 000元，其中实收资本400 000元，盈余公积34 000元。

　　该公司从不同渠道取得或形成的这些资产又具体分布运用在以下几个方面：现金1 300元，银行存款67 000元，应收账款14 800元，原材料120 000元，生产成本20 000元，库存商品30 000元，固定资产270 000元。资产和权益总额都是523 100元，两者保持平衡关系。

（二）反映经营成果的会计等式

$$收入 - 费用 = 利润$$

这个会计等式是反映一定期间经营成果的平衡公式。每一个会计期间，企业随着经济活动的进行，不断地取得收入的同时也发生各种费用。期末，将收入和费用相比较，才能确定本期的经营成果，即利润（或亏损）。

广义而言，企业一定时期所获得收入扣除所发生的各项费用后的余额，即表现为利润。在实际工作中，由于收入不包括处置固定资产净收益、固定资产盘盈、出售无形资产收益等，费用也不包括处置固定资产净损失、自然灾害损失等。所以，收入减去费用，经过调整后才能等于利润。上述收入、费用和利润之间的关系，是编制利润表的基础。

（三）财务状况等式和经营成果等式的联系

企业在一定时期内取得的经营成果能够对资产、负债和所有者权益产生影响。收入可导致企业资产增加或负债减少，最终会导致所有者权益的增加；费用可导致资产减少或负债增加，最终会导致所有者权益减少。所以，在一定会计期间的经营成果必然会影响一定时点的财务状况。由于企业经营的目的要求计算损益，收入和费用便视为会计要素而加以核算和监督。收入减去费用即为企业盈亏，归属于所有者权益。实现利润，所有者权益就增加，与之相关联的资产也同样表现为增加，即收入大于耗费；而发生亏损，所有者权益就减少，与之相关联的资产也必然表现为损耗，即收入小于耗费。无论企业发生哪方面的经济业务，都不会影响资产与权益的平衡关系。上述两式又存在着以下联系：

期末结账前：

$$资产 = 负债 + 所有者权益 + （收入 - 费用）$$

或：

$$资产 = 负债 + 所有者权益 + 利润（或亏损）$$

期末结账后：

$$资产 = 负债 + 所有者权益$$

结账后的等式中的所有者权益包括了"当期实现的利润"。

"资产 = 负债 + 所有者权益 +（收入 - 费用）"这一等式动态地反映了企业财务状况和经营成果之间的关系。在经营过程中，这一等式表明会计主体的财务状况与经营成果之间的相互关系。该等式可以变形为：

$$资产 + 费用 = 负债 + 所有者权益 + 收入$$

三、经济业务对会计基本等式的影响

资产和权益的数量不是静止不变的，企业在生产经营过程中的各种经济活动，必然会引起资产和权益在数量上经常发生增减变化，但是无论怎样变化，都不会破坏两者在数量上的恒等关系。

（一）会计要素变动的四种类型

会计要素变动的四种类型（图3-1）包括：资产方与负债及所有者权益方，同时等额增加，双方总额相等；资产方与负债及所有者权益方，同时等额减少，双方总额相等；资产方内部项目有增有减，增减金额相等，双方总额不变；负债及所有者权益内部项目有增有减，增减金额相等，双方总额不变。

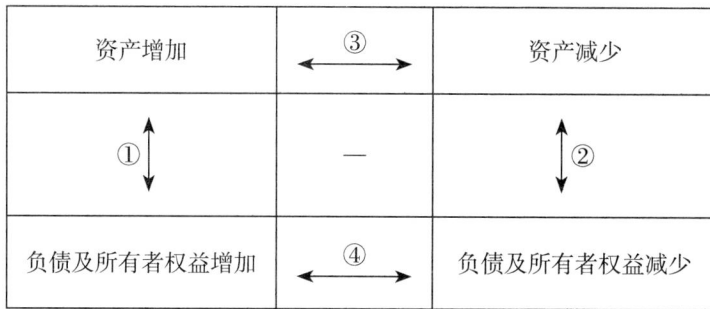

资产增加	③ ⟷	资产减少
① ↕	—	② ↕
负债及所有者权益增加	④ ⟷	负债及所有者权益减少

图3-1　会计要素变动的四种类型

企业背景：假设中原海华公司某一时间的资产、负债和所有者权益的情况（表3-3）。

表3-3　中原海华公司20××年2月资产负债情况

资产	期初余额	负债及所有者权益	期初余额
库存现金	1 000	短期借款	20 000
银行存款	150 000	应付账款	10 000
应收账款	20 000	应交税费	35 000
原材料	20 000	实收资本	100 000
固定资产	125 000	本年利润	166 000

续表

资产	期初余额	负债及所有者权益	期初余额
生产成本	15 000		
合计	331 000		331 000

表3-3中资产和负债及所有者权益各为331 000元，双方金额相等，随着经济业务的发生，会计要素的有关项目会相应发生变化，但无论怎样变化，双方的总额总是相等的。

1. 资产和负债及所有者权益双方同时等额增加

【例3-2】向供货单位购入原材料80 000元，货款未付。

左方	应付账款	右方		左方	原材料	右方
		80 000		80 000		

2. 资产和负债及所有者权益双方同时等额减少

【例3-3】用银行存款归还短期借款100 000元。

左方	银行存款	右方		左方	短期借款	右方
		100 000		100 000		

3. 资产内部有增有减，且增减金额相等

【例3-4】出售固定资产20 000元，款项未到账。

左方	固定资产	右方		左方	应收账款	右方
		20 000		20 000		

4. 负债及所有者权益内部有增有减，增减金额相等

【例3-5】

左方	短期借款	右方		左方	应付账款	右方
		20 000		20 000		

（二）会计要素增减变动的九种情况

如果对"资产＝负债＋所有者权益"，会计等式进行分类组合，将上述四种类型的交易或事项具体化，可以表现为以下九种类型：

（1）一项资产增加，另一项资产减少。

（2）一项负债增加，另一项负债减少。

（3）一项所有者权益增加，另一项所有者权益减少。

（4）一项资产减少，另一项负债减少。

（5）一项资产增加，另一项所有者权益增加。

（6）一项资产增加，一项负债增加。

（7）一项资产减少，一项所有者权益减少。

（8）一项负债减少，一项所有者权益增加。

（9）一项负债增加，一项所有者权益减少。

【例3-6】以中原海华公司的经济业务为例，对以下九种情况进行会计要素变动的分析（表3-4）。

表3-4　中原海华公司会计要素变动情况分析

序号	资产		负债	所有者权益	对等式的影响	事项	所属类型
1	↓↑				不变	从银行提取现金6万元	影响等式左边
2			↓↑		不变	已到期的应付票据800万元，因无力支付转作应付账款	影响等式右边
3				↓↑	不变	用资本公积5000万转增实收资本	影响等式右边
4			↑	↓	不变	向投资者宣告分配现金股利100万元	影响等式右边
5		=	↓	↑ +	不变	将已发行的公司债券1000万元转作实收资本	影响等式右边
6	↑		↑		增加	从银行借入短期借款200万元	等式两边增加
7	↑			↑	增加	收到投资者投入的货币资金3000万元	等式两边增加
8	↓		↓		减少	以银行存款偿还前欠货款10万元	等式两边减少
9	↓			↓	减少	以银行存款向投资者退回其投入的资本500万元	等式两边减少

【解析】

事项一、从银行提取现金 6 万元，银行存款和库存现金都属于资产类要素，该事项只影响了资产内部，属于资产内部内部有增有减，增减金额相等。

事项二、应付票据和应付账款都属于负债类要素，该事项只影响了负债内部，属于负债内部有增有减，增减金额相等。

事项三、资本公积和实收资本都属于所有者权益要素，该事项只影响了所有者权益内部，属于所有者权益内部有增有减，增减金额相等。

事项四、该事项涉及分配现金股利，应付股利这项负债是增加的。同时，分配现金股利会导致所有者权益的减少，该事项影响等式的右边。

事项五、已经发行的公司债券属于负债，而实收资本属于所有者权益，影响等式的右边。

事项六、短期借款属于负债类要素，借入的款项存入银行属于资产类要素，该事项影响了等式的两边，金额同时增加。

事项七、收到了货币资金属于资产类要素，投资者投入属于所有者权益类要素，该事项影响了等式两边，金额同时增加。

事项八、银行存款属于资产类要素，欠款属于负债类要素，该事项影响了等式的两边，金额同时减少。

事项九、银行存款属于资产类要素，退回投入的资本属于所有者权益类要素，该事项影响了等式两边，金额同时减少。

从以上分析可以得出如下结论：任何一项经济业务的发生，必然会引起资产和权益或者资产和权益内部至少两个项目的变化，但不论怎样变化，其结果都不会破坏资产和权益总额的平衡关系。

第二节　会计科目与账户

一、会计科目

（一）会计科目的概念

为了全面、系统地核算与监督各项经济业务的发生情况，在企业实际工作中要求将会计对象按照一定的标准具体划分为资产、负债、所有者权益、收入、费用和利润这六个会计要素。这仅仅是对资金运动的初步分类，但这种分类依然不能满足信息使用者的需要。会计信息使用者可以通过会计要素的分类得到企业的总括核算资料，但无法得到进行决策和管理所需要的更为详细的资料。比如信息使用者需要了解企业拥有或控制的资源总量，同时也要求企业提供其资产构成及其变动情况等更为详细的信息。为了提供决策有用的信息，企业进行会计核算时必然要求对会计要素进行进一步分类，这就形成了会计科目。

会计科目是对会计对象的具体内容进一步分类的项目，是会计账户的名称。设置会计科目是进行各项会计记录和提供会计信息的基础，为经济管理提供总括和详细的会计资料。

（二）会计科目的设置原则

会计科目是进行会计核算的起点。会计科目可以反映会计要素的构成情况及其变化情况，为投资者、债权人和管理者等提供会计信息的重要手段，在设置的过程当中，应努力做到科学、合理和实用。设置会计科目时应遵循以下原则：

1. 合法性原则

合法性原则是指所设置的会计科目应当符合国家统一的会计制度规定，我国现行的统一会计制度对企业设置会计科目作出了规定，以保证不同企业对外提供会计信息的可比性，也应当参照统一会计制度规定的会计科目根据自身情况，在不影响统一会计核算要求，以及对外提供统一的财务报告的前提下，自行增设减少或合并某些会计科目。

2. 相关性原则

相关性原则是指所设置的会计科目应当为有关方面提供所需要的会计信息服务，满足对外报告和对内管理的要求。根据企业会计准则的规定，企业会计报告提供的信息必须满足对内对外各方面的需要，而设置会计科目必须服务于会计信息的提供，必须与会计报告的编制相协调、相关联。

3. 实用性原则

实用性原则是指所设置的会计科目应当符合单位自身的特点，满足单位实际的需求，企业的组织形式，所处行业经营内容以及行业内容等不同，在会计科目的设置上也有所区别，在合法性的基础上不影响会计核算要求和会计报告指标汇总以及对外提供会计报告的前提下，企业应根据自身的特点设置符合企业需要的会计科目。

（三）会计科目的分类

会计科目的设置并不是孤立的，就某一个单位来说，会计科目是相互联系、相互补充的一个完整指标体系。为了正确地掌握和运用会计科目，必须对会计科目进行分类。

1. 会计科目按照反映的经济内容分类

会计要素分为六大类：资产、负债、所有者权益、收入、费用和利润。在对会计科目进行分类时，按其所反映的经济内容，在会计要素分类的基础上作了归并和分解，最终将其划分为资产类、负债类、所有者权益类、共同类、成本类和损益类六大类。我国 2006 年发布的《企业会计准则——应用指南》规定了企业的会计科目。我国企业各类常用的会计科目（表 3-5）。

表3-5　企业常用会计科目表

编号	会计科目名称	编号	会计科目名称
一、资产类			
1001	库存现金	1405	库存商品
1002	银行存款	1406	发出商品
1012	其他货币资金	1407	商品进销差价
1101	交易性金融资产	1408	委托加工物资
1121	应收票据	1411	周转材料
1122	应收账款	1471	存货跌价准备
1123	预付账款	1501	债权投资
1131	应收股利	1502	债权投资减值准备
1132	应收利息	1503	其他债权资产
1221	其他应收款	1511	长期股权投资
1231	坏账准备	1512	长期股权投资减值准备
1401	材料采购	1521	投资性房地产
1402	在途物资	1531	长期应收款
1403	原材料	1601	固定资产
1404	材料成本差异	1602	累计折旧

编号	会计科目名称	编号	会计科目名称
1603	固定资产减值准备	1703	无形资产减值准备
1604	在建工程	1711	商誉
1605	工程物资	1801	长期待摊费用
1606	固定资产清理	1811	递延所得税资产
1701	无形资产	1901	待处理财产损溢
1702	累计摊销		
二、负债类			
2001	短期借款	2245	持有待售负债
2101	交易性金融负债	2314	代理业务负债
2201	应付票据	2401	递延收益
2202	应付账款	2501	长期借款
2203	预收账款	2502	应付债券
2211	应付职工薪酬	2701	长期应付款
2221	应交税费	2702	未确定融资负债
2231	应付利息	2711	专项应付款
2232	应付股利	2801	预计负债
2241	其他应付款	2901	递延所得税负债
三、共同类			
3101	衍生工具	3202	被套期工具
3201	套期工具		
四、所有者权益类			
4001	实收资本	4103	本年利润
4002	资本公积	4104	利润分配
4003	其他综合收益	4201	库存股
4101	盈余公积	6111	投资收益
五、成本类			
5001	生产成本	5201	劳务成本
5101	制造费用	5301	研发支出

续表

编号	会计科目名称	编号	会计科目名称
六、损益类			
6001	主营业务收入	6403	税金及附加
6051	其他业务收入	6601	销售费用
6101	公允价值变动损益	6602	管理费用
6111	投资收益	6603	财务费用
6115	资产处理损益	6701	资产减值损失
6117	其他收益	6711	营业外支出
6301	营业外收入	6801	所得税费用
6401	主营业务成本	6901	以前年度损益调整
6402	其他业务成本		

注释：会计科目的编号是根据会计科目的分类和排序确定的，一般由四位数字构成，第一位数字1、2、3、4、5、6分别代表科目所属的大类及资产类，负债类，共同类，所有者权益类，成本类和损益类；第二位数字表示科目的小类；第三和第四位数字表示小类中科目的顺序号。会计科目的编号，除了能代表他们的具体名称和类别外，还有助于企业填制会计凭证，登记账簿，查阅会计账簿和实现会计信息化的需要。

你知道会计科目是什么意思，怎么应用吗？看看会计科目的含义和你思考的一样吗？

（1）资产类科目。资产类科目是对资产要素的具体内容进行分类核算的项目，按资产的流动性分为反映流动资产的科目和反映非流动资产的科目，反映流动资产的主要有"库存现金""银行存款""交易性金融资产""应收账款""原材料""库存商品"等。反映非流动资产的科目主要有"长期股权投资""长期应收款""固定资产""无形资产"等。

（2）负债类科目。负债类科目是对负债要素的具体内容进行分类核算的项目，按照负债的偿还期限分为反映流动负债的科目和反映非流动负债的科目。反映流动负债的主要有"短期借款""应付账款""应付职工薪酬""应交税费"等；反映非流动负债的主要有"长期借款""应付债券""长期应付款"等。

（3）共同类科目。共同类科目是既有资产性质又有负债性质的科目，主要有"清算资金往来""外汇买卖""衍生工具""套期工具""被套期项目"等科目。

（4）所有者权益类科目。所有者权益类科目是对所有者权益要素的具体内容进行分类核算的项目，按所有者权益的形成和性质可分为反映资本的科目和反映留存收益的科目。反映资本的科目主要有"实收资本""股本""资本公积"等。反映留存收益的科目有"盈余公积""本年利润""利润分配"等。所有者权益类的"本年利润"科目属于利润要素，企业实现利润后会相应增加所有者权益，因而将其作为所有者权益科目。

（5）成本类科目。成本类科目是对可归属于产品生产成本、劳务成本等的内容，进行分类核算的项目，按成本的内容和性质的不同可以分为反映制造成本的科目和反映劳务成本的科目等。反映制造成本的科目主要有"生产成本""制造费用"等；反映劳务成本的科目主要有"劳务成本"。成本类科目归属于资产要素，成本是企业生产产品提供劳务所耗费的价值为了单独核算产品成本、劳务成本的需要，因而设置成本类科目。

（6）损益类科目。损益科目是对收入费用等的具体内容进行分类核算的项目。反映收入的科目，主要有"主营业务收入""其他业务收入""投资收益""营业外收入"等。

反映费用的科目主要有"主营业务成本""其他业务成本""税金及附加""销售费用""管理费用""财务费用""营业外支出""资产减值损失""所得税费用"等。

2. 会计科目按照提供信息的详细程度分类

会计科目按照提供信息的详细程度，可分为总分类科目和明细分类科目。

（1）总分类科目。总分类科目，也称总账科目或一级科目，是对会计核算和监督的具体内容进行总括分类的科目，它们反映的经济内容或提供的指标最为概括。

（2）明细分类科目。明细分类科目，也称明细科目，简称细目，是对总分类科目进行明细分类的科目。它们所反映的经济内容或提供的指标比较详细具体，是对总分类科目的具体化和详细说明。明细科目的设置，除国家统一设置以外，各单位可根据本单位的具体情况和经济管理需要自行设置。

如果总分类科目下面反映的内容较多，可以增设二级科目，也称为子目，介于总分类科目和明细分类科目之间的科目，比总分类科目提供的指标详细，但又比明细分类科目提供的信息概括。子目和细目统称为明细科目。例如，在"原材料"总分类科目下，可按材料的类别设置二级科目："原料及主要材料""辅助材料""包装物"等（表3-6）。

表3-6　总分类科目和明细分类科目示例

总分类科目（一级科目、总目）	明细分类科目	
	二级科目（子目）	三级明细科目（细目）
应交税费	应交增值税	销项税额、进项税额
原材料	原料及主要材料	铁皮、塑料等
	辅助材料	油漆、润滑油等
	包装物	纸箱、泡沫箱、木箱等

二、会计账户

会计科目是对会计要素所作的进一步分类核算的项目，但会计科目只是分类名称，不能反映企业经济活动引起的会计要素的增减变动情况。为了记录经济业务的增减变化，需要设置账户以便提供日常管理上的核算资料。

（一）会计账户的概念

会计账户简称账户，是根据会计科目设置的，具有一定的格式和结构用于分类反映会计要素增减变动情况及其结果的载体。

（二）会计科目与会计账户的联系和区别

会计账户和会计科目在会计学中是两个不同的概念，两者之间既有联系又有区别。两者之间的联系表现为：会计科目与账户都是对会计对象具体内容的科学分类，两者的口径一致、性质相同，会计科目是设置会计账户的依据，是账户的名称；会计账户是会计科目的具体运用，所登记的内容就是会计科目所反映的经济内容。如"原材料"账户就是根据"原材料"科目开设的，它们都反映原材料这一经济内容。

两者之间的区别表现为：第一，会计科目不存在结构，会计账户则具有一定的结构，会计科目只能界定经济业务发生变化所涉及的会计要素具体内容的项目，但不能对变化加以记录，而账户则具有一定的格式和结构，可以说账户是用来记录经济业务发生变化及其结果的载体。如"库存现金"科目只表示企业财务部门保管的库存现金这一类资产项目，而"库存现金"账户则能够将企业库存现金的增减变动情况和结余情况完整地记录下来。第二，会计科目侧重对会计对象的分类，不反映特定核算内容的增减变动，不具有核算和监督会计要素的职能。会计账户则侧重反映特定核算内容的变动情况，能够提供会计要素的动态和静态指标，具有核算和监督功能。

综上所述，会计科目主要用来满足对会计对象进行分类的需要，而账户则主要用来满足对各项经济业务进行记录的需要。但在实际工作中，往往只强调它们的联系而忽视它们的区别，因此，实务中会计科目与账户经常不加以区分，而相互通用。

（三）账户的基本结构

会计账户的结构就是指账户的格式。为了全面、清晰地记录各项经济业务，每一个会计账户既要有明确的经济内容，又要有一定的结构。账户的结构是指账户设置了哪几个部分，每一个部分反映什么内容。任何经济业务的发生，都必然引起会计要素的数量变动即增加、减少及变动结果。账户的基本结构也必然相应地分为三个部分：一部分登记增加额，一部分登记减少额，还有一部分登记结果。

在实际工作中，账户的具体结构各式各样。但一般来说，任何一种账户的设计，都应包括以下内容：

（1）账户的名称（即会计科目）。

（2）记录业务的日期（反映经济业务发生的时间）。

（3）会计凭证号数（账户记录的依据）。

（4）摘要（概括说明经济业务的内容）。

（5）金额（增加和减少的金额和余额）。

一般账户格式（表3-7）。

表3-7　账户的基本格式

年		凭证		摘要	借方	贷方	借或贷	余额
月	日	字	号					

账户的基本结构是由会计要素的数量变化情况决定的，会计要素的数量变化是由经济业务引起的，而经济业务的发生所导致的各项会计要素的变化从数量上看只有增加或减少这两种情况。因此，账户的基本结构也相应地分为两个基本部分，即划分为左方和右方。一方登记增加数，另一方登记减少数。由于表 3-7 所示的账户结构比较复杂，在教学过程中常将其简化为 T 字形账户（图3-2）。

借方　　　　账户名称　　　　贷方

图3-2　账户的简化格式

在会计账户中，如果左方用来登记增加数，那么右方肯定用来登记减少数，反之亦然。但究竟账户的哪一方登记增加数，哪一方登记减少数，不同性质的账户是无法进行统一的。最终决定的因素有两个：一是账户所反映的经济内容，也就是账户所反映的会计要素的具体内容；二是实际工作中所采用的记账方法。

对于任何一个账户而言，账户的左右两方分别用来登记增加数或减少数，增减相抵后的差额称为账户的余额，余额按照时间不同分为期初余额和期末余额，一个会计期间开始时记录的余额称为期初余额（其数额等于上期期末余额），结束时记录的余额称为期末余额。一定时期内，账户的核算内容包括以下四个方面：期初余额、本期增加发生额、本期减少发生额和期末余额。本期增加发生额是指账户本期记录的经济业务的增加金额；本期减少发生额是指账户本期记录的经济业务的减少金额；期末余额是指账户期末的结存金额。

以上四者之间的关系可以用等式表示：

期末余额 = 期初余额 + 本期增加发生额 – 本期减少发生额

本期发生额是一个动态指标，说明某一时期会计要素的增减变动情况；余额是一个静态指标，说明资产或权益在某一时点增减变动的结果；本期的期末余额就是下期的期初余额。表 3-8 以"库存现金"账户为例，说明账户的基本结构。

表3-8　库存现金账户结构

2021年		凭证		摘要	借方	贷方	借或贷	余额
月	日	字	号					
3	1			期初余额			借	2 000
	2			提取备用金	3 000		借	5 000
	5			报销差旅费		1 500	借	3 500
	～			～				
	31			本期合计	3 000	1 500	借	3 500

上述"库存现金"账户可以简化为 T 形账户格式，可以用图 3-3 来表示。

借方		库存现金	贷方	
期初余额	2 000	本期减少发生额	1 500	
本期增加发生额	3 000			
期末余额	3 500			

图3-3 "库存现金"T形账户

（四）账户的分类

企业发生的经济业务都是通过账户来记录和反映的，而会计账户是根据会计科目开设的，有什么样的会计科目就有什么样的会计账户。

1. 按照经济内容分类账户

按经济内容可以分为资产类账户、负债类账户、共同类账户、所有者权益类账户、成本类账户和损益类账户六大类。具体的内容和会计科目部分的内容是一致的。

2. 按照其提供信息的详细程度及其统驭关系分类

按照详细程度和统驭关系可以分为总分类账户（一级账户）和明细分类账户（二、三级账户）。总分类账户和所属明细分类账户核算的内容相同，只是反映内容的详细程度有所不同，两者相互补充、相互制约、相互核对，总分类账户统驭和控制所属明细分类账户，明细分类账户归属于总分类账户。

3. 按照用途和结构来分类

账户的用途是指设置和运用账户的目的，即通过账户记录提供什么核算指标。账户的结构是指在账户中如何记录经济业务，以便取得所需要的各种核算指标，即账户借方记什么，贷方记什么，期末账户有无余额，如果有余额，余额在账户的哪一方，表示什么意思。

账户按照用途和结构来进行分类，就是在账户按经济内容分类的基础上，对用途和结构基本相同的账户进行归类，以便准确地掌握账户和熟练运用账户创造条件。在借贷记账法下，账户按其用途和结构的不同，可以分为盘存账户、结算账户、所有者投资账户、集合分配账户、成本计算账户、收入账户、费用账户、财务成果计算账户和调整账户等九大类。

（1）盘存账户。盘存账户是用来反映和监督各项财产，物资和货币资金的增减变动及其结存情况的账户，可以归为这类账户的有"库存现金""银行存款""原材料""库存商品""固定资产"等账户。当"生产成本"，"在途物资"账户有期初、期末余额时分别表示在产品、在途材料，也具有盘存账户的性质。盘存账户的结构是借方记录各项财产，物资和货币资金的增加，贷方则记录各项财产，物资和货币资金的减少数，期末余额在借方反映期末各项财产物资和货币资金的实际结存数。

（2）结算账户。结算账户是用来反映企业同其他单位和个人之间发生债权债务结算情况的账户，按照结算账户的性质，不同结算账户可以分为债权结算账户、债务结算账户以及债权债务结算账户。

债权结算账户，称为资产结算账户，是专门用来反映企业同单位或个人之间的债权（应收、暂付）结算的账户，如"应收账款""应收票据""预付账款""其他应收款"等账户。这类账户的结构是借方记录债权的增加，贷方记录债权的减少数，期末余额通常在借方反映期末尚未收回的债权实有数。

债务结算账户，也称为负债结算账户，是专门用来反映企业同其他单位或个人之间债务（应付、暂收）结算的账户，如"短期借款""应付账款""应付票据""应付职工薪酬""应交税费"，"其他应付款""其他应交款""长期借款""应付债券"等账户。这类账户的结构是贷方记录债务的增加数，借方记录债务的减少数，期末余额通常在贷方，反映期末尚未偿债务的金额。

债权债务结算账户，也称资产负债结算账户或往来账户，是专门用来反映企业同其他单位或个人之间的往来结算业务的账户。如"应收账款""应付账款""待处理财产损溢"等账户。这类账户的结构是：借方记录债权的增加及债务的减少（或偿还），贷方记录债务的增加及债权的减少（或收回）。月末余额可能在借方，表示月末尚未收回的债权大于月末尚未偿还债务的；月末余额也可能在贷方，表示月末的债务大于月末尚未收回债权的差额。

（3）所有者投资账户。所有者投资账户亦称资本账户，是用来反映企业所有者投资的增减变动及其结存情况的账户。其主要包括"实收资本""资本公积""盈余公积""未分配利润"等账户。这类账户的结构是贷方记录所有者投资的增加额，借方记录所有者投资的减少额，期末余额在贷方，表示期末所有者投资的实有额。

（4）集合分配账户。集合分配账户是用来归集和分配生产经营过程中某个阶段所发生的各种费用的账户，如"制造费用"。这一类账户的结构是：借方记录车间各种间接生产费用的发生额，贷方记录月末按一定标准分配计入各个成本计算对象的分配额，月末无余额。

（5）成本计算账户。成本计算账户是用来反映生产经营过程中物资采购及产品生产过程中发生的应计入成本的全部费用，并据以确定各个成本计算对象的实际成本的账户。其主要包括"在途物资""生产成本"等。这类账户的结构是：借方记录应计入成本的全部费用，包括直接计入各个成本计算对象的费用和分配转入各个成本计算对象的费用，贷方记录结转已完成采购过程或生产过程的成本计算对象的实际成本。期末时，该类账户可能有余额，也可能没有余额，若有余额必定在借方，表示尚未完成某一过程的成本计算对象的实际成本，如在途物资、在产品；若无余额，表示材料采购或生产过程中各成本计算对象的实际成本已经全部结转出去。

（6）收入账户。收入账户是用来反映企业在一定会计期间所取得的全部收入的账户，其主要包括"主营业务收入""其他业务收入""投资收益""营业外收入"等。该类账户的结构是：贷方记录本期收入的增加额，借方记录本期收入的减少额及期末结转至"本年利润"账户的数额，期末无余额。

（7）费用账户。费用账户是用来反映企业在一定会计期间内所发生的应由当期收入补偿的各种费用的账户。主要包括"主营业务成本""税金及附加""管理费用""财务费用""营业外支出""所得税费用"等账户。该类账户的结构是：借方记录各种费用支出的增加额，贷方记录费用支出的减少额及期末转入"本年利润"账户的费用支出额，期末无余额。

（8）财务成果计算账户。财务成果计算账户是用来反映企业在一定时期内全部生产经营活动最终成果的账户，其主要是指"本年利润"账户，该账户的结构是：贷方记录期末从各收入类账户结转计入本期发生的收入额，借方记录期末从各费用类账户结转计入本期发生的费用额。期末余额若为贷方，则表示一定时期内收入大于费用的差额，即本期实现的净利润；期末余额若为借方，则表示一定时期内收入小于费用的差额，即本期发生的亏损总额，年末需将"本年利润"账户实现的净利润或发生的亏损，从相反的方向结转至未分配利润账户，结转后无余额。但是在年度内财务成果账户呈现为累计性账户，无论是什么时间，账面记录的净利润或亏损均表示为截至本月累计发生额。

（9）调整账户。调整账户是用来调整被调整账户的余额，以求得被调整账户的实际余额而设置的账户。在会计核算中，由于经营管理的需要，往往对于某一会计要素需设置两个账户，用两个数字从两个不同的方面进行记录，其中一个账户设置原始数字，反映原始状况，而用另一个账户反映对原始数字的调整数字，反映调整状况，将原始数字同调整数字相加或相减，则可求得被调整后的实际余额。调整账户按其调整方式不同，可分为备抵账户、附加账户和备抵附加账户三类。

备抵账户又称为抵减账户，是用来抵减被调整账户的余额，以求得被调整账户实际余额的账户。备抵账户的调整关系，可以用公式表示为：

$$被调整账户余额 - 备抵账户余额 = 被调整账户的实际余额$$

因此，备抵账户与其被调整账户存在着相反方向的关系，既当被调整账户的余额为借方（或贷方）时，则备抵账户的余额为贷方（或借方），备抵账户按被调整账户的性质分为资产备抵账户和权益备抵账户两类。"累计折旧"账户用来抵减"固定资产"

账户；"坏账准备"账户用来抵减"应收账款"账户。

附加账户也称增加账户，是用来增加被调整账户的余额，以求得被调整账户实际余额的账户。附加账户对被调整账户的调整方式可用下列公式表示：

$$被调整账户余额 + 附加账户余额 = 被调整账户实际余额$$

因此，附加调整账户与被调整账户的余额在同一方向，同是借方或同是贷方。在实际会计核算工作中附加账户的运用比较少。

备抵附加账户是指既用来抵减又同时用来增加被调整账户的余额，以求得被调整账户实际余额的账户，兼有备抵账户与附加账户的双重功能，属于双重性质的账户。但是，备抵附加账户不能对被调整账户同时起两种作用，只能起附加作用或者是抵减作用，备抵附加账户究竟在哪一时期，执行哪一功能，发挥何种作用，取决于该账户的余额与被调整账户的余额，是在同一方向还是相反方向，当其余额与被调整账户余额方向相同时，起附加调整的作用；当其余额与被调整账户余额方向相反时，起备抵调整的作用。例如，工业企业对材料的日常核算采用计划成本计价时所设置的"材料成本差异"账户就属于备抵附加账户。

4.账户按与财务报表的关系分类

账户按与财务报表的关系分类，可以分为资产负债表账户和利润表账户。资产负债表账户是指为资产负债表的编制提供资料的账户，资产负债表账户包括资产类、负债类和所有者权益类账户，是反映企业财务状况的账户，期末一般都有余额，因此也称为"实账户"，它们的余额是编制资产负债表的数据来源。利润表账户是指为利润表提供资料的账户，包括收入类、费用类账户，是反映企业经营成果的账户，期末经过结转一般没有余额，因此也称为"虚账户"，它们的发生额是编制利润表的主要依据。

（五）总分类账和明细分类账平行登记

在实际的账务处理中，总分类账户所属的各明细分类账户余额总计，应与总分类账户余额相等。因此，总分类账是明细分类账的统驭账户，它对明细分类账起着控制作用；明细分类账则是总分类账的从属账户，它对总分类账起着辅助和补充作用。两者结合起来就能概括而详细地反映同一经济业务的核算内容，在记账时，总分类账和明细分类账总是平行登记的。总分类账和明细分类账的平行登记的特点可以概况为以下几个方面：

1.登记期间相同

对发生的每项经济业务，要根据同一会计凭证，一方面在有关的总分类账中进行总括登记，另一方面要在有关的明细分类账中进行明细登记。

2. 登记方向相同

登记总分类账户及其所属的明细分类账户时，借贷记账方向必须一致。

3. 登记金额相等

登记总分类账户及其所属的明细分类账户时，总分类账户的金额必须与记入其所属的一个或几个明细分类账户的金额合计数相等。

【例3-7】中原海华公司月初有原材料1 000元，其中：甲材料600元，乙材料300元，丙材料100元。本期购入原材料200元，其中：甲材料100元，乙材料40元，丙材料60元。本期生产领用原材料800元，其中：甲材料400元，乙材料240元，丙材料160元。

进行平行登记时，首先应该设置和登记原材料总分类账户，以金额综合反映甲、乙、丙三种原材料的期初结存等总金额，同时还应分别设置和登记甲、乙、丙三种原材料的明细分类账户，通过本期购入、生产领用和期末结存反映各种材料的期初结存、本期购入、生产领用和期末结存等数量和金额。这样三个明细账户的金额总和，应等于原材料总分类账户的金额。

本例中，总分类账与明细分类账平行登记时，其登记的时间、方向、金额都是相等的（图3-4）。如果通过核对发现总分类账户的金额与其所属三个明细账户合计数金额不等，表明总分类账或明细分类账的登记有误，应及时查明更正。

左方	原材料		右方		左方	甲材料		右方
期初余额	1 000	发生额	800		期初余额	600	发生额	400
发生额	200				发生额	100		
期末余额	400				期末余额	300		

左方	乙材料		右方		左方	丙材料		右方
期初余额	300	发生额	240		期初余额	100	发生额	160
发生额	40				发生额	60		
期末余额	100				期末余额	0		

图3-4 平行登记示意图

第三节　复式记账法

一、记账方法

设置账户，仅仅是对会计要素做了进一步分类，为会计信息的加工处理提供了必要的"场所"，但如何运用账户来"描述"经济业务及其所引起的会计要素各有关项目数量增减变动情况，必须使用科学的记账方法。

记账方法是指按照一定的规则，使用一定的记账符号，在账簿中登记各项经济业务的技术方法。按其记录经济业务方式的不同，记账方法可以划分为单式记账法和复式记账法。在人类社会初期发展过程中，一直采用单式记账法。随着社会经济发展，人们逐渐对记账方法加以改进，发明了复式记账法。复式记账法的出现，是会计发展史上具有革命意义的进步。

（一）单式记账法

单式记账法是指对发生的经济业务只在一个账户中进行登记的记账方法。在单式记账法下，通常只登记现金、银行存款的收付金额以及债权债务的结算金额，一般不登记实物的收付金额。

单式记账法记账手续比较简单，但是账户之间不能形成相互对应和平衡的关系，所以不能全面系统地反映各会计要素的增减变动情况以及经济业务的来龙去脉，也不利于检查账户记录是否正确和完整，因而是一种不够科学的记账方法。这种记账方法只适用于经济业务很简单或很单一的经济个体和家庭。例如，以银行存款购买材料，只在"银行存款"账户中登记减少，不登记材料增加，材料的结存通过实地盘点求得。这种记账方法，优点是记账手续比较简单，但其账户的设置不完整，既不能反映现金减少的原因，又不能反映材料的增加，各账户之间的记录没有直接的联系，不能形成相互对应的关系，仅设置现金、银行存款、应收款项和应付款项等账户，不设置财产物资、成本费用等账户，没有一个完整的账户体系，所以不能全面、系统地反映经济业务的来龙去脉，不能提供完整、客观的会计信息，也不便于检查账户记录的正确性，是一种简单且不科学的记账方法。

（二）复式记账法

1. 复式记账法的含义

复式记账法是指对任何一项经济业务，都必须在两个或两个以上相互联系的账户中，以相等的金额进行全面、连续、系统登记的一种记账方法。这种记账方法可以系统地反映经济活动的过程和结果。仍以银行存款购买材料为例，采用复式记账法时，应以相等的金额在"银行存款"账户中登记减少，同时在"原材料"账户中登记增加，这就说明银行存款减少的原因是购买了材料。复式记账法下会计科目设置完整，可以将经济业务引起的会计要素的增减变动，记录在两个或两个以上相互联系的账户中，能全面、系统地反映经济业务的发生过程及结果，满足信息输出的需要。复式记账法是一种科学的记账方法，它已成为现代企业会计普遍采用的记账方法。

2. 复式记账法的特点

与单式记账法相比，复式记账法的特点有以下两个：

（1）对于每一项经济业务，都必须在两个或两个以上相互联系的账户中进行记录。通过账户之间的关联关系，不仅可以全面、清晰地反映出经济业务的来龙去脉，还能全面、系统地反映经济业务的过程和结果。

（2）能够进行试算平衡，便于查账和对账。不仅在相互关联的账户中登记，还要以相等的金额记录。这样可以很容易地利用试算平衡检查账户记录是否正确。

3. 复式记账法的理论基础

按照复式记账法的原理，对每一笔经济业务都要以相等的金额在相互联系的两个或两个以上的账户中同时进行登记，这样会计等式中资产总额和负债及所有者权益总额之间总是平衡的。"资产＝负债＋所有者权益"，这一会计等式是复式记账法的理论基础。

4. 复式记账法的种类

复式记账只是一种原理，利用这种原理可以产生不同的记账方法，归纳起来主要有收付记账法、增减记账法和借贷记账法等。收付记账法是在我国传统的收付记账法的基础上发展起来的复式记账法；增减记账法是在20世纪60年代我国商业系统在改革记账方法时设计提出的一种记账方法。相比较而言，借贷记账法是迄今为止最为完善的一种复式记账方法，为世界各国所广泛应用。我国《会计准则——基本准则》（2014）第十一条规定："企业应当采用借贷记账法记账。"

二、借贷记账法

（一）借贷记账法的产生

借贷记账法起源于 13 ～ 15 世纪意大利的佛罗伦萨、热那亚、威尼斯等一些北方城市。1494 年卢卡·帕乔利在其出版的《算术、几何、比及比例概要》一书中对其作了详细的介绍，首先在西欧广泛传播和运用，继而流传至世界各地，在日本明治维新时期传入日本，20 世纪初又从日本传入我国。"借""贷"源自古拉丁语，原意同债权债务有关，"借"字原意为"欠"，"贷"字原意为"有"。在会计上最初从资本的角度来解释，资本家向谁借入的款项记在"贷主"（Credit，简写为 Cr.）名下，表示债务；借给了谁的款项记在"借主"（Debit，简写为 Dr.）名下，表示债权。但随着商品经济的发展及商贸活动范围的日益扩大，"借""贷"二字也从专用的信用交易的符号，逐步演变成纯粹的记账符号和会计术语。在长期的运用实践中，借贷记账法经过不断完善，逐步成为一种比较科学、严谨、通用的记账方法，具有广泛性，并成为国际会计语言。

借贷记账法是世界上应用广泛的一种复式记账方法，它是以"资产 = 负债 + 所有者权益"为理论依据，以"借"和"贷"为记账符号，以"有借必有贷、借贷必相等"为记账原则，对发生的每项经济业务在两个或两个以上有关账户中相互联系地进行记录的一种复式记账方法。

（二）借贷记账法下账户的结构

借贷记账法是一种科学的记账方法，因为它具有科学明确的记账符号、健全的账户体系及合理的账户结构、科学的记账规则和试算平衡方法等特点。

1.借贷记账法的基本结构

在借贷记账法下，账户的左方称为借方，右方称为贷方，所有账户的借方和贷方按相反方向记录，增加数和减少数。一方登记增加额，另一方登记减少额，至于借表示增加还是贷表示增加，则取决于账户的性质及其所记录经济内容的性质。通常而言，资产、成本和费用类账户的增加用"借"表示、减少用"贷"表示；负债、所有者权益和收入类账户的增加用"贷"表示、减少用"借"表示；备抵账户的结构与所调整账户的结构正好相反（图 3-5）。

2.资产和成本类账户的结构

资产和成本类账户借方记录企业各项资产、成本的增加额，贷方记录资产、成本的减少额。在一定时期内资产、成本的借方增加额合计称为借方发生额，贷方减少额合计称为贷方发生额，二者之差为期末余额，且余额一般出现在记录增加额的借方。成本类账户期末一般没有余额，如果有余额，应该在借方，表示尚未完工的在产品成本。期末余额的计算公式为：

资产和成本类账户期末借方余额 = 期初借方余额 + 本期借方发生额 − 本期贷方发生额

用 T 形账户表示资产类账户结构（图 3-6）。

借方	账户名称（会计科目）	贷方

图3-5　借贷记账法下T形账户结构

借方	资产成本类账户名称	贷方
期初余额		
本期增加额	本期减少额	
本期借方发生额	本期贷方发生额	
期末余额		

图3-6　资产、成本类账户结构

3. 负债及所有者权益类账户

根据会计恒等式，负债和所有者权益同在等式的右方，其记账结构相同，但与处在等式左方的资产类账户结构正好相反，即负债、所有者权益类账户增加记贷方，减少记借方，余额通常在贷方。期末余额的计算公式为：

负债及所有者权益类账户期末贷方余额 = 期初贷方余额 + 本期贷方发生额 − 本期
借方发生额

用 T 形账户表示负债及所有者权益类账户结构（图 3-7）。

借方	负债（所有者权益）类账户名称	贷方
	期初余额	
本期减少额	本期增加额	
本期借方发生额	本期贷方发生额	
	期末余额	

图3-7　负债（所有者权益）类账户结构

4. 损益类账户

损益类账户又可划分为两大类：收入类和费用类。企业在生产经营过程中，为实现利润，不断地取得收入，同时也发生相关的费用，收入与费用之差即为利润。根据拓展的会计等式："资产 + 费用 = 负债 + 所有者权益 + 收入"可以看出，费用与资产同处在等式的左方，因而费用类账户的结构与资产类账户大致相同，借方登记费用的增加，贷方登记费用的减少（即转出额），但是费用类账户期末没有余额。费用类账户结构（图3-8）。

借方	费用类账户名称	贷方
本期增加额	本期减少额	

图3-8　费用类账户结构

同样，收入与负债、所有者权益同处在等式的右方，因而收入类账户的结构与负债、所有者权益类账户大致相同，贷方登记收入的增加数，借方登记收入的减少数（即转出额），收入类账户期末也没有余额（图3-9）。

借方	收入类账户名称	贷方
本期减少额	本期增加额	

图3-9　收入类账户结构

在实际工作中，为了减少账户的数量，往往设置双重性质的账户，即兼有资产、负债两种性质的账户，既反映资产（债权），又反映负债（债务），期末根据账户余额的方向，判断其经济性质是资产还是负债，这也是借贷记账方法优于其他复式记账法的一个方面（图3-10）。

借方	账户名称	贷方
资产的增加	资产的减少	
负债的减少	负债的增加	
所有者权益的减少	所有者权益的增加	
收入的减少	收入的增加	
成本、费用的增加	成本、费用的减少	
余额：资产或成本余额	余额：负债或所有者权益余额	

图3-10　借贷记账法的账户结构

（三）借贷记账法的记账规则

记账规则是指采用某种记账方法登记具体经济业务时，应当遵循的规律。借贷记账法的记账规则是"有借必有贷，借贷必相等"，对每一笔经济业务都要在两个或两个以上的相互联系的账户中，以借方和贷方相等的金额进行登记。

（1）会计基本等式："资产＝负债＋所有者权益"，所涉及的四种业务类型，已经概括了所有的经济业务，不论是资产、负债、所有者权益内部还是负债与所有者权益之间，一增一减必定表现为一借一贷，因此在借贷记账法账户记录中，经济业务发生必定有借必有贷。

（2）由于复式记账的原理是对任何一笔经济业务必定以相等的金额，同时在两个或两个以上有相互联系的账户中记账。因此，在有借必有贷的情况下，借方的金额和贷方的金额是以同一个金额记录的，所以借贷必相等。

在实际运用借贷记账法规则去记录时，一般是先确定经济业务发生涉及的会计要素是增加还是减少，是哪几个会计的科目，然后再确定记录这些会计科目相对应的账户结构的借方或贷方，并且要保证借方金额和贷方金额相等。

【例 3-8】中原海华公司从银行提取现金 2 000 元备用。

这项经济业务的发生，一方面使企业的"库存现金"这一资产项目增加了 2 000 元；另一方面使企业"银行存款"这一资产项目减少了 2 000 元。因此，这项经济业务涉及"库存现金"和"银行存款"两个账户。"库存现金"增加应记借方，"银行存款"减少应记贷方。因此，这项业务记账结果如图 3-11 所示。

借方	库存现金	贷方		借方	银行存款	贷方
2 000					2 000	

图3-11　业务3-8的T形账户结构图

【例 3-9】中原海华公司收到投资人投资款 30 000 元，存入银行。

这项经济业务的发生，一方面使企业的"银行存款"这一资产项目增加了 30 000 元；另一方面使企业"实收资本"这一所有者权益项目增加了 30 000 元。因此，这项经济业务涉及"实收资本"和"银行存款"两个账户。"银行存款"增加应记借方，"实收资本"增加应记贷方。因此，这项业务记账结果如图 3-12 所示。

借方	银行存款	贷方		借方	实收资本	贷方
30 000					30 000	

图3-12　业务3-9的T形账户结构图

【例 3-10】购买材料一批，价款为 41 500 元，其中支付现金 1 500 元，其余款项未付，材料已验收入库。

这项经济业务的发生，一方面使企业的"原材料"这一资产项目增加了41 500元，同时使"库存现金"这一资产项目减少1 500元；另一方面使企业"应付账款"这一负债项目增加40 000元。因此，这项经济业务涉及"原材料""库存现金"和"应付账款"三个账户。"原材料"增加应记借方，"库存现金"减少应记贷方，"应付账款"增加应记贷方。因此，这项业务记账结果如图3-13所示。

借方	原材料	贷方		借方	库存现金	贷方
41 500						1 500

借方	应付账款	贷方
		40 000

图3-13　业务3-10的T形账户结构图

【例3-11】以银行存款40 000元偿还银行短期借款。

这项经济业务的发生，一方面使企业的"银行存款"这一资产项目减少了40 000元；另一方面使企业"短期借款"这一负债项目减少了40 000元。因此，这项经济业务涉及"银行存款"和"短期借款"两个账户。"银行存款"减少应记贷方，"短期借款"减少应记借方。因此，这项业务记账结果如图3-14所示。

借方	短期借款	贷方		借方	银行存款	贷方
40 000						40 000

图3-14　业务3-11的T形账户结构图

【例3-12】企业与债权人（供应单位）协商并经有关部门批准，将所欠债权人的30 000元债务转为资本（债权人对企业的投资）。

这项经济业务的发生，一方面使企业的"应付账款"这一负债项目减少了30 000元；另一方面使企业"实收资本"这一所有者权益项目增加了30 000元。因此，这项经济业务涉及"应付账款"和"实收资本"两个账户。"应付账款"减少应记借方，"实收资本"增加应记贷方。因此，这项业务记账结果如图3-15所示。

借方	应付账款	贷方		借方	实收资本	贷方
30 000						30 000

图3-15　业务3-12的T形账户结构图

上述各例说明，不论是资产项目之间此增彼减的经济业务，还是负债、所有者权益项目之间此增彼减的经济业务；不论是资产、负债、所有者权益项目同时增加的经济业务，还是资产、负债、所有者权益项目同时减少的经济业务，采用借贷记账法时，都是有借必有贷，借贷双方金额必相等，这就是借贷记账法的记账规则。

（四）借贷记账法的应用

1.账户对应关系和对应账户

在运用借贷记账法记录经济业务时，对每项经济业务都必须在两个或两个以上账户的借方和贷方相互联系地进行反映。账户之间这种相互关系，在会计上就称为账户的对应关系。因此，账户对应关系是指运用借贷记账法登记经济业务时，账户之间发生的应借、应贷的相互关系。存在对应关系的账户，就称为对应账户。通过账户的对应关系，不仅能了解经济业务的内容，而且能判明经济业务处理的合理性和合法性。

2.会计分录

（1）会计分录含义。为了保证账户对应关系的正确性，有必要在把经济业务记入账户之前，先对该项经济业务加以分析，正确确定该项经济业务所应涉及的账户名称以及借贷方向和记账金额，即编制会计分录。

会计分录，又称分录，是指对发生的经济业务指明其应记入的账户名称、记账方向及金额的记录，是会计语言的表达式。会计分录主要包括三个要素：

①账户和明细账户的名称。

②记账方向（借、贷）。

③记账金额。

（2）会计分录的书写要求。会计分录的格式书写要求：借方科目在上，贷方科目在下；借方和贷方上下错开。具体格式如下：

借：×××（科目）×××（金额）

贷：×××（科目）×××（金额）

（3）会计分录的编制方法。在实际工作中，会计分录是根据各项经济业务的原始凭证编制的，并在具有规定格式的记账凭证中标明。在借贷记账法下，当一项经济业务发生时，应按照以下步骤来完成会计分录的编制：

①分析经济业务事项涉及的会计账户。

②根据经济业务所引起的会计要素的增减变化，确定涉及会计账户的金额是增加还是减少。

③根据会计科目所对应的账户性质和结构确定，应计入会计科目的借方还是贷方。

④根据借贷记账法的记账规则，验证借贷关系是否正确，借贷金额是否相等。

（4）会计分录的分类。会计分录按照对应关系的复杂程度，可分为简单会计分录和复合会计分录。简单会计分录是指仅在两个账户之间发生对应关系的分录，即一借一贷的会计分录。复合分录是指在两个以上账户之间发生对应关系的分录，包括一借多贷或多借一贷或多借多贷对应关系的分录。但是，不能将不同的经济业务合并在一起，编制多借多贷的会计分录。

上述【例 3-8】～【例 3-12】的会计分录应该写为：

①借：库存现金　　　　　　　　　　　　　　　　　　　　　　2 000

　　贷：银行存款　　　　　　　　　　　　　　　　　　　　　　2 000

②借：银行存款　　　　　　　　　　　　　　　　　　　　　　30 000

　　贷：实收资本　　　　　　　　　　　　　　　　　　　　　　30 000

③借：原材料　　　　　　　　　　　　　　　　　　　　　　　41 500

　　贷：应付账款　　　　　　　　　　　　　　　　　　　　　　40 000

　　　　库存现金　　　　　　　　　　　　　　　　　　　　　　1 500

④借：短期借款　　　　　　　　　　　　　　　　　　　　　　40 000

　　贷：银行存款　　　　　　　　　　　　　　　　　　　　　　40 000

⑤借：应付账款　　　　　　　　　　　　　　　　　　　　　　30 000

　　贷：实收资本　　　　　　　　　　　　　　　　　　　　　　30 000

现以中原海华公司 2021 年 11 月发生的经济业务为例说明会计分录的编制方法。

【例 3-13】2021 年 11 月 2 日向银行借入 6 个月借款 30 000 元，已存入银行。

这项经济业务的发生，一方面使企业资产中银行存款增加 30 000 元，应记入“银行存款”账户的借方；另一方面使负债中的短期借款增加 30 000 元，应记入“短期借款”账户的贷方。其会计分录为：

借：银行存款　　　　　　　　　　　　　　　　　　　　　　30 000

　　贷：短期借款　　　　　　　　　　　　　　　　　　　　　30 000

【例 3-14】2021 年 11 月 3 日向东方公司购进材料一批，价款 4 000 元，材料已验收入库，货款尚未支付。

这项经济业务的发生，一方面使企业资产中原材料增加 4 000 元，应记入“原材料”账户的借方；另一方面使负债中的应付账款增加 4 000 元，应记入“应付账款”账户的贷方。其会计分录为：

借：原材料　　　　　　　　　　　　　　　　　　　　　　　4 000

　　贷：应付账款——东方公司　　　　　　　　　　　　　　　　4 000

【例 3-15】2021 年 11 月 5 日从银行提取现金 5 000 元备用。

这项经济业务的发生，一方面使企业资产内部库存现金增加 5 000 元，应记入"库存现金"账户的借方；另一方面使企业银行存款减少 5 000 元，应记入"银行存款"账户的贷方。其会计分录为：

借：库存现金   5 000

  贷：银行存款   5 000

【例 3-16】2021 年 11 月 7 日职工王勇出差，预借差旅费 800 元，以现金付讫。

这项经济业务的发生，一方面使企业资产内部其他应收款增加 800 元，应记入"其他应收款"账户的借方；另一方面使企业库存现金减少 800 元，应记入"库存现金"账户的贷方。其会计分录为：

借：其他应收款——王勇   800

  贷：库存现金   800

【例 3-17】2021 年 11 月 10 日以银行存款偿还前欠东方公司货款 4 000 元。

这项经济业务的发生，一方面使企业负债中应付账款减少 4 000 元，应记入"应付账款"账户的借方；另一方面使企业资产中银行存款减少 4 000 元，应记入"银行存款"账户的贷方。其会计分录为：

借：应付账款——东方公司   4 000

  贷：银行存款   4 000

【例 3-18】2021 年 11 月 15 日王勇报销差旅费 750 元，余款退回。

这项经济业务的发生，一方面使企业费用中管理费用增加 750 元，应记入"管理费用"账户的借方，资产中库存现金增加 50 元，应记入"库存现金"账户的借方；另一方面使企业资产中其他应收款减少 800 元，应记入"其他应收款"账户的贷方。其会计分录为：

借：管理费用   750

   库存现金   50

  贷：其他应收款——王勇   800

【例 3-19】2021 年 11 月 22 日接银行通知，公司投资人又投入资本 100 000 元。

这项经济业务的发生，一方面使企业资产中银行存款增加 100 000 元，应记入"银行存款"账户的借方；另一方面使企业所有者权益中实收资本增加 100 000 元，应记入

"实收资本"账户的贷方。其会计分录为：

借：银行存款   100 000

    贷：实收资本   100 000

【例 3-20】2021 年 11 月 26 日公司销售商品，收入 20 000 元已存入银行。

这项经济业务的发生，一方面使企业资产中银行存款增加 20 000 元，应记入"银行存款"账户的借方；另一方面使企业收入中主营业务收入增加 20 000 元，应记入"主营业务收入"账户的贷方。其会计分录为：

借：银行存款   20 000

    贷：主营业务收入   20 000

【例 3-21】2021 年 11 月 27 日用银行存款支付公司行政管理部门水电费 8 000 元。

这项经济业务的发生，一方面使企业费用中管理费用增加 8 000 元，应记入"管理费用"账户的借方；另一方面使企业资产中银行存款减少 8 000 元，应记入"银行存款"账户的贷方。其会计分录为：

借：管理费用   8 000

    贷：银行存款   8 000

【例 3-22】2021 年 11 月 30 日经董事会批准以资本公积金 16 000 元转增资本。

这项经济业务的发生，一方面使企业所有者权益内部的实收资本增加 16 000 元，应记入"实收资本"账户的贷方；另一方面使企业资本公积减少 16 000 元，应记入"资本公积"账户的借方。其会计分录为：

借：资本公积   16 000

    贷：实收资本   16 000

（五）试算平衡

为了保证账户记录的正确性，需要在一定时期终了后，根据会计等式和记账规则，对账户记录进行试算平衡。试算平衡是根据会计要素间的平衡关系，检查各类账户记录是否正确。根据借贷记账法的记账规律，可以得知：企业发生的每一笔经济业务分别记入有关账户的借方和贷方，借方和贷方的数额一定相等。在一定时期内，企业发生的全部业务登记入账后，所有账户的借方发生额合计必定等于所有账户的贷方发生额合计。依此类推，所有账户的借方余额合计一定等于贷方余额合计，即借贷平衡。

借贷记账方法下，试算平衡有两个方面：

1. 发生额试算平衡

即对一定时期全部账户的发生额进行试算平衡，可依据发生额平衡公式，通过编制发生额试算平衡表进行。其平衡公式如下：

全部账户的本期借方发生额合计＝全部账户的本期贷方发生额合计

以本章的【例3-8】～【例3-12】为例，编制试算平衡表3-9。

表3-9　发生额试算平衡表

会计科目	本期发生额	
	借方	贷方
库存现金	2 000	1 500
银行存款	3 0000	42 000
原材料	41 500	
短期借款	40 000	
应付账款	30 000	40 000
实收资本		60 000
合计	143 500	143 500

2. 余额试算平衡

即对一定时期全部账户的期末余额进行试算平衡，可依据期末余额试算平衡公式，通过编制期末余额试算平衡表进行。其平衡公式如下：

全部账户的借方期末余额合计＝全部账户的贷方期末余额合计

【例3-23】中原海华公司2021年11月初资产、负债、所有者权益账户期初余额见下表。在此基础上以【例3-13】～【例3-22】为例编制试算平衡表见表3-10、表3-11。

表3-10　中原海华公司2021年11月期初余额表

账户名称	期初余额	账户名称	期初余额
库存现金	1 000	短期借款	20 000
银行存款	150 000	应付账款	10 000
应收账款	20 000	应交税费	35 000
原材料	20 000	实收资本	100 000
固定资产	125 000	本年利润	166 000
生产成本	15 000		
合计	331 000		331 000

表3-11　中原海华公司2021年11月试算平衡表

会计科目	期初余额		本期发生额		期末余额	
	借方	贷方	借方	贷方	借方	贷方
库存现金	1 000		5 050	800	6 050	800
银行存款	150 000		150 000	17 000	300 000	17 000
应收账款	20 000				20 000	
原材料	20 000		4 000		24 000	
其他应收款			800	800	800	800
固定资产	125 000				125 000	
管理费用			8 750		8 750	
生产成本	15 000				15 000	
短期借款		20 000		3 0000		50 000
应付账款		10 000	4 000	4 000	4 000	14 000
应交税费		35 000				35 000
实收资本		100 000		116 000		216 000
资本公积			16 000		16 000	
本年利润		166 000				166 000
主营业务收入				20 000		20 000
合计	331 000	331 000	188 600	188 600	519 600	519 600

编制试算平衡表时应注意以下几点：

（1）必须保证所有会计账户的余额均已记入试算表，因为会计等式是对会计要素整体而言的，缺少任何一个账户的余额都会造成期初或期末借方余额合计与贷方合计不相等。

（2）如果试算表借贷不相等，账户记录肯定有错误，应认真查找，直到实现平衡为止。

（3）即使实现了有关三栏的平衡关系。并不能说明账户记录绝对正确，只能说明基本准确，因为有些错误并不会影响借贷双方的平衡关系（表 3-12），比如：

①漏记某项经济业务，将使本期借贷双方的发生额发生等额减少，借贷仍然平衡。

②重记某项经济业务，将使本期借贷双方的发生额等额增加，借贷仍然平衡。

③某项经济业务记录的应借、应贷科目正确但借贷双方金额同时多记或少记，但金额一致，借贷仍然平衡。

④某项经济业务记错有关账户，借贷仍然平衡。

⑤某项经济业务在账户记录中颠倒了记账方向，借贷仍然平衡。

⑥借方或贷方发生额中偶然发生多记少记，并相互抵消，借贷仍然平衡等。

表3-12　不影响借贷双方平衡关系的错误

错误	案例
①漏记某项经济业务，使本期借贷双方的发生额等额减少，借贷仍然平衡	企业购买电脑，用银行存款支付1 000元，没有记账，借贷双方仍然平衡
②重记某项经济业务，使本期借贷双方的发生额等额虚增，借贷仍然平衡	企业购买电脑，用银行存款支付1 000元，记账两次，借贷双方仍然平衡
③某项经济业务记录的应借、应贷科目正确但借贷双方金额同时多记或少记，但金额一致，借贷仍然平衡	企业购买电脑，用银行存款支付1 000元，记账时借贷双方都记成了10 000元，借贷双方仍然平衡
④某项经济业务记错有关账户，借贷仍然平衡	企业购买电脑，用银行存款支付1 000元，记账时贷方科目使用了"应付账款"，借贷双方仍然平衡
⑤某项经济业务在账户记录中，颠倒了记账方向，借贷仍然平衡	企业购买电脑，用银行存款支付1 000元，记账时固定资产和银行存款的借贷方向颠倒了，借贷双方仍然平衡
⑥某借方或贷方发生额中，偶然发生多记和少记并相互抵消，借贷仍然平衡	企业本月1日银行存款多记了100元，本月5日又少记了100元，两者相互抵消，借贷双方仍然平衡

因此，在编制试算平衡之前，应该认真核对有关账户记录，以消除上述错误。

第 二 篇
会计实务篇

第四章 工业企业主要经济业务核算（上）

★ 工业企业的资金运动过程及核算目的
★ 筹资业务的核算
★ 供应业务的核算
★ 生产业务的核算

扫码获得
本章PPT

【思政案例】

诚信是企业能否良好经营与发展的重要评价因素，对于企业来说，假若做不到诚信经营，而是在产品或者相关数据中造假，不仅会影响到自身的声誉，甚至还可能因为产品质量问题给社会带来严重后果。因为造假行为而失去了人们的信任，为了自身利益而损害公共利益的行为，今后的发展势必会受到限制，结果往往得不偿失。

2020年2月16日盖世汽车报道，日本汽车零部件巨头"曙光制动器工业公司"质检数据造假事件犹如一记重磅炸弹，引爆了日本汽车制造业，并迅速成为各大媒体关注的焦点。曙光制动器是丰田、本田、马自达、日产等10家日本汽车制造企业的零部件供应商，该公司官网公布的信息显示，丰田公司是该公司最大股东，持股比例超过11%。日本汽车零部件供应商曙光制动器工业株式会社（以下简称曙光）发布文件称，该公司4家日本本土工厂生产的产品中，有114 327项质检数据存在造假行径，其中包括伪造刹车及其零部件的质检数据。特别是其中有近5 000项尚未达到与整车制造商约定之标准值的零部件已投放市场。值得一提的是，此次造假事件涉及的行为最早可以追溯至2001年1月，这意味着，此汽车零部件制造巨头的造假行为并非一朝一夕，最早的时间节点为20年之前，如此之长的时间跨度不禁令消费者为之一惊。

通过上述案例思考如下问题：

（1）产品核算的流程是什么？
（2）企业在生产经营中，应该坚守的原则有哪些？

第一节　工业企业的资金运动过程及核算目的

　　工业企业是直接从事工业性生产经营活动（或劳务）的营利性经济组织。为了从事产品的生产与销售活动，企业必须拥有一定数量的资金，用于建造厂房、购买机器设备、购买材料、支付职工工资和经营管理中必要的开支等，生产出的产品经过销售后，收回的货款还要补偿生产中垫付的资金、偿还有关债务和上缴有关税金等。由此可见，工业企业的资金运动包括资金的投入、资金的循环与周转（包括供应过程、生产过程、销售过程三个阶段）以及资金的退出三部分，既有一定时期内的显著运动状态（表现为收入、费用、利润等），又有一定时期的相对静止状态（表现为资产与负债及所有者权益的恒等关系）。

一、资金筹集

　　工业企业进行生产经营活动，必须拥有一定的财产物资作为物质基础，其财产物资的货币表现就是资金。

　　筹集资金是工业企业整个资金运动的起点和基本环节。资金的筹集渠道主要有两个方面：一是接受投资者投入的资金，形成企业的资本金；二是向债权人借入的资金，形成企业的负债。资本金和借入的资金形成企业主要的资金来源，资本金可以供企业长期运用，但企业取得的收益应该与投资者共享；而负债必须按期偿还本金和利息。在资金筹集过程中，会发生接受投资和借入资金的会计核算。

二、资金周转

　　工业企业的生产经营过程是由供应、生产和销售三个环节构成，而且它的主要经济业务也大都发生在这三个环节中，企业资金在各个环节中周而复始地运转。

　　1. 供应过程

　　供应过程是企业为了保证生产需要，用货币资金购建固定资产、购进原材料及其他储备物资的过程。因此，款项的结算、各项成本的确定和材料验收入库等成为供应过程的主要经济业务。在这一过程，企业的货币资金转化为储备资金。

　　2. 生产过程

　　生产过程是劳动者利用劳动资料对劳动对象进行加工的过程。在这一过程中，会发生原材料的耗用、工资的支付、固定资产的损耗和水电动力费等各项生产费用。因此，生产费用的发生、归集和分配，以及产品成本的计算是生产过程的主要经济业务。通过供应过程，企业的储备资金的一部分转化为生产资金，随着产品的完工、产成品验收入库，生产资金又转化为成品资金。

3. 销售过程

销售过程是将完工产品投入市场实现产品销售收入，计算并结转已销产品成本，支付广告费、业务招待费和运输费等，最终取得利润的过程。因此，产品销售收入的确认，销售货款结算，已销产品成本的计算及结转，销售费用的支付等是销售过程的主要经济业务。通过这一过程，成品资金又转化为货币资金。

企业的经营资金通过这一系列变化，周而复始地循环周转即资金周转。工业企业资金周转的过程也是企业获取和实现利润的过程（图4-1）。

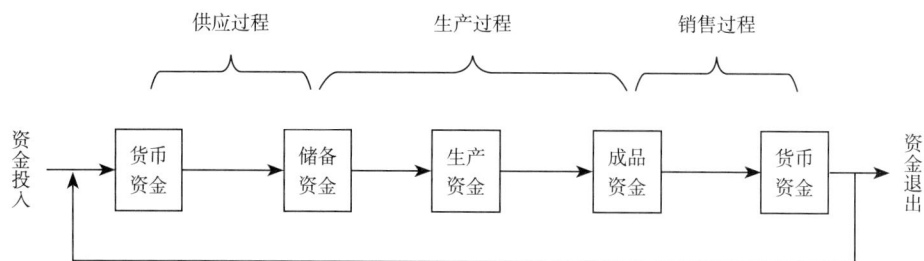

图4-1　工业企业生产活动资金运动示意图

三、资金退出

资金退出是指企业的经营资金完成了循环或由于其他原因退出企业经营，不再参与企业资金周转。在这一过程中，分派投资者利润、归还银行贷款和上缴国家税款等为会计核算的主要内容。

第二节　筹资业务的核算

资金是企业赖以生存和发展的基础和前提，每个企业从事生产经营活动都要拥有一定数量的资金。企业的资金来源主要有两部分：一是所有者投入，具体包括投资者投入的资金以及企业的留存收益；二是企业借入的资金，具体包括向金融机构借款、企业发行的债券以及往来结算过程中形成的应付款项等。

一、投入资本的核算

企业从投资人处筹集的资金形成企业所有者权益的重要组成部分，企业的所有者权益包括所有者投入的资本、直接计入所有者权益的利得和损失、留存收益等。其中，实收资本和资本公积是所有者直接投入企业的资本和资本溢价等，而盈余公积和未分配利润是企业经营过程中形成的利润留存，即留存收益。本节主要介绍实收资本和资本公积的核算。

（一）实收资本业务的核算

我国有关法律规定，投资者设立企业首先必须投入资本。《中华人民共和国企业法人登记管理条例》规定，企业申请开业，必须具备符号国家规定的与其生产经营和服务规模相适应的资金。为了反映和监督投资者投入资本的增减变动情况，企业必须按照国家统一的会计制度的规定进行实收资本的核算，真实地反映所有者投入企业资本的状况，维护所有者在企业中的各方面权益。公司应通过"股本"科目核算，其他各类企业应通过"实收资本"科目核算。

1. 设置账户

为了核算与监督企业接受投资者投入资本的变动情况，应设置"实收资本"账户（在股份制企业应设置"股本"账户）进行总分类核算。

"实收资本"账户：所有者权益类账户，贷方登记接受投资或资本公积与盈余公积转增资本的数额；借方登记企业按法定程序报经批准减少注册资本的数额；期末余额在贷方，反映企业投资者实际投资的数额。"实收资本"账户可按照投资人设置明细账。

2. 实收资本业务的具体核算

企业收到所有者投入企业的资本后，应根据有关原始凭证（如投资清单、银行通知单等），分别以不同的出资方式进行会计处理。

（1）接受货币资金投资。企业收到投资者以现金资产投入的资本时，应以实际收到或存入企业开户银行的金额作为实收资本入账，借记"库存现金""银行存款"科目，贷记"实收资本"科目。对于不同投资者投入的货币资金，企业应分别设置明细账进行明细核算。

【例4-1】中原海华公司20××年1月1日成立，根据合同约定，该企业收到新华公司投入资本1 500 000元，该款项全部存入企业的开户银行。

这笔经济业务的发生，一方面使企业银行存款增加 1 500 000 元，应记入"银行存款"账户的借方；另一方面新华公司对企业的投资共增加 1 500 000 元，应记入"实收资本"账户的贷方。编制会计分录如下：

借：银行存款　　　　　　　　　　　　　　　 1 500 000

　　贷：实收资本——新华公司　　　　　　　　　　　 1 500 000

（2）接受实物投资。企业接受实物投资，在办妥实物转移手续后，按照评估确认或双方协商的价值作为投资者投入数额入账。

【例 4-2】承上例，根据合同约定，中原海华公司收到宏光公司投入设备两台，每台价值为 5 万元，已验收入库。入库单见表 4-1。

表4-1　入库单

20××年 01 月 01 日

供应者宏光公司						20××年 01 月 01 日收到							
编号	材料名称	规格	送验数量	实收数量	单位	单价	十万	千	百	十	元	角	分
	设备1		1	1	台	50 000	¥ 5	0	0	0	0	0	0
	设备2		1	1	台	50 000	¥ 5	0	0	0	0	0	0
备注			验收入盖章			合计 ¥100 000.00							

会计：　　　出纳：　　　复核：　　　记账：　　　制单：

这笔经济业务的发生，一方面使企业固定资产增加 100 000 元，应记入"固定资产"账户的借方；另一方面宏光公司对中原海华公司的投资增加 100 000 元，应记入"实收资本"账户的贷方。编制会计分录如下：

借：固定资产——设备1　　　　　　　　　　 50 000

　　　　　　　——设备2　　　　　　　　　　 50 000

　　贷：实收资本——宏光公司　　　　　　　　　 100 000

（3）接受无形资产投资。企业收到无形资产（包括专利权、商标权、非专利技术、土地使用权等）投资，按照合同协议在移交了有关凭证之后，按照确定的无形资产价值作为投资者投入数额入账。

【例4-3】承上例，根据合同约定，中原海华公司收到蓝光公司投入专利权一项，价值为50 000元（图4-2）。

<u>**资产评估报告**</u>　NO.0010003

20××年01月05日第1号

中原海华公司：
依据《国有资产评估管理办法》，对蓝光公司专利按现行市价评估，评估价为50 000元。

中国注册会计师：王忠　中国注册会计师：常新欢
评估员：陈江　评估员：李泉江
中原会计师事务所绿城会计师事务所

图4-2　资产评估报告

这笔经济业务的发生，一方面使企业无形资产增加50 000元，应记入"无形资产"账户的借方；另一方面蓝光公司对企业的投资增加50 000元，应记入"实收资本"账户的贷方。编制会计分录如下：

　　借：无形资产　　　　　　　　　　　　　　　　50 000
　　　　贷：实收资本——蓝光公司　　　　　　　　　　　50 000

（二）资本公积业务的核算

资本公积是指企业在筹集资本金的过程中，投资者缴付的出资额超出其在注册资本中所占份额的差额以及直接计入所有者权益的利得和损失。

在企业创立时，投资者认缴的出资额与注册资本是保持一致的，不会产生资本公积。但在企业重组或有新的投资者加入时，为了维护原有投资者的权益，新加入投资者的出资额，并不一定全部作为实收资本处理。因为在企业正常经营过程中投入的资金即使与企业创立时投入的资金在数量上一致，获利能力却可能不一致，在企业进行正常的生产经营过程之后，其资本利润率通常要高于企业初创阶段。另外，企业可能有内部积累，如从净利润中提取的盈余公积、未分配利润等，新投资者加入企业后，对这些积累也要进行分享。所以，新加入的投资者往往要付出大于原始投资者的出资额。投资者缴付的出资额大于其在企业注册资本中所占份额的数额称为资本溢价，应在"资本公积"账户中反映。为了核算企业资本公积的增减变动情况，企业应设置"资本公积"账户。

"资本公积"账户：所有者权益类账户。当形成资本公积时，记入该账户的贷方；当按照规定将资本公积转增资本金时，应从该账户的借方转入"实收资本"账户的贷方。该账户应当分"资本溢价""其他资本公积"进行明细核算。

【例 4-4】假定中原海华公司收到宏光公司投入的设备两台，投资合同约定资产价值 100 000 元，但宏光公司投资后拥有中原海华公司 80 000 元的股份。

这笔经济业务的发生，一方面使企业固定资产增加 100 000 元，应记入"固定资产"账户的借方；另一方面宏光公司对中原海华公司的投资增加 80 000 元，应记入"实收资本"账户的贷方，宏光公司的在出资额超过其中原海华公司享有份额的差额属于资本溢价，应在"资本公积"账户的贷方进行反映。编制会计分录如下：

```
借：固定资产                          100 000
    贷：实收资本——宏光公司                    80 000
        资本公积——资本溢价                    20 000
```

二、借入资金的核算

企业在生产经营过程中，为弥补生产资金的不足，满足生产经营活动的需要，经常向银行或其他金融机构等债权人借入资金，形成企业的负债。借款按其借用期限的长短分为长期借款和短期借款。本书只介绍短期借款的核算。

短期借款是指企业为了满足其生产经营对资金的临时需要而向银行或其他金融机构等借入的偿还期限在一年以内（含一年）的各种借款。

企业须按期偿还借款的本金和利息，并及时、真实地反映款项的借入、利息的结算和本息的偿还情况。短期借款费用属于筹资费用，应计入"财务费用"科目。在实际工作中，银行一般于每季度末收取短期借款利息。为此，企业的短期借款利息一般采用月末计提的方式进行核算。

（一）设置账户

为了全面、系统地反映企业借入款项的来龙去脉，应当设置以下账户：

"短期借款"账户：负债类账户用来核算企业借入的期限在一年以下的各种借款。贷方登记取得借款的本金数额；借方登记偿还借款本金的数额；余额在贷方，表示尚未偿还的借款数额。本科目应按借款种类、贷款人和币种设置明细账。

"财务费用"账户：损益类账户用来核算企业为筹集生产经营所需资金等而发生的各种费用，包括筹资费用和使用期间所发生的利息。借方登记为筹集资金而发生的各种费用，包括利息支出、手续费等；贷方登记利息收入和月末转入"本年利润"账户的财务费用，期末无余额。该账户可按费用项目进行明细核算。

"应付利息"账户：负债类账户用来核算企业按照合同约定应支付的利息。借方登记应付未付的利息；贷方登记到期支付的利息；期末余额在贷方，反映企业应付未付的利息。该账户可按债权人进行明细核算。

（二）短期借款业务的核算

【例 4-5】中原海华公司 20×× 年 1 月 10 日，向交通银行借入期限为 3 个月的借款 100 000 元，年利率 12%，利息每季结算一次，所得借款存入银行。

这笔经济业务的发生，一方面使企业银行存款增加 100 000 元，应记入"银行存款"账户的借方；另一方面企业的短期借款增加 100 000 元，应记入"短期借款"账户的贷方。

① 20×× 年 1 月 10 日取得借款时编制会计分录如下：

借：银行存款　　　　　　　　　　　　　　　　　100 000

　　贷：短期借款　　　　　　　　　　　　　　　　100 000

②到 1 月末计提利息时的会计分录如下：

每月利息金额 = 100 000 × 12% ÷ 12 × 1 = 1 000 元

借：财务费用　　　　　　　　　　　　　　　　　　1 000

　　贷：应付利息　　　　　　　　　　　　　　　　　1 000

2 月末计提利息费用的会计处理与 1 月相同。

借：财务费用　　　　　　　　　　　　　　　　　　1 000

　　贷：应付利息　　　　　　　　　　　　　　　　　1 000

③3月末（一个季度）支付息时会计分录如下：

借：应付利息	2 000
财务费用	1 000
贷：银行存款	3 000

④到期偿还本金时的会计分录如下：

借：短期借款	100 000
贷：银行存款	100 000

第三节　供应业务的核算

工业企业为了开展正常的生产活动必须拥有一定的物质资料，生产准备阶段就是要为企业提供物质资料，为其生产产品做好物质上的准备。在这一过程中主要包括两方面的经济业务：一是购建厂房、建筑物和机器设备等固定资产；二是采购生产经营所需要的各种材料，作为生产储备。这两方面构成生产准备业务的主要内容。

一、固定资产购建业务的核算

固定资产是指为生产商品、提供劳务、出租或经营管理而持有的、使用寿命超过一个会计期间的劳动资料。在取得生产使用的设备、机械、运输工具等固定资产时的一切合理支出，包括买价、运杂费、包装费、安装调试费等都应计入固定资产的购建成本。

（一）设置账户

为了核算企业购建固定资产价值的变动情况及其结果，需要设置三个主要账户：

"固定资产"账户：核算固定资产原始价值的增减变化及结余情况。借方登记增加的固定资产的原始价值；贷方登记投资转出、盘亏、出售、报废和毁损等减少的固定资产原值；余额在借方，反映固定资产的原始价值，该账户可按固定资产类别和项目进行明细核算。

"在建工程"账户：用来核算企业在建造固定资产过程中所发生的一切费用。借方登记企业在建造固定资产时支付的买价、运杂费、建筑安装费、调试费等各项费用；贷方登记固定资产达到预定可使用状态后转入"固定资产"账户的价值；期末余额在借方，反映尚未达到预定可使用状态的在建工程的成本。

"应交税费"账户：设置和运用这个账户用来核算和监督企业应交纳的各种税费，如增值税、消费税、所得税、资源税、土地增值税、城市维护建设税、房产税、土地使用税、车船税、教育费附加、环境保护税、矿产资源补偿费等。在材料采购业务中设置"应交税费"账户主要是核算增值税。按照《中华人民共和国增值税暂行案例》的规定，增值税是对我国境内销售货物或者加工、修理修配劳务，销售服务、无形资产、不动产以及进口货物的单位和个人，就其销售货物、劳务、服务、无形资产、不动产的增值额和货物进口金额为计税依据而课征的一种流转税。

增值税的纳税人一般包括销售应税货物、劳务、服务、无形资产、不动产的单位和个人。依据纳税人的会计核算是否健全和年应税销售额是否超过 500 万元，分为一般纳税人和小规模纳税人。一般纳税人的基本税率是 13%（表 4-2）。

表4-2　一般纳税人税率及征税范围

纳税人种类	税率	项目明细
一般纳税人	13%	纳税人销售货物、劳务、有形动产租赁服务或者进口货物
	9%	纳税人销售交通运输、邮政、基础电信、建筑、不动产租赁服务；销售不动产、转让土地使用权，销售或者进口农产品等货物
	6%	纳税人销售服务、无形资产以及增值电信服务
	0	出口货物、劳务或者境内单位和个人跨境销售服务、无形资产及不动产

《中华人民共和国增值税暂行条例》规定：小规模纳税人发生应税销售行为，实行按销售额和征收率计算应税额的简易办法，适用征收率为 3%。

增值税是以商品（含应税劳务）在流转过程中产生的增值额作为计税依据而征收的一种流转税。从计税原理上说，增值税是对商品、流通、劳务服务中多个环节的增值价值或商品的附加增值征收的一种流转税。增值税是有增值才征收，实行的价外税，也是一种间接税，最终税负转嫁给消费者承担。

当期应纳增值税额 = 当期销项税额−当期进项税额

其中，销项税额是指纳税人销售货物或提供应税劳务，按照销售额或提供劳务价款和规定的利率计算并向购买方或接受劳务方收取的增值税额；进项税额是指纳税人购进货物或接受应税劳务所支付或所负担的增值税额。

为此，还应设置"应交税费——应交增值税"二级账户来反映企业销售产品或提供劳务而应交纳的增值税（表 4-3）。该账户的借方登记企业购进货物或接受应税劳务支付的进项税额和实际已交纳的增值税额；贷方登记销售货物或提供应税劳务收取的增值税销项税额等内容；期末余额如在借方，表示企业多交或尚未抵扣的增值税额，尚未抵扣的增值税额可以结转以后各期继续抵扣，期末余额如在贷方，则反映企业当期应交未交的增值税额。该账户下设"进项税额""已交税金""销项税额"三级专栏。"进项税额"记录企业购入货物或接受应税劳务支付给对方的、准予从销项税额中抵扣的增值税额。"已交税金"记录企业已交纳的增值税额；"销项税额"记录企业销售货物或提供应税劳务应从对方收取的增值税额。

表4-3　应交税费——应交增值税T形账户

借方	贷方
进项税额 已交税金 减免税款 转出未交增值税 增值税额抵减	销项税额 进项税额转出 出口退税 转出多交增值税

（二）固定资产购建的核算

1. 购入不需安装固定资产

购入不需安装的固定资产指企业购入的固定资产不需要安装就可以直接交付使用。企业应按购入固定资产时实际支付的买价、运输费、装卸费、专业人员服务费和其他相关税费，借记"固定资产"科目，贷记"银行存款"等科目。

【例4-6】20××年1月10日，中原海华公司购入一台不需安装的设备，收到增值税专用发票，价格40 000元，增值税额5 200元，另收到增值税普通发票两张，运输费2 000元，税率9%，共计2 180元，保险费1 000元（含税价），款项全部付清。

这笔经济业务的发生，增值税专用发票的税款可以抵扣，增值税普通发票的税款不得抵扣，计入固定资产的成本。一方面使企业的固定资产增加了43 180元（包括设备买价、运输费、保险费、不能抵扣的增值税）应记入"固定资产"账户的借方，增值税5 200元可以抵扣记入"应交税费——应交增值税"的借方；另一方面企业银行存款减少了48 380元，应记入"银行存款"账户的贷方。应编制会计分录如下：

借：固定资产　　　　　　　　　　　　　　　　　　43 180
　　应交税费——应交增值税（进项税额）　　　　　　5 200
　　贷：银行存款　　　　　　　　　　　　　　　　　　48 380

2. 购入需要安装固定资产

企业购入需要安装的生产设备、机械、运输工具，在安装调试中发生的安装调试费，应计入固定资产原值。固定资产安装工程可以采用自营安装方式，也可以采用出包安装方式。采用自营安装方式，安装费包括安装工程耗用的材料、人工以及其他支出；采用出包安装方式，安装费为向承包单位支付的安装价款。不论采用何种安装方式，固定资产的全部安装工程成本（包括固定资产买价、包装运杂费和安装费）均应通过"在建工程"科目进行核算。

企业购入的需要安装的生产设备、机械、运输工具，应根据实际支付的买价、包装运杂费和安装费等，借记"在建工程"，增值税记入"应交税费——应交增值税（进项税额）"科目；贷记"银行存款"等科目；安装工程完工后，根据其全部安装工程成本，借记"固定资产"科目，贷记"在建工程"科目。

【例 4-7】中原海华公司 20×× 年 1 月 10 日购入需要安装的生产设备一台，增值税专用发票显示价款 80 000 元，进项税额 10 400 元，共计 90 400 元，运杂费 4 000 元（含增值税），保险费 1 000 元（含增值税），运杂费和保险费均未取得增值税专用发票。安装过程中发生安装费 4 000 元（含增值税），取得普通发票，款项全部通过银行存款支付。

这笔经济业务，由于购入的是需要安装的设备，在安装完工前，该业务所发生设备买价、运杂费、保险费和安装费等，皆记入"在建工程"账户，即在购入设备时，"在建工程"账户的借方记入 85 000 元，增值税可以抵扣记入"应交税费——应交增值税"10 400 的借方，"银行存款"账户的贷方记入 95 400 元；安装时"在建工程"账户的借方记入 4 000 元，"银行存款"账户的贷方记入 4 000 元；安装完工后，根据其全部安装工程成本转入固定资产，即"固定资产"账户的借方记入 89 000 元，"在建工程"账户的贷方记入 89 000 元。应编制会计分录如下：

①购入设备时：

借：在建工程	85 000
应交税费——应交增值税（进项税额）	10 400
贷：银行存款	95 400

②发生安装费用时

借：在建工程	4 000
贷：银行存款	4 000

③该项设备安装完毕交付使用时，将其成本全部转入"固定资产"账户：

借：固定资产	89 000
贷：在建工程	89 000

二、材料采购业务的核算

材料采购过程通常是指从材料采购开始到验收入库为止的整个过程，是工业企业经营活动的起点。在材料采购过程中，企业应按规定与供货方办理结算手续，支付材料货款，并支付运杂费和装卸费等各项采购成本。因此，其主要核算业务包括两个方面：一是取得材料物资，计算材料物资采购成本并将材料验收入库，以备生产领用。材料的采购成本包括买价、运输费、装卸费、运输途中的合理损耗和入库前的挑选整理费用。二是与材料供应单位或提供相关服务的单位办理款项结算业务。

（一）设置账户

为了核算企业与各供应单位的结算业务、发生材料采购成本的业务以及按实际成本对入库材料进行计量的业务，企业应设置"在途物资""原材料""应付票据""应付账款""预付账款""应交税费——应交增值税"等主要账户。

"在途物资"账户：用来核算企业按实际成本进行的会计核算，用于企业已经付款或已开出承兑商业汇票，但材料尚未到达或者尚未验收入库的采购业务。借方登记购入材料的买价和采购费用；贷方登记验收入库材料的成本；期末余额在借方，反映尚未运达企业或者已经运达企业但尚未验收入库的在途材料的实际采购成本。该账户可按外购材料的品种进行明细核算。

"材料采购"账户：指企业单位采用计划成本法进行材料日常核算而购入的材料采购成本。本科目应当按照供应单位和物资品种进行明细核算。借方登记企业支付材料价款和运杂费的金额；贷方登记验收入库材料的成本；期末余额在借方，反映企业已经收到发票账单付款或已开出承兑商业汇票，但尚未到达或尚未验收入库的在途材料的采购成本。

"原材料"账户：用来核算库存材料的增减变化情况。借方登记外购、自制及其他途径验收入库材料的成本；贷方登记发出材料的实际成本；余额在借方，表示库存材料成本。该账户应按材料的保管地点、类别、品种和规格等进行明细核算。

"应付票据"账户：用来核算企业因购买材料或接受劳务等应付而未付给供应单位的款项，给对方开出银行承兑汇票或商业承兑汇票。贷方登记开出的承兑汇票应付供应单位的货款和代垫运杂费；借方登记企业承兑汇票到期用货币资金无条件偿还所欠供应单位款项；期末余额在贷方，表示尚未到期的承兑汇票。该账户可按债权人进行明细核算。

"应付账款"账户：用来核算企业因购买材料或接受劳务等而应付给供应单位的款项。贷方登记应付供应单位的货款和代垫运杂费；借方登记企业用货币资金或其他资产偿还所欠供应单位款项；期末余额在贷方，表示尚未归还给供应单位的款项。该账户可按债权人进行明细核算。

"应交税费"账户：用来核算企业按照税法等规定计算应交纳的各种税费，包括增值税、消费税、所得税、资源税和教育费附加等。企业代扣代缴的个人所得税等，也通过本账户核算。其贷方登记企业已确认的各种应缴纳的税款，借方登记实际缴纳的税款，期末余额在贷方，表示期末应缴而未缴的各种税款。该账户可按应缴纳的税收项目设置明细分类账，如"应交税费——应交增值税""应交税费——应交所得税"等。

"预付账款"账户：用来核算企业按照合同规定预付给供应单位的货款及其款项结算情况。借方登记企业按合同规定向供应单位预付的材料款及补付的货款；贷方登记收到供应单位发来的材料的全部成本以及收回的多余预付款项。该账户期末余额如果在借方，表示企业预付的款项；如果在贷方，反映企业尚未补付的款项。该账户可按供货单位进行明细核算。另外，企业预付账款情况不多的，也可以不设置此账户，将预付的款项直接记入"应付账款"账户的借方。

（二）原材料采购业务的核算

以中原海华公司20××年1月发生的经济业务为例，说明企业采购业务的核算。

【例4-8】10日，从A公司购进甲材料10 000千克，单价4元/千克，价款为40 000元，增值税额为5 200元，货款未支付，材料尚未运达

这项经济业务的发生，一方面使在途物资增加了40 000元，进项税额增加了5 200元；另一方面使企业应付账款增加了45 200元。在途物资增加，应记入"在途物资"账户的借方；进项税额增加应记入"应交税费——应交增值税"账户的借方；应付账款增加，应记入"应付账款"账户的贷方。会计分录如下：

借：在途物资——甲材料　　　　　　　　　　　40 000

　　应交税费——应交增值税（进项税额）　　　5 200

　　贷：应付账款——A公司　　　　　　　　　　45 200

【例4-9】11日，以银行存款支付上项业务购入甲材料的装卸费500元（含税价），税率6%，收到普通发票。

这项经济业务的发生，普通发票进行税额不得抵扣，应记入成本。一方面使甲材

料采购成本增加了 500 元；另一方面使企业银行存款减少了 500 元。这笔业务的会计分录如下：

借：在途物资——甲材料   500

贷：银行存款   500

【例 4-10】11 日，从 A 公司购入的甲材料已验收入库，结转入库材料实际成本（表 4-4）。

表4-4 收料单示例

收 料 单

收料部门：仓库管理 1   （三联式）

用途：生产 1   20×× 年 01 月 11 日

材料			单位	数量		成本								材料账页
						单价	总价							
编号	名称	规格		购入	实收		万	千	百	十	元	角	分	
	甲材料		千克	10 000	10 000	4.05	4	0	5	0	0	0	0	
合计							4	0	5	0	0	0	0	

主管：   会计：   记账：   保管：   发料：   领料：

当月购入材料的实际采购成本确定后，就可以将其从"在途物资"账户的贷方转入"原材料"账户的借方。采购的 10 000 千克甲材料的采购成本由两部分构成。一部分是买价 40 000 元，另一部分是运杂费 500 元。这笔业务的会计分录如下：

借：原材料——甲材料   40 500

贷：在途物资——甲材料   40 500

【例 4-11】12 日，从 B 公司购进甲材料 10 000 千克，单价 4.1 元 / 千克，计 41 000 元；乙材料 20 000 千克，单价 3 元 / 千克，计 60 000 元，进项增值税额为

13 130 元，款项总额 114 130 元，中原海华公司开出 3 个月到期的银行承兑汇票。

这项经济业务的发生，一方面使甲材料采购成本增加 41 000 元，乙材料采购成本增加 60 000 元，进项税额增加 13 130 元；另一方面使银行存款减少 114 130 元。

会计分录如下：

借：材料采购——甲材料　　　　　　　　　　　　　　41 000

　　　　　　——乙材料　　　　　　　　　　　　　　60 000

　　应交税费——应交增值税（进项税额）　　　　　　13 130

　　贷：应付票据——B 公司　　　　　　　　　　　　11 4130

4 月 11 日票据到期后应做会计分：

借：应付票据——B 公司　　　　　　　　　　　　　　114 130

　　贷：银行存款　　　　　　　　　　　　　　　　　114 130

【例 4-12】15 日，企业以银行存款 20 000 元向 C 公司预付购买丙材料的货款。

这项经济业务的发生，一方面使企业预付账款增加 20 000 元，应该计入"预付账款"账户的借方；另一方面使银行存款减少 20 000 元。会计分录如下：

借：预付账款——C 公司　　　　　　　　　　　　　　20 000

　　贷：银行存款　　　　　　　　　　　　　　　　　20 000

【例 4-13】20 日，以银行存款支付【例 4-11】购入甲、乙材料业务的运输费 3 000 元（含税价），未取得增值税专用发票。

同一批购入的材料有多个品种时，对所发生的共同采购费用，应选择适当的分配标准，在该批材料的各个品种之间进行合理分摊，以便确定各种材料的实际采购总成本及单位成本。就材料而言，一般采用重量或买价作为分配标准对采购费用进行分配。假定该企业选择以材料重量作为分配标准，首先，应计算出运输费用分配率，即每单位（千克）材料应分摊的运输费，其次，按甲、乙材料的重量分别乘以分配率，即可计算出甲、乙材料应分摊的运输费。其分配计算过程如下：

$$分配率 = \frac{运杂费}{甲、乙材料总重量} = \frac{3\,000}{10\,000 + 20\,000} = 0.1（元/千克）$$

甲材料应分摊的运输费 = 10 000 千克 × 0.1 元/千克 = 1 000（元）

乙材料应分摊的运输费 = 20 000 千克 × 0.1 元/千克 = 2 000（元）

也就是说，这项经济业务的发生，使甲材料采购费用增加 1 000 元，乙材料采购费用增加 2 000 元，企业银行存款减少 3 000 元。这笔业务的会计分录如下：

借：材料采购——甲材料   1 000
    ——乙材料   2 000
  贷：银行存款   3 000

【例4-14】24日，以银行存款偿还前欠购买A公司甲材料及增值税价款共计45 200元。

这项经济业务的发生，使银行存款和应付账款都减少了45 200元。会计分录如下：
借：应付账款——A公司   45 200
  贷：银行存款   45 200

【例4-15】25日，本月从B公司购入的甲、乙两种材料均已验收入库，结转入库材料实际成本（表4-5、表4-6）。

表4-5 收料单示例

收 料 单

收料部门：仓库管理1   （三联式）

用途：生产1   20××年01月25日

材料			单位	数量		成本								材料账页
						单价	总价							
编号	名称	规格		购入	实收		万	千	百	十	元	角	分	
	甲材料		千克	10 000	10 000	4.20	4	2	0	0	0	0	0	
合计							4	2	0	0	0	0	0	

主管： 会计： 记账： 保管： 发料： 领料：

表4-6　收料单示例

收　料　单

收料部门：仓库管理1　　　　（三联式）

用途：生产1　　　　　　　　　　　　　　　　20×× 年 01 月 25 日

材料			单位	数量		成本								材料账页
编号	名称	规格		购入	实收	单价	总价							
							万	千	百	十	元	角	分	
	乙材料		千克	20 000	20 000	3.1	6	2	0	0	0	0	0	
合计							6	2	0	0	0	0	0	

主管：　　　会计：　　　记账：　　　保管：　　　发料：　　　领料：

从B公司购入的甲材料实际成本为买价41 000元和运杂费用1 000元，共42 000元；乙材料实际成本为买价60 000元和运杂费用2 000元，共62 000元。当月购入材料的实际采购成本确定后，就可以将其从"材料采购"账户的贷方转入"原材料"账户的借方。会计分录如下：

借：原材料——甲材料　　　　　　　　　　　42 000

　　　　——乙材料　　　　　　　　　　　62 000

　　贷：材料采购——甲材料　　　　　　　　　　42 000

　　　　　　——乙材料　　　　　　　　　　62 000

【例4-16】27 日，收到C公司运来的丙材料并验收入库。该材料20 000千克，单价2元/千克，价款为40 000元，进项增值税额5 200元，运费100元（含税价），运费未收到增值税专用发票，余款用银行存款补付。

这项经济业务的发生，一方面使丙材料采购成本增加40 100元，进项增值税额增加5 200元；另一方面使预付账款减少45 300元。会计分录如下：

借：原材料——丙材料   40 100
　　应交税费——应交增值税（进项税额）   5 200
　　贷：预付账款——C公司   45 300
借：预付账款——C公司   25 300
　　贷：银行存款   25 300

也可把以上两笔分录合并为：
借：原材料——丙材料   40 100
　　应交税费——应交增值税（进项税额）   5 200
　　贷：预付账款——C公司   20 000
　　　　银行存款   25 300

第四节　生产业务的核算

工业企业的生产过程是工业企业经营活动的中心环节，是人们利用劳动资料对劳动对象进行加工，把劳动对象加工成劳动产品的过程，即生产过程是物化劳动和活劳动的消耗过程。

生产过程中，企业的经济活动主要表现为：将材料物资投入生产，其价值随着实物形态的消耗一次性全部转移到所生产的产品成本中去，构成产品的材料费用；劳动者使用的劳动资料，如厂房、机器、设备等固定资产，在生产过程中不可能一次消耗完，而是在较长时期内被使用，参加若干个生产周期的生产，其价值随着固定资产的不断使用而逐渐转移出去；劳动者在生产过程中耗费的劳动形成了产品新的价值，其中的一部分以工资形式支付给劳动者，构成企业的工资费用。这些构成了工业企业生产费用的基本要素。生产费用主要包括：材料费用、工资费用、福利费用、动力费用、固定资产折旧费用以及其他各种费用。按计入产品成本的方式不同，可将上述费用划分为直接费用和间接费用。直接费用是指企业生产产品过程中实际消耗的直接材料费用、直接人工费用和其他直接费用等。间接费用是指企业车间管理部门组织和管理生产而发生的各项间接支出，也称制造费用，包括间接人工费用、间接材料费用、其他间接费用（如生产管理、技术人员工资、生产用设备折旧费、车间加工费、照明费、取暖费和劳动保护费等）。在企业生产经营期间也会发生一些期间费用，如管理费用、财务费用、营业费用。它是核算企业为组织和管理企业生产经营发生的各项费用，这些费用要单独归集，不计入产品成本，会计期末直接计入当期损益。产品生产核算过程如图4-3所示。

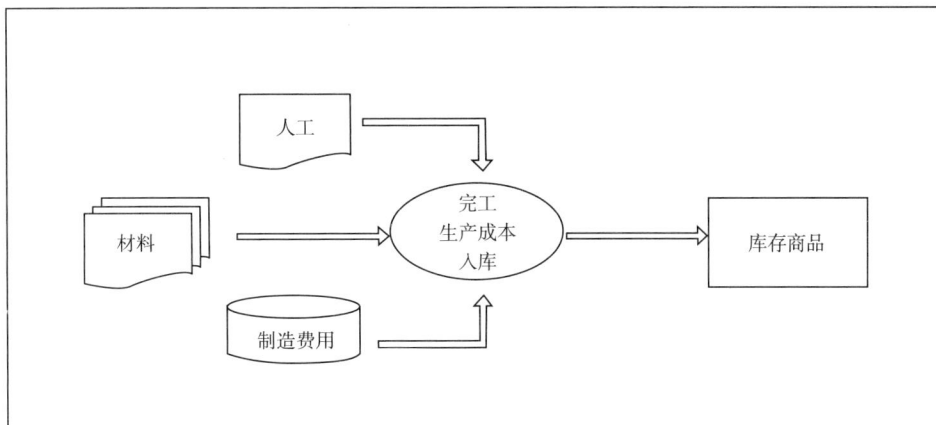

图4-3　产品生产核算过程

一、设置账户

为了组织生产过程的核算，企业需要设置以下主要账户：

"生产成本"账户：用来核算企业生产车间进行产品生产所发生的各项费用，如材料费用、工资费用等。借方登记本期生产所实际发生的各项费用，包括直接材料费、直接人工费和期末分配转入的制造费用；贷方登记期末已完工验收入库产品的实际成本；余额在借方，表示尚未加工完毕的在产品成本。该账户应按成本计算对象（通常以产品品种）进行明细核算。

"制造费用"账户：用来核算企业车间范围内为生产产品和提供劳务而发生的各项生产费用。包括车间行政管理人员的工资及福利费、车间办公费、水电费和车间固定资产折旧费等。借方登记当期内发生的各种制造费用，贷方登记期末按照一定标准分配转入生产成本账户的数额，期末一般无余额。本科目应按不同车间名称设置明细账，并按费用项目设置专栏反映。

"管理费用"账户：用来核算企业行政管理部门为组织和管理生产经营而发生的各项费用。包括企业在筹建期间内发生的开办费、董事会和行政管理部门在企业的经营管理中发生的或者应由企业统一负担的公司经费（包括行政管理部门职工工资及福利费、物料消耗、低值易耗品摊销、办公费和差旅费等）、工会经费、董事会费（包括董事会成员津贴、会议费和差旅费等）、诉讼费、业务招待费、技术转让费、研究费用和排污费等。借方登记发生的各项管理费用，贷方登记转入"本年利润"账户的数额，期末无余额。该账户应按费用项目设置专栏进行明细核算。

"应付职工薪酬"账户：用来核算企业应付给职工的各种薪酬，包括工资、奖金、补贴、职工福利和社会保险等。贷方登记期末计算分配的各种薪酬数；借方登记实际支付给职工的薪酬数以及代扣的款项；期末余额在贷方，反映企业应付未付的职工薪酬。该账户应当按照"工资""职工福利""社会保险费""住房公积金""职工教育经费"等应付职工薪酬项目进行明细核算。

"累计折旧"账户：用来反映企业在生产经营过程中使用的所有固定资产折旧额的提取和注销情况。固定资产折旧额是固定资产因使用而转移到企业成本、费用中去的金额，这部分金额随着产品销售或会计期间结束，从所获取的收入中得到补偿。该账户是"固定资产"账户的抵减账户，贷方登记固定资产损耗的价值，即按月提取的折旧数；借方登记因固定资产出售、报废、毁损等原因转销的已提折旧额；期末余额在贷方，表示企业已提的累计折旧额。

"库存商品"账户：用来核算库存商品的增减变动和结存情况。库存商品指的是已完成生产过程，并验收入库可供销售的产品。该账户借方登记已验收入库产品的实际生产成本，贷方登记发出产品的实际生产成本。期末余额在借方，反映库存产品的实际成本。该账户可按产品的品种、规格等进行明细核算。

二、生产过程中主要经济业务的核算

在生产过程中，发生的主要经济业务主要包括：生产车间制造产品领用原材料；计算和分配职工薪酬、从银行提取现金支付职工薪酬；计提固定资产折旧；分配制造费用，计算完工产品成本；结转完工产品的实际生产成本。

（一）材料费用的核算

企业领用原材料时，应按照领用部门和经济用途计入相应的成本费用。生产产品领用材料，应记入"生产成本"；生产车间一般性耗用材料，应记入"制造费用"；管理部门领用材料，应记入"管理费用"；销售部门领用材料，应记入"销售费用"；工程领用材料，应记入"在建工程"，即借记"生产成本""制造费用""管理费用""销售费用"和"在建工程"等账户，贷记"原材料"账户。

【例4-17】20日领用甲、乙材料一批（表4-7），用于生产A、B两种产品和其他一般耗用。

这项经济业务的发生，一方面使企业的库存材料减少了76 200元，应记入"原材料"账户的贷方；另一方面原材料投入生产耗用，增加了生产费用，其中直接用于A、B产品生产的66 000元，应直接计入产品成本，记入"生产成本"账户的借方，车间一般耗用原材料 4 200 元，管理部门耗用原材料 6 000 元，属于间接费用和期间费用，应分别记入"制造费用"和"管理费用"账户的借方。其会计分录如下：

表4-7　原材料领用汇总表

项目	甲材料		乙材料		合计	
	数量（千克）	金额（元）	数量（千克）	金额（元）	数量（千克）	金额（元）
生产 A 产品耗用	2 000	8 400	5 000	15 000	7 000	23 400
生产 B 产品耗用	3 000	12 600	10 000	30 000	13 000	42 600
小计	5 000	21 000	15 000	45 000	20 000	66 000
车间一般消耗	1 000	4 200			1 000	4 200
管理部门领用			2 000	6 000	2 000	6 000
合计	6 000	25 200	17 000	51 000	23 000	76 200

```
借：生产成本——A 产品                    23 400
          ——B 产品                    42 600
    制造费用                             4 200
    管理费用                             6 000
  贷：原材料——甲材料                           25 200
        ——乙材料                           51 000
```

（二）人工费用的核算

企业在生产过程中发生的人工费用，应按职工所在的部门和用途计入相应的成本费用。生产工人工资，应记入"生产成本"；车间管理人员工资，应记入"制造费用"；行政管理人员工资，应记入"管理费用"；销售部门人员工资，应记入"销售费用"；工程人员工资，应记入"在建工程"，即借记"生产成本""制造费用""管理费用""销售费用""在建工程"，贷记"应付职工薪酬——工资"账户。

【例 4-18】30 日，结算本月应付职工薪酬 110 000 元，其中生产 A 产品工人工资 30 000 元，生产 B 产品工人工资 40 000 元，车间管理人员工资 10 000 元，厂部管理人员工资 20 000 元，销售人员工资 10 000 元，如表4-8所示。

表4-8　一月工资汇总表

20××年1月30日

类别	人数	应发合计	医疗保险	住房公积金	养老保险	代扣税	扣款合计	实发合计
厂部管理人员	3	20 000	120	80	60	40	300	19 700
基本生产车间 A	7	30 000	150	90	100	60	400	29 600
基本生产车间 B	9	40 000	180	110	120	90	500	39 500
车间管理人员	3	10 000	0	50	100	50	200	9 800
销售部门	3	10 000	0	50	100	50	200	9 800
合计	25	110 000	450	380	480	290	1 600	108 400

单位负责人：　　　　　　部门负责人：　　　　　　制表人：

这项经济业务的发生，一方面使企业的应付职工薪酬增加 110 000 元，应该记入"应付职工薪酬——工资"账户的贷方；另一方面活劳动的消耗，增加了生产费用，其中直接用于A、B产品生产工人工资 70 000 元，应直接计入产品成本，

记入"生产成本"账户的借方，车间管理人员工资 10 000 元，厂部管理人员工资 20 000 元，销售人员工资 10 000 元，属于间接费用和期间费用，应分别记入"制造费用""管理费用"和"销售费用"账户的借方。其会计分录如下：

```
借：生产成本——A 产品                      30 000
          ——B 产品                      40 000
    制造费用                             10 000
    管理费用                             20 000
    销售费用                             10 000
  贷：应付职工薪酬——工资                      1 100 000
```

（三）制造费用的核算

制造费用属于间接费用，通常月末通过分配的形式计入产品成本。常见的制造费用分配方法有生产工时、机器工时、工人工资以及年度计划分配率。

（1）折旧费的账务处理。企业提取的固定资产折旧费，应根据用途分别计入相关资产的成本或当期费用，并按固定资产使用部门进行分配。即生产车间使用固定资产

折旧，应记入"制造费用"；厂部管理部门使用固定资产折旧，应记入"管理费用"；销售部门使用固定资产折旧，应记入"销售费用"等。

【例 4-19】30 日，计提固定资产折旧 1 660 元，其中：生产车间计提 700 元，管理部门计提 960 元。

借：制造费用		700
管理费用		960
贷：累计折旧		1 660

（2）水费、电费、修理费的账务处理。应按部门和用途计入相应的成本费用。

【例 4-20】30 日收到银行存款支付电费通知单，以及增值税专用发票，电费 3 000 元，增值税 390 元，其中：车间照明用电 2 200 元，管理部门照明用电 800 元。

借：制造费用		2 200
管理费用		800
应交税费		390
贷：银行存款		3 390

【例 4-21】用银行存款支付 12 月份水费 1 000 元（含税），未收到增值税专用发票。其中生产车间负担 400 元，管理部门负担 600 元。

借：制造费用		400
管理费用		600
贷：银行存款		1 000

【例 4-22】30 日用银行存款购买办公用品 500 元。

借：管理费用		500
贷：银行存款		500

（3）制造费用的分配。制造费用是产品生产成本的组成部分，月末应将归集的各种间接生产费用从"制造费用"账户转入"生产成本"账户，从而反映产品成本。

【例 4-23】1 月 30 日，将本月发生的制造费用【例 4-17】～【例 4-22】按生产工人工资比例分配计入各种产品成本。

制造费用的归集 = 4 200 + 10 000 + 700 + 2 200 + 400 = 17 500（元）

这笔经济业务，一方面转销制造费用，记入"制造费用"账户的贷方；另一方面增加产品成本，记入"生产成本"账户的借方。制造费用的分配计算过程参见本节下面"产品成本的计算"部分，其会计分录如下：

    借：生产成本——A产品   7 500
             ——B产品   10 000
      贷：制造费用   17 500

（4）完工产品的核算。产品生产完工后，应将完工产品的实际成本从"生产成本"账户中转入"库存商品"账户中，表示这批产品生产过程的结束，销售阶段的开始。

【例4-24】1月30日A、B产品全部完工，A产品验收入库600件，总成本为60 900元；B产品验收入库400件，总成本为92 600元（表4-9）。

表4-9　入库单示例

入　库　单

收 字 第2号

20×× 年 01 月 30 日

编号	材料名称	规格	送验数量	实收数量	单位	单价	金额						
供应者		发票号				20×× 年 01 月 30 号收到							
							万	千	百	十	元	角	分
	A产品	×××		600	件	101.5	6	0	9	0	0	0	0
	B产品	×××		400	件	231.5	9	2	6	0	0	0	0
备注			验收人签章			合计 ¥153 500.00							

会计：　　　出纳：　　　复核：　　　记账：　　　制单：

这笔经济业务说明A产品已经全部制造完工，并已验收入库。一方面表示产品生产完成应该按实际成本转账，记入"生产成本"账户的贷方；另一方面表示库存商品增加，记入"库存商品"账户的借方。产品成本的计算过程参见本节"产品成本的计算"部分，其会计分录如下：

借：库存商品——A 产品　　　　　　　　　　　　　60 900

　　　　　　——B 产品　　　　　　　　　　　　　92 600

　　贷：生产成本——A 产品　　　　　　　　　　　　60 900

　　　　　　　——B 产品　　　　　　　　　　　　　92 600

三、产品生产成本的计算

成本计算是会计核算的主要内容之一。产品成本计算是将生产过程中为制造产品所发生的各种费用，按照产品品种（即成本计算对象）进行分配和归集，计算出各种产品的总成本和单位成本。其成本计算的一般程序包括以下内容。

（一）确定成本计算对象

成本计算对象是指生产费用的归属对象。在企业中，成本计算对象一般是以产品品种为计算对象，并按此产品品种来设置"生产成本"明细账，归集各种生产费用。同时，为了正确计算每种产品成本，提供按原始成本项目反映的成本结构资料，在进行明细核算时还应在明细账中，按成本项目设置专栏反映。

（二）按成本项目归集和分配各项生产费用

计入产品成本的生产费用在产品生产过程中的用途是不同的。有的直接用于产品生产，如原材料、生产工人工资，有的间接用于产品生产，如制造费用。为了具体地反映计入产品成本的生产费用的各种用途和产品成本的构成，还应该进一步划分为若干项目，即产品成本项目进行费用的归集，从而计算产品成本。

企业设立的成本项目通常有：

（1）直接材料。直接材料是指直接用于产品生产、构成产品实体的原材料、主要材料以及有助于产品形成的辅助材料等。

（2）直接人工。直接人工是指直接参加产品生产的工人工资、奖金、福利费、职工教育经费、住房公积金等。

（3）制造费用。制造费用是指为生产产品和提供劳务而发生的各种间接费用，包括生产车间办公费、折旧费、修理费、车间管理人员工资和福利费、劳动保护费等。

生产过程中发生的生产费用，凡是能区分属于何种产品的，应当在费用发生时直接记入该种产品的成本；凡是因生产多种产品而共同发生的生产费用，应当按照一定标准在这些产品之间加以分配。对于各种组织和管理生产的费用，应当在发生时根据其发生地点或部门，先记入"制造费用"账户进行归集；月终时，再按照适当的分配标准进行分配，然后将分配数额计入各种产品成本。其计算公式如下：

$$制造费用分配率 = \frac{制造费用总额}{\sum 分配标准}$$

$$某产品应负担的制造费用 = 该产品的分配标准 \times 制造费用分配率$$

【例4-25】承【例4-17】～【例4-22】，中原海华公司A、B产品所发生的各项生产费用按成本项目归集。

上述制造费用的分配采用生产工人的工资比例作为分配标准，A、B产品的生产工人的工资分别为30 000元和40 000元。计算如下：

$$制造费用分配率 = \frac{17\ 500}{30\ 000 + 40\ 000} = 0.25$$

A产品应分摊的制造费用 = 30 000 × 0.25 = 7 500（元）

B产品应分摊的制造费用 = 40 000 × 0.25 = 10 000（元）

在实务中，制造费用的分配通常采用编制制造费用分配表的形式来完成（表4-10）。

表4-10　制造费用分配表

产品名称	费用分配率	分配标准（生产工人工资）	分配金额（元）
A产品	0.25	30 000	7 500
B产品	0.25	40 000	10 000
合计	—	70 000	17 500

制造费用分配后，应将A、B产品分摊的费用记入"生产成本"明细账中。经过上述计算过程，将A、B产品的各项成本项目所归集的费用相加，就可求出两种产品的完工产品成本。

（三）计算产品成本

到月末，如果某种产品全部完工，该种产品成本明细账所归集的费用总额就是该种完工产品总成本，除以产品的总产量，即可计算出该种产品的单位成本；如果某种产品全部未完工，该种产品成本明细账所归集的费用总额就是该种在产品总成本；如果某种产品一部分完工一部分未完工，这时归集在该种产品成本明细账中的费用总额，还要采用适当的分配方法在完工产品和月末在产品之间进行分配，然后计算出完工产品的总成本和单位成本。

在实务中，计算产品成本通常采用编制产品成本计算表的形式来完成（表4-11）。

表4-11 产品成本计算表

项目	A产品（600件）		B产品（400件）	
	总成本（元）	单位成本（元）	总成本（元）	单位成本（元）
直接材料	23 400	39	42 600	106.5
直接人工	30 000	50	40 000	100
制造费用	7 500	12.5	10 000	25
产品成本	60 900	101.5	92 600	231.5

从表4-11可以看出，直接材料、直接人工属于直接费用，可以直接计入A、B产品的生产成本，制造费用应采用一定的分配标准在A、B两种产品之间进行分配。

第五章　工业企业主要经济业务核算（下）

★ 销售过程的核算

★ 其他业务和营业外业务的核算

★ 结算业务的处理

★ 利润分配的核算

扫码获得
本章PPT

【思政案例】

广州浪奇成立于 1978 年，1993 年从国有企业改组为股份制企业并在深交所主板上市，成为广州市首批规范化上市的股份制公司，是我国日化行业的大型骨干企业，背靠国资，其控股股东广州轻工工贸集团有限公司全部股权由广东省财政厅、广州市人民政府持有。

2020 年 9 月 27 日，广州浪奇公告，公司曾将价值为 4.53 亿元的货物储存在了江苏鸿燊物流有限公司（下称"鸿燊公司"）位于江苏南通的库区（下称"瑞丽仓"），将价值为 1.19 亿元的货物储存在了江苏辉丰石化有限公司（下称"辉丰公司"）位于江苏大丰港的库区（下称"辉丰仓"）。

广州浪奇相关人员多次前往瑞丽仓、辉丰仓均无法正常开展货物盘点及抽样检测工作，因此于 2020 年 9 月 7 日分别向鸿燊公司、辉丰公司发函要求配合公司进行货物盘点及抽样检测工作。结果两家公司却否认保管有广州浪奇存储的货物。并且，辉丰公司还表示，广州浪奇所出示的《2020 年 6 月辉丰盘点表》上的印章，与辉丰公司的印章不一致。10 月 30 日，广州浪奇就此事回复深交所《关注函》时披露，有问题的仓库除了瑞丽仓、辉丰仓外，还有四川仓库、广东仓库等 6 处仓库的存货存在账实不符的情形，全额计提减值准备合计 8.67 亿元。12 月 25 日，广州浪奇再发公告，存储于会东仓的 2 428 吨黄磷被金川公司在未经公司正式确认的情况下销售，"账实不符"的金额又增加了 0.32 亿元，累计达到 8.99 亿元。

存货不翼而飞引发监管关注，并于 2021 年 11 月 11 日公布真相。经广东证监局调查，2018～2019 年，广州浪奇共计虚增营业收入 128.85 亿元，虚增利润 4.11 亿元，虚增了当时披露净资产过半数的存货超 10 亿元。在此期间，广州浪奇合计 37.23 亿元的资金遭关联公司占用。

最终，广州浪奇及相关人员共计被罚 1405 万元，时任董事长傅勇国采取 10 年证券市场禁入措施。除了监管处罚，公司还将面临受损投资者索赔。

通过上述案例思考如下问题：

（1）收入的确认条件是什么？

（2）虚构收入会给企业带来什么危害？

（3）通过此案例你想到了哪些思政元素？

第一节　销售过程的核算

销售过程是企业生产经营的最后一个阶段。企业在确认和计量收入时，应遵守的基本原则是：确认收入的方式应当反映其向客户转让商品或提供服务的模式，收入的金额应当反映企业因转让商品或提供服务而预期有权收取的对价金额。通过收入确认与计量能进一步如实地反映企业的生产经营成果，准确核算企业实现的损益。根据《企业会计准则第 14 号——收入》（财会〔2017〕22 号）的规定，收入的确认与计量大致分为五步：

第一步，识别与客户订立的合同。企业应当履行合同中的义务，即在客户取得相关商品控制权时确认收入。

第二步，识别合同中的单项履约义务。履约义务是合同中企业向客户转让可明确区分商品或服务的承诺。

第三步，确定交易价格。交易价格是企业因向客户转让商品而预期有权收取的对价金额。

第四步，将交易价格分摊至各单项履约义务。当合同中包含两项或多项履约义务时，需要将交易价格分摊至各单项履约义务。

第五步，履行各单项履约义务时确认收入。当企业将商品转移给客户，客户取得了相关商品的控制权，意味着企业履行了合同履约义务，此时，企业应确认收入。

在收入确认与计量的五步中，第一步、第二步和第五步主要与收入的确认相关；第三步和第四步主要与收入的计量相关。

对于在某一个时点履行的履约义务，企业应当在客户取得相关商品控制权的时点确认收入。企业在履行了履约义务后就可确认销售收入及增值税销项税额，同时还应结转所售商品的成本，为制造所售商品而耗费的材料、人工等，成为产品的销售成本。企业为销售产品还要消耗一些包装费、运输费、广告费等。因此，企业销售过程的主要经济业务不仅包括收入的确认与核算，还包括为实现收入而发生的成本、税金及相关费用等的确定与核算。

一、营业收入业务的核算

营业收入包括主营业务收入和其他业务收入。主营业务收入是指企业为完成其经营目标所从事的经常性活动实现的收入。主营业务收入一般占企业总收入的较大比重，对企业的经济利益产生较大的影响。不同行业企业的主营业务收入包括的内容有所不同，比如，工业企业的主营业务收入主要包括销售商品、自制半成品、代制品、代修品、提供工业性劳务等实现的收入；咨询公司的主营业务收入主要包括提供咨询服务实现的收入等。其他业务收入是指企业为完成其经营目标所从事的与经营性活动相关的活动实现的收入，属于企业日常活动中次要交易实现的收入，一般占企业总收入的比重较小。工业企业的其他业务收入主要包括对外销售材料、对外出租包装物、对外出租固定资产、对外转让无形资产的使用权和提供非加工性劳务等实现的收入。

（一）设置账户

"主营业务收入"账户：用来核算企业销售产品或提供劳务等主营业务的收入。该账户的贷方，登记企业已经实现的主营业务收入；借方登记由于销货退回，发生销售折让而应抵减的以前所实现的主营业务收入。贷方发生额与借方发生额的差额为主营业务的净收入。主营业务净收入应于期末从该账户的借方转至"本年利润"账户的贷方，以便通过"本年利润"账户计算本期的财务成果，该账户期末无余额。该账户可按主营业务的种类设置明细账。

"应收账款"账户：用来核算企业因销售产品、材料，提供劳务等业务应向购货单位或接受劳务的单位收取的货款和代垫的款项。该账户的借方登记已实现销售但尚未收回的货款以及为购货单位垫付的运杂费；贷方登记收回的货款和代垫运杂费；该账户的余额在借方，表示期末尚未收回的货款或代垫的运杂费。该账户可按债务人进行明细核算，以便分别反映企业与各购货单位款项的结算情况。

"预收账款"账户：用来核算企业按照合同规定向购货单位预收货款及其结算情况。当企业按合同规定向购买单位预收货款时，尽管已经取得了货币性资产，但是，产品的销售并未实现，不能作为营业收入进行处理。由于预收了购买单位的货款，企业就应承担到期为其提供产品的义务，所以，预收账款是企业的一种负债。预收货款时，企业负债增加，记入该账户的贷方；当向购买单位履行义务，为其提供产品或劳务时，表示产品销售实现，负债减少，企业应按应收取的款项（售价、代垫运杂费及应收取的增值税）记入该账户的借方，退回对方单位多余的预付款时也应记入该账户的借方。该账户的期末余额如在贷方，表示企业应承担的清偿预收账款的义务；如在借方，表示企业应向购货方收取的款项。该账户可按购货单位的名称设置明细账，以便分别反映企业与各预交货款单位的债务清偿情况。一般情况下，预收账款业务较少的企业，也可不设置此账户，将预收的款项直接记入"应收账款"账户。

此外，企业在确认收入的同时，还需要同步确认代国家收缴的增值税税额。增值税在企业代收但尚未代缴之前，形成企业对国家的债务。如果是一般纳税人，该债务应记入"应交税费——应交增值税（销项税额）"账户；如果是采用简易计税，则记入"应交税费—简易计税"。

（二）营业收入业务核算

以中原海华公司 20×× 年 1 月发生的经济业务为例，说明企业收入的核算。

【例 5-1】3 日，销售给天龙公司 A 产品 300 件，每件售价 300 元，计 90 000 元，按税率 13% 计算收取增值税额 11 700 元，销货款及税额款共计 101 700 元。货款已收到，提货单及增值税专用发票已送给该公司。

这项经济业务的发生，一方面表明企业产品销售收入增加了 90 000 元，取得增值税销项税额 11 700 元，另一方面企业银行存款也增加了 101 700 元。取得的销售收入应记入"主营业务收入"账户的贷方；增值税销项税额应记入"应交税费——应交增值税（销项税额）"账户的贷方；银行存款的增加应记入"银行存款"账户的借方。其会计分录如下：

```
借：银行存款                              101 700
    贷：主营业务收入——A 产品                    90 000
        应交税费——应交增值税（销项税额）            11 700
```

【例 5-2】8 日，中原海华公司销售给华泰公司 A 产品 200 件，每件售价 300 元，增值税销项税额为 7 800 元。中原海华公司已按合同发货，并以银行存款代垫运杂费 1 500 元（合同规定由买方负担），已办妥托收手续。

企业销售产品的货款和代垫运杂费均未收回，尽管企业没有收回货款，但已取得了收回货款的权利，因此，增加了企业的债权，应记入"应收账款"账户的借方。企业在为华泰公司垫付运杂费时，减少了存款，应记入"银行存款"账户的贷方；A 产品的销售已经实现，应增加企业的销售收入，所以，对于货款部分，应记入"主营业务收入"账户的贷方；对于增加的销项税额，同样应记入"应交税费——应交增值税（销项税额）"的贷方。这笔业务的会计分录为：

借：应收账款——华泰公司   69 300

    贷：主营业务收入——A 产品   60 000

         应交税费——应交增值税（销项税额）   7 800

         银行存款   1 500

【例 5-3】15 日，按合同规定预收恒远公司货款 15 000 元，存入银行。

预收的货款存入银行，增加了企业的货币性资产，应记入"银行存款"账户的借方。企业尽管收到了恒远公司的现款，根据权责发生制，企业不向对方提供商品，销售的事实尚未形成，不能作为主营业务收入处理。预收了货款，企业也就承担了到期交付产品的义务。所以，预收货款表明企业的负债增加，应记入"预收账款"账户的贷方。这笔业务的会计分录：

    借：银行存款   15 000

        贷：预收账款——恒远公司   15 000

【例 5-4】21 日，收到华泰 8 日所欠货款和代垫运杂费共 69 300 元，存入银行。

收到的款项存入银行，银行存款增加，应记入"银行存款"账户借方；华泰公司8 日所欠的货款是中原海华公司在产品销售过程中形成的一项债权，现在欠款已经全部收回，表示企业债权减少，应记入"应收账款"账户的贷方。会计分录为：

    借：银行存款   69 300

        贷：应收账款——华泰公司   69 300

【例 5-5】25 日，中原海华公司销售给恒远公司 B 产品 300 件，每件售价 500 元，增值税销项税额为 19 500 元。款项以原 15 日预收款项抵付，不足部分对方公司以支票方式补付。

15 日预收货款时，形成了企业的负债。现在，以原预收款项抵付，是对以前所形成的负债的清偿，故应记入"预收账款"账户的借方。本期销售的产品，应作为当期的销售收入，记入当月的"主营业务收入"账户的贷方；对于增加的销项税额记入"应交税费——应交增值税（销项税额）"账户的贷方；收到的其余款项，使得企业的存款增加，应记入"银行存款"账户借方。因此，这笔业务的会计分录为：

    借：预收账款——恒远公司   169 500

        贷：主营业务收入——B 产品   150 000

应交税费——应交增值税（销项税额）		19 500
借：银行存款	154 500	
贷：预收账款——恒远公司		154 500

也可以把以上两笔分录合并为：

借：预收账款——恒远公司	15 000	
银行存款	154 500	
贷：主营业务收入——B 产品		150 000
应交税费——应交增值税（销项税额）		19 500

二、营业成本及费用业务的核算

企业在生产经营过程中，通过销售产品或商品，一方面按照售价从购买单位取得销售收入，另一方面要将生产出来的产成品或外购商品交给客户。企业生产产品或外购商品的实际成本也要随销售收入的实现而结转，只有这样才能正确地确定企业在生产经营过程中的损益。

销售费用是指企业销售产品、自制半成品或提供劳务过程中所发生的各项费用以及专设销售机构的各项经费。主要包括企业在销售产品过程中发生的运输费、装卸费、包装费、保险费、委托代销手续费、广告费、展览费和租赁费等费用，以及为销售本公司商品专设的销售机构的职工工资、职工福利费和业务费等经常性费用。

（一）设置账户

为了全面、系统地核算企业的销售业务，按照对销售过程进行核算与管理的要求，企业销售了产品后，一方面要核算实现的销售收入，另一方面还要核算销售过程中发生的各种成本费用。

"主营业务成本"账户：用来核算企业在确认销售商品、提供劳务时应结转的成本。该账户的借方登记已实现销售的产品或提供各种劳务等的实际成本；贷方登记期末转入"本年利润"账户的成本数；期末结转后该账户无余额。该账户应按产品种类设置明细账。

"税金及附加"账户：用来核算企业经营活动发生的相关税费，包括消费税、城市维护建设税、教育费附加、资源税、城镇土地使用税、房产税、印花税、车船税及土地增值税等。借方登记企业按照规定应负担的与经营活动相关的税费；贷方登记期末转入"本年利润"账户的数额；期末结转后该账户无余额。

城市建设维护税（以下简称城建税）是以纳税人依法实际缴纳的增值税、消费税（以下简称两税）税额为计税依据。现行的《中华人民共和国城市维护建设税法》自2021年9月1日起施行。1985年2月8日国务院发布的《中华人民共和国城市维护建设税暂行条例》同时废止。

教育费附加是为发展教育事业、扩大教育经费的资金来源，对缴纳增值税、消费税的单位和个人征收的一种附加费。《征收教育费附加的暂行规定（1986年）》规定，国务院分别于1990年6月7日进行第一次修订，2005年8月20日进行第二次修订，2011年1月8日进行第三次修订。教育费附加以各单位和个人实际缴纳的增值税、消费税的税额为计征依据，教育费附加率为3%，分别与增值税、消费税同时缴纳。

"销售费用"账户：用来核算企业在销售商品和材料、提供劳务的过程中发生的费用，包括运输费、装卸费，以及产品包装费、保险费、展览费、广告费，还有为销售产品而专设的销售机构的职工薪酬、业务费、折旧费等经营费用。借方登记企业发生的经营费用，贷方登记期末为计算损益转入"本年利润"账户（图5-1）的数额，期末结转后该账户无余额。该账户可按费用项目进行明细核算。

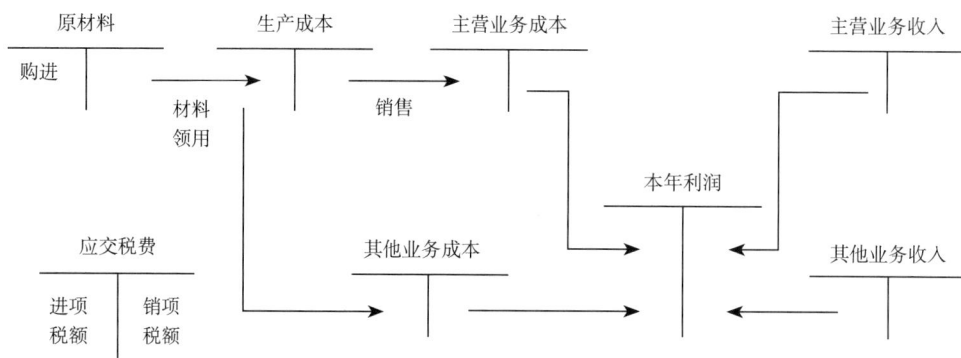

图5-1　本年利润结转示意图

（二）营业成本及费用业务核算

以中原海华公司20××年1月发生的经济业务为例，说明企业成本费用的核算。

【例5-6】承【例4-17】～【例4-25】，期末计算并结转本月已销产品的销售成本（表5-1）。

这项经济业务，首先要计算A、B产品的单位成本，然后根据销售产品的数量计算出两种产品的销售成本。销售成本是为取得销售收入而付出的代价，它是企业资产转化而来的，一方面表明企业的费用（销售成本）增加，应记入"主营业务成本"账户的借方；另一方面表明企业的资产减少，应记入"库存商品"贷方。

表5-1 出库单示例

出 库 单

20×× 年 01 月 30 日

产品			单位	数量		成本								材料账页
编号	名称	规格		请领	实发	单价	总价							
							万	千	百	十	元	角	分	
	A 产品		个		500	101.50	5	0	7	5	0	0	0	
	B 产品		个		300	231.50	6	9	4	5	0	0	0	
合计							¥	1	2	0	2	0	0	

主管： 会计： 记账： 保管： 发料： 领料：

A 产品单位成本 = A 产品完工总成本 / A 产品完工数量 = 60 900 ÷ 600 = 101.5（元）

B 产品单位成本 = B 产品完工总成本 / B 产品完工数量 = 92 600 ÷ 400 = 231.5（元）

A 产品销售成本 = A 产品单位成本 × A 产品销售数量 = 101.5 × 500 = 50 750（元）

B 产品销售成本 = B 产品单位成本 × B 产品销售数量 = 231.5 × 300 = 69 450（元）

　　借：主营业务成本——A 产品　　　　　　　　50 750

　　　　　　　　　　——B 产品　　　　　　　　69 450

　　　贷：库存商品——A 产品　　　　　　　　　50 750

　　　　　　　　　——B 产品　　　　　　　　　69 450

　　【例 5-7】1 月应交的增值税为 325 元，按本月应交纳的流转税的 7% 和 3% 计算并结转应交的城市维护建设税和教育费附加。城市维护建设税和教育费附加的计算依据是企业应交纳的流转税（增值税和消费税）之和的 7% 和 3%。假设本商品不交消费税，则：

　　本月增值税借方发生额合计 = 5 200 + 10 400 + 5 200 + 13 130 + 5 200 = 39 130（元）

本月增值税贷方发生额合计 = 11 700 + 7 800 + 19 500 + 455 = 39 455（元）

本月应交增值税 = 39 455 − 39 130 = 325（元）

应交的城市维护建设税 = 325 × 7% = 22.75（元）

应交教育费附加 = 325 × 3% = 9.75（元）

这项经济业务，一方面使企业的费用（税金及附加）增加 32.5 元，应记入"税金及附加"账户的借方；另一方面企业的负债增加 32.5 元，应记入"应交税费"账户的贷方。会计分录如下：

借：税金及附加　　　　　　　　　　　　　　　　　32.5

　　贷：应交税费——应交城市维护建设税　　　　　　22.75

　　　　　　　　——应交教育费附加　　　　　　　　　9.75

【例 5-8】20 日，销售部副主任李莉出差归来，报销差旅费 2 570 元，上月份预支了 3 000 元，余款退回。

这项经济业务，一方面使企业的期间费用（销售费用）增加，应记入"销售费用"账户的借方；另一方面，出差人李莉已报账，原来记在她名下的借款减少，应记入"其他应收款"账户的贷方，同时，前期她借了 3 000 元，只花费了 2 570 元，应该把节余的现金 430 元退回，记入"库存现金"账户的借方。会计分录如下：

借：销售费用　　　　　　　　　　　　　　　　　2 570

　　库存现金　　　　　　　　　　　　　　　　　　430

　　贷：其他应收款——李莉　　　　　　　　　　　3 000

【例 5-9】月底计提 1 月份应负担的银行短期借款利息 5 000 元。

这项经济业务，一方面使企业的期间费用（利息费用）增加，应记入"财务费用"账户的借方；另一方面使企业内部预先提取尚未支付的费用增加，应记入"应付利息"账户的贷方。会计分录如下：

借：财务费用　　　　　　　　　　　　　　　　　5 000

　　贷：应付利息　　　　　　　　　　　　　　　　5 000

第二节　其他业务和营业外业务的核算

企业除了主要销售企业生产的产品之外，还会发生其他销售业务，如材料物资及包装物销售、无形资产转让、固定资产出租、包装物出租、运输、废旧物资出售收入及结转的成本等。

一、其他业务收支的核算

其他业务收支是指企业主营业务收入以外的所有通过销售商品、提供劳务收入及让渡资产使用权等日常活动中所形成的经济利益的流入和对应成本。其他业务收支是企业从事除主营业务以外的其他业务活动所取得的收入，具有不经常发生，每笔业务金额一般较小，占收入的比重较低等特点。因此，对其他业务收支单笔交易额较大或占收入比重较高的企业应判断其合理性，并追查至原始依据。如发现存在大量的材料物资销售、无形资产转让和固定资产出租（主要是经营资产）行为的，应引起高度重视，谨防企业生产萎缩或变相转产。

（一）设置账户

"其他业务收入"账户：用来核算企业除主营业务以外的其他销售或其他业务取得的收入，如销售材料、固定资产（包装物）出租、无形资产使用权的转让、提供运输等非工业性劳务。贷方登记取得的各项其他业务收入数，借方登记期末转到"本年利润"账户的数额，结转后期末无余额。该账户可按其他业务收入种类进行明细核算。

"其他业务成本"账户：用来核算企业确认的除主营业务活动以外的其他经营活动所发生的支出，包括销售材料的成本、出租固定资产的折旧额、出租无形资产的摊销额、出租包装物的成本或摊销额等。借方登记发生的各种支出，贷方登记期末转入"本年利润"账户的数额，期末结转后该账户无余额。该账户可按其他业务成本的种类进行明细核算。

（二）其他业务收支核算

【例5-10】27日，中原海华公司出售给D公司丙材料50件，价值3 500元，增值税税率13%，计455元。款项已收到，存入银行。

这项经济业务的发生，一方面使银行存款增加了3 955元，应记入"银行存款"账户的借方；另一方面出售材料收入3 500元属于其他业务收入，应记入"其他业务收入"账户的贷方，销项增值税额455元应记入"应交税费——应交增值税（销项税额）"账户的贷方。其会计分录如下：

　　借：银行存款　　　　　　　　　　　　　　　　　3 955

　　贷：其他业务收入——D 公司　　　　　　　　　　　　　　3 500

　　　　应交税费——应交增值税（销项税额）　　　　　　　　455

【例 5-11】承【例 5-10】，结转所售丙材料的实际成本 2 200 元。

　　企业销售材料取得的收入已记入其他业务收入，其代价是已售材料的实际成本。因此，应将销售材料的成本计入"其他业务成本"的借方。

　　借：其他业务成本　　　　　　　　　　　　　　　　　　2 200

　　　　贷：原材料——丙材料　　　　　　　　　　　　　　　2 200

二、营业外收支的核算

　　营业外收入不是企业经营资金耗费所产生的，实际上经济利益的净流入，不需要与有关的费用进行配比。主要包括：非流动资产毁损报废收益、与企业日常活动无关的政府补助、盘盈利得、捐赠利得等。非流动资产毁损报废收益是指因自然灾害等发生毁损、已丧失使用功能而报废的非流动资产所产生的清理净收益；与企业日常活动无关的政府补助是指企业从政府无偿取得货币性资产或非货币性资产，且与企业日常经营活动无关的利得；盘盈利得是指企业对库存现金等资产进行盘点时发生盘盈，报经批准后计入营业外收入的金额；捐赠利得是指企业接受捐赠产生的利得。

　　营业外支出主要包括非流动资产毁损报废损失、捐赠支出、盘亏损失、非常损失和罚款支出等。非流动资产毁损报废损失是指因自然灾害等发生毁损、已丧失使用功能而报废非流动资产所产生的清理损失；捐赠支出是指企业对外捐赠发生的支出；盘亏损失是指对于财产清查过程中发生的盘亏资产，查明原因并报经批准计入营业外支出的损失；非常损失是指企业对于因客观原因（如自然灾害等）造成的损失，扣除保险公司的赔偿后计入营业外支出的净损失；罚款支出是指企业支付的行政罚款、税务罚款及其他违反法律法规、合同协议等支付的罚款、违约金、赔偿金和滞纳金等支出。

（一）设置账户

　　"营业外收入"账户：是用来核算企业发生的与生产经营过程无直接关系的各项收入。该账户的贷方登记企业发生的各项营业外收入，借方登记期末转入"本年利润"账户的营业外收入数，期末结转后应无余额。

　　"营业外支出"账户：是用来核算企业发生的与企业生产经营无直接关系的各项支

出。该账户借方登记企业发生的各项营业外支出，贷方登记期末转入"本年利润"账户的营业外支出数，期末结转后该账户应无余额。

（二）营业外收支核算

【例 5-12】25 日，企业用银行存款 1 200 元支付税收滞纳金。

这项经济业务，一方面使企业的营业外支出增加，应记入"营业外支出"账户的借方；另一方面使企业的银行存款减少，应记入"银行存款"账户的贷方。会计分录如下：

借：营业外支出　　　　　　　　　　　　　　　　　1 200
　　贷：银行存款　　　　　　　　　　　　　　　　　　1 200

【例 5-13】31 日，企业收到利民公司违约赔偿款 50 000 元现金，存入银行。

这项经济业务，一方面使企业的银行存款增加，应记入"银行存款"账户的借方；另一方面使企业的营业外收入增加，应记入"营业外收入"账户的贷方。会计分录如下：

借：银行存款　　　　　　　　　　　　　　　　50 000
　　贷：营业外收入——利民公司　　　　　　　　　50 000

第三节　结算业务的处理

企业要依次经过资金筹集、生产准备、产品生产和产品销售等经营活动，在这些经济活动中，企业首先表现为经济资源的耗费，其次表现为经济利益的流入。在一定时间内，经济活动的效果究竟如何，这是企业所关心的，也是会计核算的重要内容。

一、利润的构成

利润是企业在一定会计期间的经营成果，包括营业利润、利润总额和净利润三个层次。对利润进行核算，可以及时反映企业在一定会计期间的经营业绩，反映企业的投入产出效果和获得的经济效益，有助于企业投资者、管理者以及债权人等据此进行企业未来盈利能力的预测，从而做出正确的决策。

（一）营业利润

营业利润是企业利润的主要来源，是指营业收入扣除营业成本、税金及附加、销售费用、管理费用、研发费用、财务费用、信用减值损失、资产减值损失，再加其他收益、公允价值变动收益、投资收益、资产处置收益等。用公式表示如下：

营业利润＝营业收入-营业成本-税金及附加-销售费用-管理费用-

研发费用-财务费用-信用减值损失-资产减值损失＋其他收益±

公允价值变动损益±投资净损益±资产处置损益

营业收入为主营业务收入和其他业务收入之和；营业成本为主营业务成本和其他业务成本之和；税金及附加为企业经营业务应负担的各项税费。销售费用是指企业销售商品、提供劳务过程中发生的各项费用，包括保险费、包装费、展览费和广告费、商品维修费、预计产品质量保证损失、运输费、装卸费以及为销售商品而专设的销售机构（含销售网点、售后服务网点等）的职工薪酬、业务费、折旧费等经营费用。研发费用是指企业进行研究与开发过程中发生的费用化支出，以及计入管理费用的自行开发无形资产的摊销。财务费用是指企业为筹集生产经营资金等发生的筹资费用，包括利息支出（减利息收入）、汇兑损益以及相关手续费、企业发生的现金折扣或收到的现金折扣等。

其他收益主要是指与企业日常活动相关的，除冲减相关成本费用以外的政府补助。信用减值损失是指企业计提各项金融工具信用减值准备所确认的信用损失。资产减值损失是指企业计提各项资产（非金融资产）减值准备所形成的损失。公允价值变动收益是企业交易性金融资产等公允价值变动形成的应计入当期损益的利得（或损失）。投资收益是指企业对外投资所取得的收益减去发生的投资损失后的余额。资产处置损益科目是用来核算固定资产、在建工程、生产性生物资产及无形资产等非流动资产的处置利得和损失。

（二）利润总额

企业的利润总额是指营业利润加上营业外收入，减去营业外支出后的余额。用公式表示如下：

利润总额＝营业利润＋营业外收入－营业外支出

（三）净利润

净利润是指企业当期利润总额减去所得税后的金额，即企业的税后利润。用公式表示为：

$$净利润 = 利润总额 - 所得税费用$$

所得税费用包括当期所得税费用和递延所得税费用。其中，当期所得税费用是指当期应交所得税；递延所得税包括递延所得税资产和递延所得税负债本期的变动；应交所得税是指企业按照企业所得税法的规定计算确定的针对当期发生的交易或事项，应缴纳给税务部门的所得税金额。所以，所得税是盈利企业的一项费用，应记入当期损益，在净利润前扣除。《中华人民共和国企业所得税法》规定在中华人民共和国境内，企业和其他取得收入的组织（以下统称企业）为企业所得税的纳税人，依照本法的规定缴纳企业所得税。个人独资企业、合伙企业不适用本法，应按个人所得税法相关规定执行，交个人所得税。企业所得税的税率为 25%。

二、利润的核算

利润的核算，就是对企业一定会计期间内的各项收入和支出分别进行归集，通过收支相抵，计算出本期利润。

利润的核算主要涉及主营业务利润、其他业务利润、投资收益和营业外收支，以及各种收入、费用的结转等。

（一）设置账户

"营业外支出"账户：用来核算企业发生的与生产经营无直接关系的各项支出。借方登记企业发生的营业外支出；贷方登记期末转入"本年利润"账户的余额；期末结转后无余额。该账户应按费用项目进行明细核算。

"投资收益"账户：用来核算企业对外投资所取得的收入或发生的损失。贷方登记取得的投资收入；借方登记发生的投资损失及期末将投资净收益转入"本年利润"账户的数额；期末结转后无余额。该账户应按投资的种类进行明细核算。

"本年利润"账户：用来核算企业本年度实现的净利润（或亏损）。贷方登记期末转入的各项收入数额；借方登记期末转入的各种成本、费用、税金及附加数额。期末，贷方与借方数相抵，如为贷方余额，则表示企业在一定时期内所实现的收益总额；如为借方余额，则表示企业在一定时期内所发生的亏损总额。年度终了，应将本年收入和支出相抵结后的本年实现的净利润总额或亏损总额，全部转入"利润分配"账户，期末结转后无余额。

"所得税费用"账户：核算企业发生的所得税费用。借方登记当期应交纳的所得税费用；贷方登记期末转入"本年利润"科目的数额；期末结转后无余额。

（二）账务处理方法

结转损益类账户，计算本月利润（或亏损）总额和本年累计利润（或亏损）总额，可以采用"账结法"，也可以采用"表结法"。

1. 账结法

账结法是指在每月终了时，将损益类各账户余额转入"本年利润"账户。通过"本年利润"账户结算出本月份利润（或亏损）总额和本年累计利润（或亏损）总额。在账结法下，需要设立"本年利润"账户进行核算。企业应于期末将形成利润（或亏损）的有关收入、费用、成本、支出的损益类账户中的数额，分别编制会计分录，从其相反的方向，结转到"本年利润"账户，集中结算出实现的利润（或亏损）总额。通过结账程序将损益类账户的余额全部转入"本年利润"账户的借方或贷方，其借贷差额即为企业实现的利润总额或亏损总额。

采用账结法计算经营成果，具有账项清楚、资料完整的优点，但增加了结转环节和工作量，在大数据的信息技术环境下，账结法的结转环节和工作量大大降低。目前，企业基本采用账结法。

2. 表结法

表结法是指每月终了结账时，损益类各账户的余额不需要结转到"本年利润"账户，而是直接通过编制利润表结算本月利润。只有到年度终了进行年度决算时，才采用"账结法"，将各损益类账户的全年累计余额转入"本年利润"账户，在该账户中集中反映本年的净利润（或亏损）及其构成情况。

采用"表结法"，各损益类账户的月末余额表示累计的收入或费用，在每月结账时，只要结出各损益类账户的本年累计余额，就可以根据这些余额逐项填入"利润表"，通过"利润表"计算出从年初至本月止的本年累计净利润，然后减去上月末利润表中的本年累计净利润（或亏损），得出本月净利润（或亏损）额。"本年利润"账户自1月至11月末不做任何记录，12月末结转本年利润，通过结账程序将损益类账户的余额全部转入"本年利润"账户的借方或贷方，借记所有的收入类科目，贷记"本年利润"账户；借记"本年利润"账户，贷记所有的费用类账户，其借贷差额即为企业实现的利润总额或亏损总额。企业在"表结"利润情况下，每月编制"资产负债表"时，如果平时不进行利润分配，表内"未分配利润"项目应填列"利润表"中的净利润总额；如果平时进行部分利润分配，应根据"利润表"的净利润总额与"利润分配"账户的差额，填列"资产负债表"中的"未分配利润"项目。在"表结法"下，各月末的累计利润总额或亏损总额不能在账面上直接得到反映，而直接在利润表中进行结算，由于平时不必结转本年利润，能够简化核算工作，但在表结法下会计资料欠完整，查阅不方便。

通过以上讲述可知，采用"账结法"核算利润，每月使用"本年利润"账户。采用"表结法"核算利润，"本年利润"账户平时不用，年终才使用。但无论采用哪种办法，年度终了时，必须将"本年利润"账户结平，转入"利润分配——未分配利润"账户，结转后"本年利润"账户应无余额。

（三）主要账务处理

【例5-14】31日，结转损益类账户（除"所得税费用"账户外）的余额。本月的全部收入和费用账户发生额汇总（表5-2）。

表5-2　本月收入与费用发生额汇总表

单位：元

账户名称	借方余额	贷方余额
主营业务收入		300 000
其他业务收入		3 500
主营业务成本	120 200	
其他业务成本	2 200	
税金及附加	32.5	
销售费用	12 570	
财务费用	1 000	
管理费用	28 500	
营业外收入		50 000
营业外支出	1 200	

会计分录如下：

①结转各项收益：

借：主营业务收入	300 000
其他业务收入	3 500
营业外收入	50 000
贷：本年利润	353 500

②结转各项成本、费用和支出：

借：本年利润	165 702.5
贷：主营业务成本	120 200
税金及附加	32.5
其他业务成本	2 200
管理费用	28 500
财务费用	1 000
销售费用	12 570
营业外支出	1 200

12 月份实现利润 = 353 500 − 165 702.5 = 187 797.5（元）

【例 5-15】计算本月应交纳的所得税，适用税率为 25%。

本月应交所得税 = 应纳税所得额 × 所得税税率 = 187 787.5×25% ≈ 46 949.38（元）

这项经济业务，一方面使企业的所得税费用增加，应记入"所得税费用"账户的借方；另一方面使企业负债增加，应记入"应交税费——应交所得税"账户的贷方。

会计分录如下：

借：所得税费用	46 949.38
贷：应交税费——应交所得税	46 949.38

对于发生的所得税，年末应抵减本年利润，以便计算企业的净利润。一方面转销的所得税应记入"所得税费用"账户的贷方；另一方面记入"本年利润"账户的借方。

编制第二笔会计分录如下：

借：本年利润	46 948.38
贷：所得税费用	46 949.38

第四节　利润分配的核算

利润分配是指企业将实现的利润，包括当期实现的净利润，加上年初未分配利润（或减去年初未弥补亏损）和其他转入后的金额，按国家的有关规定和企业投资人的决议，在各方利益人之间进行分配的过程。

企业当期实现的净利润，加上年初未分配利润（或减去年初未弥补亏损）和其他转入后的余额为可供分配的利润。可供分配利润，应按下列顺序分配：

（1）提取法定盈余公积。法定盈余公积是指企业按照规定的比例从净利润中提取的盈余公积，一般按税后净利润的 10% 提取。当企业累计提取的盈余公积达到其注册资本的 50% 时，可以不再计提盈余公积。

（2）应付优先股股利。应付优先股股利是指企业按照利润分配方案分配给优先股股东的现金股利。

（3）提取任意盈余公积。任意盈余公积是指企业按股东大会或类似机构决定提取的任意盈余公积。

（4）应付普通股股利。应付普通股股利是指企业按照利润分配方案分配给普通股股东的现金股利及分配给投资者的利润。

（5）转作资本（或股本）的普通股股利。转作资本（或股本）的普通股股利是指企业按照利润分配方案以分派股票股利的形式转作的资本（或股本）及以利润转增的资本。

可供投资者分配的利润经过上述分配后，余额为未分配利润（或未弥补的亏损）。未分配利润可留待以后年度进行分配。

值得注意的是：企业如发生亏损，可以按规定由以后年度利润进行弥补，也可以用以前年度提取的盈余公积弥补。企业以前年度亏损未弥补完，不能提取法定盈余公积金。在提取法定盈余公积金之前，不得向投资者分配利润。公司当年无利润，不得分配股利，但用盈余公积弥补亏损后，经股东大会特别决议，可用盈余公积分配股利，在分配股利后，公司剩余的盈余公积不得低于注册资本的 25%。

一、设置账户

"利润分配"账户：用来核算企业利润的分配（或亏损的弥补）和历年利润的分配（或亏损的弥补）后的余额。该账户的借方登记按规定实际分配的利润数，或年终时从"本年利润"账户的贷方转来的全年亏损总额；贷方登记年终时从"本年利润"账户借方转来的全年实现的净利润总额（或弥补的亏损）；同时，将"利润分配"账户所属其他明细账户的余额转入本账户"未分配利润"明细账户；年末贷方余额表示企业的未分配利润，如为借方余额，则表示企业的未弥补亏损。

该账户按利润分配的具体项目设置明细账，进行明细分类核算。以下介绍"利润分配"账户的几个主要的明细账户：

"盈余公积补亏"明细账户：核算企业按规定用"盈余公积"弥补亏损等转入的数额。该明细账户贷方登记企业用盈余公积金弥补亏损的数额，借方登记年末自本明细账户转入"利润分配——未分配利润"明细账户的数额，结转后该明细账户应无余额。

"提取法定盈余公积"明细账户：核算企业按规定提取的各种法定盈余公积金，其借方登记企业从净利润中提取法定盈余公积金的数额，贷方登记年末自本明细账户转入"利润分配——未分配利润"明细账户的数额，结转后该明细账户应无余额。

"提取任意盈余公积"明细账户：核算企业按股东大会或类似机构决定提取的任意盈余公积。企业提取任意盈余公积金时，借记此明细账，贷记"盈余公积"账户。年末自其明细账户转入"利润分配——未分配利润"明细账户的数额，贷记此明细账户，结转后该明细账户应无余额。

"提取储备基金""提取企业发展基金"和"提取职工奖励及福利基金"三个明细账户：核算外商投资企业按规定提取的储备基金、企业发展基金、职工奖励及福利基金等，其借方登记企业从净利润中提取储备基金、企业发展基金、职工奖励及福利基金的数额，贷方登记年末自其明细账户转入"利润分配——未分配利润"明细账户的数额，结转后该明细账户应无余额。

"应付现金股利或利润"明细账户：核算经股东大会或类似机构决议，分配给股东或投资者的现金股利或利润。借方登记分配给股东或投资者的现金股利或利润，贷方登记自其明细账户转入"利润分配——未分配利润"明细账户的数额，结转后该明细账户应无余额。

"转作股本的股利"明细账户：核算企业经股东大会或类似机构决议，分配给股东的股票股利。在办理增资手续后，借记"利润分配——转作股本的股利"科目，贷记"股本"科目；年末自其明细账户转入"利润分配——未分配利润"明细账户的数额，贷记此明细账户，结转后该明细账户应无余额。

"未分配利润"明细账户：贷方登记自"本年利润"账户转入的本期盈余数，借方登记自"本年利润"账户转入的本期亏损数。年末企业应将"利润分配"的其他各明细账户的余额转入本明细账户，将其他各明细账户结平。结平"本年利润"和"利润分配"账户的其他明细账户后，本明细账户如为贷方余额，则为企业尚未分配的利润；如为借方余额，则为企业尚未弥补的亏损。

企业如有其他分配用途，也可以设置相应的明细账户。年度终了，应将"利润分配"所有各明细账户的余额全部转入"未分配利润"明细账户，结转后其他各明细账户无余额。

"应付股利"账户：用来核算企业经股东大会或类似机构决议确定分配的现金股利或利润。该账户贷方登记根据通过的股利或利润分配方案，应支付的现金股利或利润；借方登记实际支付数。期末贷方余额表示企业尚未支付的现金股利或利润。

"盈余公积"账户：用于核算企业从净利润中提取的盈余公积。本账户贷方登记提取的盈余公积，借方登记企业用于弥补亏损、转增资本等减少的盈余公积，期末余额在贷方，反映企业提取的盈余公积余额。本账户应按盈余公积的种类设置明细账，进行明细分类核算。

二、利润分配核算

【例 5-16】假如中原海华公司本年 1～11 月已实现净利润 488 000 元，12 月份实现利润 112 068.5 元，应缴纳所得税 28 017.13 元，将 12 月份实现的净利润 84 051.37 元从"本年利润"账户转入"利润分配"账户。

这项经济业务，一方面使企业的"利润分配——未分配利润"账户增加，应记入"利润分配"账户的贷方；另一方面净利润从"本年利润"账户中转出，使"本年利润"账户减少，应记入"本年利润"账户的借方。会计分录如下：

借：本年利润　　　　　　　　　　　　　　　　84 051.37

　　贷：利润分配——未分配利润　　　　　　　　　　84 051.37

【例 5-17】中原海华公司本年实现的净利润为 572 051.37 元，年末按规定从净利润中提取 10% 的法定盈余公积金。

这项经济业务，一方面使企业的留存收益增加，应记入"盈余公积"账户的贷方；另一方面由于分配使企业未分配利润减少，应记入"利润分配"账户的借方。会计分录如下：

借：利润分配——提取法定盈余公积　　　　　　　57 205.14

　　贷：盈余公积——法定盈余公积　　　　　　　　　57 205.14

【例 5-18】本年年末，企业决定向投资者分配现金股利 100 000 元。

这项经济业务，一方面使企业的负债增加，应记入"应付股利"账户的贷方；另一方面由于分配使企业未分配利润减少，应记入"利润分配"账户的借方。会计分录如下：

借：利润分配——应付现金股利   100 000

  贷：应付股利   100 000

【例 5-19】将"利润分配"账户下的其他明细账户的期末余额转入"利润分配——未分配利润"账户。

借：利润分配——未分配利润   157 205.14

  贷：利润分配——提取法定盈余公积   57 205.14

      ——应付现金股利   100 000

经过结转后，"利润分配——未分配利润"账户年末余额为 414 846.23 元，表示未分配的利润。

第六章　财产清查

★ 财产清查概述
★ 财产清查的内容和方法
★ 财产清查结果的处理

扫码获得
本章PPT

【思政案例】

加强财务素养培养，运用案例财产清查的重要性，运用案例教学法，进行职业道德教育，教育学生要及时进行财产清查，减少信息不对称。

20××年6月30日某上市公司董事长向财务总监询问资金情况，财务总监说目前还不能给予一个准确的数字，因为负责资金业务的崔出纳正在与银行对账，稍后马上给予准确的答复。但是，崔出纳在对账时发现，银行存款日记账月末余额为12 000 000元，银行对账单月末余额却为12 100 000元，余额不相等的具体原因只能等对了账才知道。对账不只是对余额，还要核对银行这个月的每一笔收支业务，崔出纳最后发现是因为银行与企业间的几笔未达账项才导致的余额不等。

以我国上市公司银行存款常见性现象讲授公司的财产清查，既可以使学生了解我国上市公司经营状况，也可以将理论知识与上市公司真实数据相结合，增加学生的学习热情，有利于培养学生对我国企业经济发展的民族荣誉感和爱国主义情怀。

通过上述案例思考如下问题：

（1）崔出纳为何要与银行对账？

（2）引起银行存款日记账的余额与银行对账单上的余额不等的原因可能有哪些？

（3）余额不相等就代表一定有错账吗？

第一节　财产清查概述

一、财产清查的概念

财产清查，亦称为财产检查，是指对各项财产物资、现金的实地盘点，以及对银行存款、债权债务等往来款项的核对，查明某一时点实际结存数与账面余额数是否相符的一种专门方法，即账实是否相等。

二、财产清查的意义

很多企业常常发现一些存货发生短缺的现象；存货因产品设计升级变成呆滞存货；应收款项因账务不清而无法回收；因没有良好的保管制度，以致固定资产失修而报废或遗失。诸如此类的损失大部分是由于企业没有对会计数据进行及时管理，缺乏完善健全的财产清查制度。

财产清查的关键是要解决账实不符的问题。造成账存与实存不符的原因是多方面的，一般包括以下七种：

（1）财产在收发过程中，由于受计量器具精度和检验器具不完备的限制，可能会在数量、质量上发生差错，使账簿记录与实际情况不符。

（2）财产在保管过程中发生自然损耗，发生了数量上或质量上的变化。例如，露天堆放的煤炭，由于风吹日晒或雨淋等自然因素或其他条件的影响发生损耗，而这种自然损耗在日常会计核算中是不加以反映的，于是出现了账实不符。

（3）由于保管不善，发生财产物资的损坏、霉烂、变质，或工作人员失职造成现金、往来款项短缺等。

（4）由于不法分子的贪污、盗窃、舞弊等造成财产物资损失。

（5）由于风、水、火等非常灾害或不可抗力，造成财产物资毁损。

（6）在结算过程中，由于账单未到或拒付等原因造成企业与其他单位的结算账款上不相符。

（7）在编制记账凭证、登记账簿时，由于手续不全、凭证不全而发生漏记、错记和计算差错等。

在会计核算中，以上任何一种情况都可能引起账实不符。为此，必须在账簿记录的基础上，采用财产清查的方法，对各项财产物资进行定期与不定期的盘点和核对，做到账实相符，保证会计资料的客观真实性。

财产清查是一种发挥会计监督职能的必要手段，对正确组织会计核算、发展经营管理、维护财经纪律和保护企业财产等方面都具有重要意义。

（一）保证会计资料的真实可靠

企业财产物资的实存数和账存数可能会有差异，如果这些差异不及时调整，就可能会导致严重的账实不符。通过财产清查，可以查明各项资产、权益的实际结存情况，并与账面余额核对，确定账实是否相符，找出账实不符的原因，并按照规定程序调整账存数，做到账实相符，从而保证会计资料的客观真实性。

（二）加强对财产物资的管理和利用

通过财产清查，可以查明财产物资在保管和保存过程中，有无短缺、损毁、霉变、被盗窃等现象，保证企业财产物资的完整；及时指出存在的问题，查明原因，追究有关责任人员的经济责任和法律责任。通过财产清查，还可以查明各项财产物资的储备和利用情况，对储备不足的应及时进货，保证供给；对闲置、超储积压物资可以及时处理；同时，采取有力措施挖掘各方潜力，发挥财产物资的最佳效能，提高利用率。通过清查，促使企业建立健全财产物资管理的规章制度，提高管理水平。

（三）健全财产物资收发保管制度

财产清查中发现的问题，若是核算上的差错，要加强核算工作指导；若是规章制度不够健全，要逐步建立和健全财产物资的收发保管制度，完善岗位责任制；若是度量平衡的问题，要及时补足需要，或及时加以校正。因此，通过财产清查，能够查明各项财产保管制度的执行情况，以便及时发现问题，采取措施进一步建立健全各种财产物资的收发保管制度以及会计核算制度，加强经济责任制，以提高保管水平。

（四）监督财经纪律的执行

通过财产清查，可以查明企业在债权、债务的结算活动中有无长期拖欠或不合理的情况，查明应交付国家的各种税款、费用等是否及时、足额上交等。通过清查，促使企业严格遵守国家法律、财经纪律，认真执行结算制度，及时做好资金的偿还、收回工作，保证企业经济活动的正常进行。例如，通过对货币资金和往来款项的清查，能够检查企业是否严格执行资金结算和信贷方面规章制度，是否存在违反货币资金管理规定的行为。

由此可见，财产清查是加强会计监督、发挥会计作用的一个重要核算方法。

三、财产清查的种类

财产清查的对象和范围不同，在时间上也有区别，可以按照不同的标准进行分类。

（一）按财产清查的范围和对象不同，可分为全面清查和局部清查

1. 全面清查

全面清查是指对全部财产物资、往来款项进行全面彻底的盘点与核对。就工业企业而言，全面清查的内容一般包括：

（1）库存现金、银行存款、短期借款和各种有价证券。

（2）所有的原材料、在产品、产成品、商品。

（3）各种固定资产、在建工程及其他物资。

（4）各种结算款项、预算缴拨款。

（5）在途物资、在途货币资金、委托其他单位加工、保管的材料、物资。

（6）租赁使用、受托加工、保管的财产物资等。

全面清查内容多、范围广、工作量大、时间长，一般只在以下情况下进行：

（1）年终决算之前，要进行全面清查。

（2）单位撤销、合并、改变原来的隶属关系，或采取新的经营方式之前，要进行全面清查。

（3）开展资产评估、清产核资等活动时，需要进行全面清查。

（4）单位主要负责人调离工作时，需要进行全面清查。

2. 局部清查

局部清查是根据经济活动的需要对某一部分财产物资所进行的盘点与核对。一般情况下，其清查的对象主要是流动性较大的财产。工业企业一般主要对以下物资进行局部清查。

（1）流动性较大的财产物资，如原材料、在产品、产成品、商品等，除了年终进行全面清查外，年度内还要轮流盘点或重点抽查。

（2）各种贵重物资，每月都要进行清查，以防损失或破坏。

（3）对于库存现金，每日终了由出纳人员自行盘点一次。

（4）对于银行存款、借款，每月至少核对一次。

（5）其他各种债权、债务，每年至少应与有关单位核对一至两次。

通过局部清查，可以做到对重要物资、货币资金进行重点管理，对流动性大的物资进行经常管理，以确保企业财产物资的安全完整。

（二）按财产清查的时间不同，可分为定期清查和不定期清查

1. 定期清查

定期清查是指按照预先计划安排好的具体时间或根据管理制度的规定对财产物资进行清查。如年度、季度和月份结账时所进行的清查，都是定期的财产清查。定期清查的对象和范围，应根据实际情况和需要而定，可以进行全面清查，也可以进行局部清查。

2. 不定期清查

不定期清查，亦称为临时清查，是指清查的时间不预先规定，而是根据实际情况进行的随机、临时性清查，不定期清查的对象和范围可以是全面清查，也可以是局部清查，应根据实际需要而定。一般在以下五种情况下可以进行不定期清查：

（1）更换财产物资和现金保管人员。

（2）财产物资遭受非常灾害和意外损失。

（3）发现贪污盗窃、营私舞弊等行为。

（4）上级主管部门、财政和银行等部门对单位进行会计检查。

（5）企业吸收外商投资、对外联营投资、合并或重组等。

（三）按照财产清查执行单位的不同，可以分为内部清查和外部清查

1. 内部清查

内部清查是指由本企业的有关人员组成清查工作组对本企业的财产所进行清查。这种清查也称为自查，可以是全部清查，也可以是局部清查；可以是定期清查，也可以是不定期清查，应根据实际情况和具体要求加以确定。

2. 外部清查

外部清查是指由企业外部的有关部门或人员根据国家法律或制度的规定对企业所进行财产清查。

四、财产清查的范围

（1）货币资金和有价证券等。

（2）各种存货。

（3）固定资产。

（4）委托加工或受托加工的材料，以租赁形式存在的固定资产和包装物等。

（5）各种应收、应付、预收和预付等往来款项。

（6）其他应进行清查的项目。

五、财产清查前的准备工作

财产清查是一项时间紧、涉及范围广、工作量大、细致复杂的工作。一般在进行清查之前，特别是在全部清查和定期清查前，必须做充分的准备工作，包括组织上的准备和物资及业务上的准备两个方面。

（一）组织上的准备

财产清查必须专门成立清查组织，尤其是全面清查。清查组织应在有关主管厂长和总会计师的指导下，成立由财会部门牵头，由生产、技术、设备、行政及各有关部门参加的财产清查领导小组，具体负责财产清查的领导和组织工作。其主要任务是：

（1）在财产清查前，研究制订财产清查计划，确定清查的范围和对象，安排清查的工作进度，配备清查人员，确定清查方法。

（2）在清查过程中，做好具体组织、检查和督促工作，及时研究和处理清查中出现的问题。

（3）在清查结束后，将清查结果和处理意见上报领导和有关部门审批。

（二）物资及业务上的准备

物资及业务上的准备是财产清查工作的前提条件，各有关业务部门务必引起充分的重视，特别是会计部门和财产物资保管部门的相关人员应积极主动配合，做好各方面的准备工作，主要有：

（1）清查人员应准备好盘点清册和计量器具，并校验准确，以保证盘点结果的准确可靠。

（2）财产清查之前，会计人员将发生的经济业务在账簿中全部登记完毕，结出余额。

（3）财产物资使用和保管的部门、人员应将截至清查日期的所有经济业务，办理好凭证手续并登录相应的账、卡，结出余额。

（4）对银行存款、银行借款、往来款项，在清查之前，应及时与对方索取有关对账单，或将本单位的对账单传给对方，以便进行核查。

（5）印制好各种清查登记的表册，如库存现金盘点报告表、盘存单、实存账存对比表等。

第二节　财产清查的内容和方法

财产清查是一项涉及面广、工作量大的工作，为了保证财产清查工作的质量，提高工作效率，达到财产清查的目的，确定各项财产物资清查的方法是很有必要的。

一、实物财产的清查

财产物资实物的清查主要是指对固定资产、原材料、在产品、产成品、外购商品、包装物、低值易耗品等的清查。对于实物财产的清查，特别是存货的清查，应从品种、规格、型号、数量、质量方面进行清查。首先应确定实物财产的账面结存余额，再确定实际结存额，然后对两者进行比较以确定差异并寻找产生差异的原因，进行账务处理。

（一）确定实物财产账面结存的盘存制度

实物财产清查的重要环节是盘点实物财产的实存数量，为使盘点工作顺利进行，应建立一定的盘存制度。实物财产的盘存制度一般有两种：永续盘存制和实地盘存制。

1.永续盘存制

永续盘存制又称账面盘存制，是指在日常经济活动中，必须根据会计凭证对各项财产物资的增加数和减少数在有关账簿中逐日逐笔连续记录，并随时结算出账面结存数额的一种盘存制度。采用这种盘存制度，可以及时记录和了解财产物资的收、发和账面结存的数量和金额，随时了解企业财产变动情况。因此，一般情况下，各单位均应采用永续盘存制。采用永续盘存制，虽然能在账面上及时地反映各项财产物资的结存数，但是由于前述的种种原因，可能会发生账实不符的情况。所以，采用永续盘存制的企业，对财产物资仍必须进行定期或不定期的清查盘点，以便核对账存数和实存数是否相符。对于账实不符的，要及时查清原因，按照有关规定进行处理，以达到账实相符。

计算账面期末结存存货成本可采用如下公式：

$$账面期末结存存货成本 = 账面期初结存存货金额 +$$
$$本期存货增加成本 - 本期存货减少成本$$

永续盘存制的优点是核算手续严密，对财产物资的收、发、存在账面上及时、全面地反映，进行实地盘点后能准确知道财产物资是盘盈（账小于实）、盘亏（账大于实）或账实相符。此外，还可以将明细账上的结存数随时与预定的最高和最低库存限额进行比较，以便取得库存积压或不足的资料，及时组织库存财产物资的购销或处理，加速资金周转。永续盘存制的缺点是核算工作量大。但是，永续盘存制具有严格控制、保护财产安全的最大优点，使它在实际工作中得到了广泛的运用。除价格低廉或在管理上不便于实行永续盘存制的财产物资外，企业、行政事业单位一般都会采取永续盘存制确定账面财产物资结存数。

【例 6-1】中原海华公司 B 商品的期初结存和本期购销业务情况如下所示：

12 月 1 日　期初库存　100 件　单价 50 元　计 5 000 元

12 月 6 日　销售　30 件

12 月 12 日　购进　80 件　单价 53 元　计 4 240 元

12 月 16 日　销售　50 件

12 月 18 日　销售　30 件

12 月 24 日　购进　120 件　单价 55 元　计 6 600 元

12 月 28 日　销售　100 件

根据上述业务往来情况，采用先进先出法计算本期发出商品成本和期末结存商品成本如下：

本期销售商品成本 $= 30 \times 50 + 50 \times 50 + 20 \times 50 + 10 \times 53 + 70 \times 53 + 30 \times 55 =$ 10 890（元）

账面期末结存存货成本 $= 90 \times 55 = 4\,950$（元）

或　$= 5\,000 + 4\,240 + 6\,600 - 10\,890 = 4\,950$（元）

存货采用先进先出法计价，库存商品明细分类账的登记结果（表 6-1）。

表6-1　库存商品明细分类账

总会计科目：库存商品　　　　　　　明细会计科目：B商品　　　　　　　第　页

20××年		摘要	购入			发出			结存		
月	日		数量	单价	金额	数量	单价	金额	数量	单价	金额
12	1	期初结存							100	50	5 000
	6	销售				30	50	1 500	70	50	3 500
	12	购进	80	53	4 240				70 80	50 53	7 740
	16	销售				50	50	2 500	20 80	50 53	5 240
	18	销售				20 10	50 53	1 530	70	53	3 710
	24	购进	120	55	6 600				70 120	53 55	10 310
	28	销售				70 30	53 55	5 360	90	55	4 950
		本期销售成本				210		10 890			

2. 实地盘存制

实地盘存制是指在日常经济活动中，只根据会计凭证在有关账簿中进行逐笔登记财产物资的增加数，不登记日常的减少数，期末结账时，根据实地盘点的实存数额倒挤出本期的减少数，并据此登记入账的一种盘存制度。其计算公式如下：

本期减少数 ＝ 期初结存数 ＋ 本期增加数 － 期末实存数

实存数量 ＝ 盘点数量 ＋ 在途商品数量 ＋ 已提未销数量 － 已销未提数量

可见，在实地盘存制下，对各项财产物资进行实地清查盘点的主要目的，是为了确定其实存数，计算其减少数，并作为在有关账簿中登记其减少数的依据。

与永续盘存制相比，实地盘存制的主要优点是：平时对销售成本发出或结存的数量可以不做明细记录，库存财产物资账户可按大类或全部库存设置，不一定按具体品种设置，因此，这种方法起到了简化核算的作用。但实地盘存制不能及时了解和掌握日常财产物资的账面结存额和财产物资的溢缺情况。由于以存计耗或以存计销，倒挤耗用成本或销售成本，就会把非耗用或非销售的库存物资损耗、差错事故和短缺等全部计入耗用或销售成本之中，从而削弱了对库存物资的控制和监督作用，影响了成本计算的正确性。

而且，实地盘存制核算手续很不严密，实存数就是账存数，它们之间无法相互控制和核对，不利于加强财产物资的管理。因此，一般情况下不宜采用，该方法只适用于一些数量大、品种杂、价格低、交易频繁的实物资产和一些损耗大、数量不稳定的鲜活商品的计量。

【例6-2】中原海华公司B商品的期初结存和本期购销业务情况如下所示：

12月1日　　　期初库存　　　100件　　　单价50元　　　计5 000元

12月12日　　　购进　　　　　80件　　　单价53元　　　计4 240元

12月24日　　　购进　　　　　120件　　　单价55元　　　计6 600元

该商品期末实地盘存数量为90件。

按照先进先出法计算本期发出商品成本和期末结存商品成本如下：

本期销售数量 = 100 + 80 + 120-90 = 210（件）

期末结存存货成本 = 90×55 = 4 950（元）

本期销售商品成本 = 5 000 + 4 240 + 6 600-4 950 = 10 890（元）

按照加权平均法计算本期发出商品成本和期末结存商品成本如下：

加权平均单价 =（5 000 + 4 240 + 6 600）/（100 + 80 + 120）= 52.8（元/件）

期末结存存货成本 = 90×52.8 = 4 752（元）

本期销售商品成本 = 5 000 + 4 240 + 6 600-4 752 = 11 088（元）

（二）实物财产清查方法及所需凭证

1. 清查方法

不同品种的实物财产，由于其实物形态、体积、重量、堆放方式等方面各有不同，因而对其进行清查所采用的方法也有所不同。常用的实物财产的清查方法包括以下四种。

（1）实地盘点法。通过逐一清点或用计量器具计量出实物的实际结存数量。这种方法的优点是计量准确、直观，适用范围广，对大多数财产物资清查都可以采用。

（2）技术推算盘点法。通过量方、计尺等方法，结合有关数据，推算出财产实物的实际结存数量。这种方法计量的结果不是十分准确，允许有一定的误差，适用于大量、分散、成堆等难以逐一清点的财产物资。

（3）抽样盘存法。抽样盘存法是指对于数量多、重量均匀的实物财产，可以采用抽样盘点的方法，确定财产的实有数额。

（4）函证核对盘点法。函证核对法是指对于委托外单位加工或保管的物资，可以采用向对方单位发函调查，并与本单位的账存数相核对的方法。

2. 实物财产清查使用的凭证

为明确经济责任，便于查核，在实地盘点时，必须要有实物保管及使用人员在场并参与盘点工作。盘点后，应及时地将盘点的结果如实记载在"盘存单"（表6-2）上，并由盘点人员、保管人员签章。

表6-2　盘存单

财产类别：　　　　　　　　　　　　　　　　　　　　　　　　年　月　日
存放地点：　　　　　　　　　　　　　　　　　　　　　　　　编　　号：

编号	名称及规格	计量单位	数量	单价	金额	备注

盘点人员：　　　　　　　　　　　　　　实物保管：

"盘存单"中填列的实物编号、名称及规格、计量单位和单价必须与账面记录保持一致，以便相互核对。因此，在"盘存单"填制审核完毕后，应将其与有关账簿记录进行核对，然后将核对结果填入"账存实存对比表"（表6-3），通过分析确定实物盈亏情况。"账存实存对比表"不仅是用于调整有关账簿记录的原始凭证，也是确定有关人员经济责任的依据。

表6-3　账存实存对比表

年　月　日　　　　　　　　　　　　　　编号：

编号	规格	名称	计量单位	单价	账存		实存		盘盈		盘亏	
					数量	金额	数量	金额	数量	金额	数量	金额
	备注											

会计主管：　　　　　　复核：　　　　　　　　　制表：

对于委托外单位加工、保管的财产物资，出租的包装物、固定资产等，可以按照有关账簿的账面结存数，通过对账单等方式与对方进行核对，确定账实是否相符。

二、货币资金的清查

企业单位的货币资金包括库存现金、各种银行存款及各种有价证券。其中库存现金和各种有价证券应当在财产清查时进行实地盘点，各种银行存款应当根据开户银行的对账单与本单位的银行存款日记账进行核对。

（一）库存现金和各种有价证券的清查

库存现金和各种有价证券应当在财产清查时进行实地盘点，应当由财产清查人员会同出纳人员共同负责，必要时可以突击抽查。在清查库存现金时，首先是确定库存现金的实有数；然后与现金日记账的当天余额进行核对，以查明账实是否相符；最后，为了明确责任，出纳人员必须在场。如发现溢余或短缺，必须会同出纳人员当场核实金额。盘点时除了要清查数额外，还需要检查有无违反财经纪律，以及将借条、白条等抵充库存的情况，如果发现需及时纠正。清查有价证券，应当逐一盘点并与账面核对，除要查明有无盘盈、盘亏，还要查明是否有违反财经纪律和非法买卖等情况。

清查结束后，应将现金盘点的结果填列到"库存现金盘点表"（表6-4）内，由盘点人员和出纳人员签章。"库存现金盘点表"是反映现金实存数的原始凭证，也是查明账、实发生差异的原因和调整账簿记录的依据。

表6-4　库存现金盘点表

实存金额	账存金额	对比结果		备注
		盘盈	盘亏	

会计主管：　　　　　　　　盘点人员：　　　　　　　　出纳人员：

（二）银行存款的清查

银行存款的清查，是采取与单位开户银行核对账目记录的方法进行的。核对前，应把清查日止所有银行存款的收、付业务登记入账，再与银行定期开具的详细记录本单位存款收入、支出和余额对账单逐笔核对，如果发生错账、漏账，应及时查清、更正。但在双方记账都无错误的情况下，往往还会出现双方余额不一致的情况，这主要是由于银行存款日常的收付业务频繁，开户银行和本单位在办理结算手续和凭证传递、入账的时间不一致造成的，即由本单位填写的"银行存款日记账"或开户银行开具的"对账单"存在"未达账项"引起的。

所谓未达账项是指企业与银行由于核算时间不同而形成的一方已入账，另一方尚未入账的会计事项。具体地说，有以下四种情况。

（1）企业收到或已送存银行的款项，企业已入账，但银行尚未入账。

（2）企业支付的各种付款凭证，已记入"银行存款日记账"，但银行尚未入账。

（3）银行代企业收进的款项，银行已入账，但企业尚未收到有关凭证，未能登记入账。

（4）银行代企业支付的款项，银行已入账，但企业尚未收到有关凭证，未能登记入账。

上述任何一种未达账项的存在，都会使企业的银行存款日记账余额与银行开具的对账单余额不符。因此，在与银行对账时，应首先查明有无未达账项。如果有，应通过编制"银行存款余额调节表"进行调整，调整后再确定企业与银行双方记账是否一致，双方余额是否相符，若还不相符，则是因为企业或银行记账有错误，应查明双方是否有错记、漏记，并及时更正。

银行存款余额调节表的计算公式如下：

企业银行存款日记账余额＋银行已收款入账而企业尚未登记入账的款项－银行已付款入账而企业尚未登记入账的款项＝银行对账单余额＋企业已收款入账而银行尚未登记入账的款项－企业已付款入账而银行尚未登记入账的款项

【例 6-3】中原海华公司 20×× 年 11 月 10 日填写的"银行存款日记账"和银行开具的"对账单"进行核对后发现，该公司"银行存款日记账"余额为 138 500 元，银行对账单上余额为 147 800 元。经逐笔核对，查明有以下未达账项：

（1）企业销售甲产品收到货款 22 400 元（转账支票），企业已送存银行，但银行没有入账。

（2）企业支付保险费 9 200 元（现金支票），企业已记减少，银行尚未收到单据，没有入账。

（3）银行代企业收到嘉华公司款项 42 000 元，已划入企业存款账上，企业尚未收到有关凭证，没有入账。

（4）银行代企业支付水电费 19 500 元，已从企业存款账上划出，企业尚未收到有关凭证，没有入账。

编制银行存款余额调节表（表 6-5）。

表6-5　银行存款余额调节表

20×× 年 11 月　　　　　　　　　　　　　　　　　　　单位：元

项目	金额	项目	金额
银行存款日记账	138 500	银行对账单余额	147 800
加：银行已收企业未收	（3）42 000	加：企业已收银行未收	（1）22 400
减：银行已付企业未付	（4）19 500	减：企业已付银行未付	（2）9 200
调整后的银行存款日记账余额	161 000	调整后的银行对账单余额	161 000

三、往来款项的清查

往来款项主要包括各种应收、应付、预收和预付款项。往来款项的清查，采用与对方单位或个人通过对账单核对账簿记录的方法进行。

清查之前，首先，检查本单位各种往来款项的账面记录是否登记完毕，且准确无误。其次，确定无误后，编制往来款项"对账单"，转送对方单位或个人进行核对。再次，对方单位或个人如果核对相符，就在回单上盖章退回，作为进一步核对的依据；单位收到回单后，如果记录有误，应按规定手续进行更正；如果有未达账项，应进行调整，待收到正式凭证后，再做账簿记录。最后，对于有争议的或回收无望的款项，应及时采取措施，尽可能地减少坏账损失。"往来款项对账单"的格式和内容（图6-1），往来款项清查结果报告表（表 6-6）。

往来款项对账单

××××单位：

你单位 20×× 年 × 月 × 日购入我单位 × 产品 × 台 × 元，已付货款 ××××，尚有 ×××× 元货款未付，请核对后将回单联寄回。

核查单位：（盖章）

20×× 年 × 月 × 日

沿此虚线裁开，将以下回单联寄回!

- -

往来款项对账单（回联）

核查单位：

你单位寄来的"往来款项对账单"已经收到，经核对相符无误（或不符，应注明具体内容）。

×× 单位（盖章）

20×× 年 × 月 × 日

图 6-1　往来款项对账单

表6-6 往来款项清查结果报告表

总账及明细账账户	账面结存金额	对方结存金额	对比结果		差异的原因和金额		备注
			大于对方金额	小于对方金额	争议中的未达账项	未达账项	

第三节　财产清查结果的处理

一、财产清查结果处理的要求和步骤

（一）查明账实不符的原因和性质，按照规定作相应处理

企业在财产清查中，如果发现账面结存数额与实地盘点数不相符，须查明造成差异的原因，明确各部门经济责任。在财产清查后若发现账实不符，一般分两步进行：第一步，审批前，把财产清查中盘盈、盘亏取得的原始凭证编制记账凭证，登记入账，做到账实相符。当盘盈时，补充账面记录；当盘亏时，冲销账面记录。在账实相符后，将编制的账存与实存的对比表和对应备注说明按照规定程序一并报送主管领导和主管部门审批。第二步，当主管领导和主管部门对所提交的财产清查结果提出处理意见之后，企业应该按照审批意见编制相关记账凭证，及时进行账务处理，登记账簿，并追回财产损失。

（二）积极处理积压物资和清理长期不清的债权、债务

财产清查过程中发现超储积压物资，应迅速组织处理或内部消化，做到物尽其用，提高物资的周转率和使用效益。对于一些不能清算的债权、债务，应派出专人进行协调、催办，查明不能清算的原因，并按照规定方法进行处理。

（三）总结经验教训，完善财产管理制度

财产清查以后，要及时、认真地加以整理、总结。对于管理、保管完善的部门和个人，应予以奖励，推广介绍其经验；对于存在的问题，必须查明原因，确定经济责

任，并提出改进的方法和措施，进一步建立健全管理制度，调整有关的人员配备和物资的存放保管方式，从根本上切实做好财产物资保管使用的管理工作，保证财产物资的安全、完整。

（四）调整账簿有关记录，做到账实相符

财产清查中出现的财产物资的盈亏、毁损等，应及时进行账务处理，调整账簿记录，做到账实相符。审批之前，要依据清查过程中取得的盘盈、盘亏的原始单据，编制记账凭证，并据以记入相应的账户，使有关财产物资的账面结存数与实地结存数一致，并反映出待处理财产物资的损溢情况。审批之后，根据处理意见，编制相应的记账凭证，并登录有关账户，结清待处理财产物资的数额。

二、财产清查结果的会计处理方法

财产清查的结果必须按国家有关财务制度的规定，严肃认真地予以处理。清查中发现财产物资的盘盈、盘亏、毁损、变质或超储积压等问题以及长期不清理或有争执的债权、债务等都说明企业在经营管理中、财产物资的保管中存在着一定的问题。因此，一旦发现账实不符，应核准数字，并进一步分析形成差异的原因，明确经济责任，并提出相应的处理意见。报股东大会或董事会，或总经理（厂长）会议或类似机构批准后，才能对差异进行处理。

为核算和监督各项财产物资的盈亏及处理结果，需设置"待处理财产损溢"账户。对于财产清查的账务处理，可以分为两个步骤：第一，审批前，应根据已查明属实的财产盘盈、盘亏和毁损情况，及时编制记账凭证，调整有关财产的账面记录，同时转入"待处理财产损溢"账户，以使账实相符；第二，审批后，应根据发生差异的性质和原因以及批准处理的意见，编制记账凭证，转销"待处理财产损溢"账户，同时记入其他有关账户。若该账户属于资产类，用来核算各项财产物资的盘盈、盘亏和毁损情况。借方登记已发生但尚未处理的财产物资的盘亏或毁损数额，以及批准的转销的盘盈数额；贷方登记已发生但尚未处理的财产物资的盘盈数，以及批准转销的盘亏或毁损数额；期末如为借方余额，反映尚未处理的财产物资的净损失，如为贷方余额，则反映尚未处理的财产物资的净溢余。该账户下可设置"待处理流动资产损溢""待处理固定资产损溢"两个明细账户进行明细分类核算。

（一）现金长短款的处理

现金清查中，若发现实存数大于账存数，称为现金长款；若实存数小于账存数，称为现金短款。现金长款短款核算，一般处理方法是：若短款是由于工作失误造成，应由过失人负责赔偿；无法查明的其他原因，根据管理权限，经批准作"管理费用"处理。若发生长款，除支付给有关人员或单位的，一般列入"营业外收入"。

【例6-4】12月31日，中原海华公司在清查中发现库存现金短缺150元。

批准前的会计处理：

借：待处理财产损溢——待处理流动资产损溢　　　　　　　150

　　贷：库存现金　　　　　　　　　　　　　　　　　　　　　150

批准后的会计处理：

（1）若短缺是由于非常损失（火灾、盗窃等）造成的：

借：营业外支出　　　　　　　　　　　　　　　　　　　　150

　　贷：待处理财产损溢——待处理流动资产损溢　　　　　　150

（2）若经查明，短缺为出纳人员工作疏忽造成，应由其负债赔偿：

借：其他应收款——××出纳员　　　　　　　　　　　　　150

　　贷：待处理财产损溢——待处理流动资产损溢　　　　　　150

【例6-5】假定12月31日，中原海华公司在清查中发现库存现金比账面记录多200元。

批准前的会计处理：

借：库存现金　　　　　　　　　　　　　　　　　　　　　200

　　贷：待处理财产损溢——待处理流动资产损溢　　　　　　200

批准后的会计处理：

如果无法确认原因，作账务处理如下：

借：待处理财产损溢——待处理流动资产损溢　　　　　　　200

　　贷：营业外收入　　　　　　　　　　　　　　　　　　　200

（二）财产物资实物清查结果的处理

【例6-6】12月31日，中原海华公司在财产清查过程中，发现短缺笔记本电脑一台，账面原值为14 000元，已提折旧6 000元。

这项盘亏，一方面应减少"固定资产"账户和"累计折旧"账户的账面记录；另一方面将损失的净额记入"待处理财产损溢——待处理固定资产损溢"账户的借方。账务处理如下：

批准前的会计处理：

借：待处理财产损溢——待处理固定资产损溢		8 000
累计折旧		6 000
贷：固定资产——笔记本电脑		14 000

批准后的会计处理：

经查盘亏原因是自然灾害造成的，将上述盘亏结果上报，审核批准将净损失转为"营业外支出"。账务处理如下：

借：营业外支出		8 000
贷：待处理财产损溢——待处理固定资产损溢		8 000

实行新准则后，固定资产盘盈的会计核算发生了变化。根据《企业会计准则》（2021）的规定，前期差错是指由于没有运用或错误运用下列两种信息，而对前期财务报告造成漏报或错报；编报前期财务报告时预期能够取得并加以考虑的可靠信息；前期财务报告批准报出时能够取得的可靠信息。前期差错通常包括计算错误、应用会计政策错误、疏忽或曲解事实、舞弊产生的影响以及存货、固定资产盘盈等。固定资产盘盈不再计入当期损益，而是作为前期差错，并根据相关规定进行更正。

企业在盘盈固定资产时，首先应确定盘盈固定资产的原值、累计折旧和固定资产净值。根据确定的固定资产原值借记"固定资产"，贷记"累计折旧"，将两者的差额贷记"以前年度损溢调整"；其次再计算应纳的所得税费用，借记"以前年度损溢调整"账户，贷记"应交税费——应交所得税"；接着补提盈余公积，借记"以前年度损溢调整"账户，贷记"盈余公积"；最后调整利润分配，借记"以前年度损溢调整"，贷记"利润分配——未分配利润"。

【例 6-7】12 月 31 日，中原海华公司对全部的固定资产进行盘查，盘盈一台 5 成新的机器设备，该设备同类产品市场价格为 120 000 元，企业所得税税率为 25%。

那么该企业的有关会计处理为：

批准前的会计处理：

借：待处理财产损溢——待处理固定资产损溢		60 000
累计折旧		60 000
贷：固定资产——机器设备		120 000

批准后的会计处理：

（1）借：固定资产   120 000

      贷：累计折旧   60 000

        以前年度损溢调整   60 000

（2）借：以前年度损溢调整   15 000

      贷：应交税费——应交所得税   15 000

（3）借：以前年度损溢调整   4 500

      贷：盈余公积——法定盈余公积   4 500

（4）借：以前年度损溢调整   40 500

      贷：利润分配——未分配利润   40 500

【例6-8】12月31日，中原海华公司在清查过程中发现甲材料盘亏1 500元。账务处理如下：

    批准前的会计处理：

    借：待处理财产损溢——待处理流动资产损溢   1 500

      贷：原材料——甲材料   1 500

    批准后的会计处理：

经查，上述盘亏原因是定额内的自然损耗。待上级审核批准后，应按规定手续进行财务处理。定额内的自然损耗属于正常损失，可列入企业当期损益核算，借记"管理费用"账户，贷记"待处理财产损溢"账。账务处理如下：

    借：管理费用   1 500

      贷：待处理财产损溢——待处理流动资产损溢   1 500

如果上述毁损是由于工作人员保管不当造成的，属非正常损失。经审核批准后，按照规定手续进行核销。由于工作人员过失造成的损失，应由其赔偿，记入"其他应收款"账户的借方。账务处理如下：

    借：其他应收款——××人员   1 500

      贷：待处理财产损溢——待处理流动资产损溢   1 500

【例6-9】12月31日，中原海华公司在清查过程中发现乙材料盘盈600元。账务处理如下：

    批准前的会计处理：

    借：原材料——乙材料   600

      贷：待处理财产损溢——待处理流动资产损溢   600

批准后的会计处理：

经查盘盈的存货属计量不准造成，按规定可冲减损溢，记入"管理费用"账户。上述清查结果上报审核批复后，做账务处理如下：

借：待处理财产损溢——待处理流动资产损溢　　　　　　600

　　贷：管理费用　　　　　　　　　　　　　　　　　　　　600

（三）往来款项清查结果的处理

【例6-10】12月31日，中原海华公司在清查过程中，向外单位发出信函，催收对方长期拖欠的货款30 000元。经催促、协商，收回欠款20 000元，其余10 000元已无法收回。

企业对已收回的外单位欠款，借记"银行存款"账户，同时冲销"应收账款"账户。对确定无法收回的款项，应上报审核备案。经批准后，可转作坏账损失，直接记入"管理费用"账户；若企业已计提坏账准备金，可记入"坏账准备"账户。

（1）对收回的部分欠款，账务处理如下：

借：银行存款　　　　　　　　　　　　　　　　　　　20 000

　　贷：应收账款——××公司　　　　　　　　　　　　20 000

（2）经确定确实无法收回的款项，如果没有计提坏账准备金，做账务处理如下：

借：管理费用　　　　　　　　　　　　　　　　　　　10 000

　　贷：应收账款——××公司　　　　　　　　　　　　10 000

（3）如果企业按规定计提了坏账准备金，做账务处理如下：

借：坏账准备　　　　　　　　　　　　　　　　　　　10 000

　　贷：应收账款　　　　　　　　　　　　　　　　　　10 000

【例6-11】12月31日，中原海华公司在财产清查过程中，查明应付外单位的货款4 000元，已无法归还。经上级审批后，将其转作"营业外收入"。根据有关原始凭证，做账务处理如下。

借：应付账款——××公司　　　　　　　　　　　　　4 000

　　贷：营业外收入　　　　　　　　　　　　　　　　　4 000

第 三 篇
会计应用篇

第七章　会计凭证

★ 会计凭证概述

★ 原始凭证

★ 记账凭证

★ 会计凭证的传递与保管

★ 会计学原理 Vcase 应用

扫码获得
本章PPT

【思政案例】

在中国传统文化中，"诚"与"信"是两个重要的道德规范，"诚"有诚实、诚意、忠诚之义，"信"有信任、信赖、信誉等义。孔子曰："民无信无以立。"孟子："诚者，天下道也；思诚者，人之道也。"

20××年6月1日，某上市公司采购部李某向财务部预借差旅费2 000元去B市采购原材料，并且填制借款单。李某采购原材料共花费58 500元，同时取得增值税专用发票。6月10日材料入库，仓库保管员填制入库单；6月25日生产车间领用10 000元的原材料生产甲产品并填制领料单；6月28日公司管理部门领用500元的原材料自己使用，也填制了领料单，月末会计在审核原始票据编制记账凭证时，发现李某采购原材料所取得的增值税专用发票是假发票，这一行为给企业带来了不小的损失。以我国上市公司会计凭证常见现象讲授公司的会计凭证，既可以使学生了解原始凭证和记账凭证，也可以帮助学生了解上市公司的凭证类型，增加学生的学习热情。

通过上述案例思考如下问题：

（1）什么是原始凭证？以上哪些属于自制原始凭证，哪些属于外来原始凭证？

（2）什么是记账凭证？以上经济业务涉及了哪些记账凭证？

（3）会计凭证如何审核？

（4）虚假的会计凭证有什么危害？

第一节　会计凭证概述

一、会计凭证的概念和意义

（一）会计凭证的概念

会计凭证是记录经济业务发生和完成情况，明确经济责任，据以登记账簿的一种具有法律效力的书面证明文件。

（二）会计凭证的意义

任何单位在处理任何经济业务时，都必须由执行和完成该项经济业务的有关人员从单位外部取得或自行填制有关凭证，以书面形式记录和证明所发生经济业务的性质、内容、数量和金额等，并在凭证上签名或盖章，对经济业务的合法性和凭证的真实性、完整性负责。任何会计凭证都必须经过有关人员的严格审核并确认无误后，才能作为记账的依据。合法地取得、正确地填制和审核会计凭证，是会计核算的基本方法之一，也是会计核算工作的起点，在会计核算中具有重要意义。

1. 提供经济活动的原始资料，传导经济信息

会计凭证是经济信息的载体，反映经济活动的原始资料；通过会计凭证的加工、整理、传送，可以产生新的经济信息并予以传递，为经济管理服务。因此，会计凭证既是取得数据的手段，也是传递信息的工具，能够为了解掌握企业每一项经济业务的具体完成情况提供依据，并为审计提供原始资料与证据。例如，一张收款通知列明了甲公司收到某公司应收账款100万元，通过这张会计凭证就可以知道甲公司的欠款已经收回，同时还可以知道银行存款增加了100万元，即可根据业务活动需要来合理安排这笔存款。

2. 明确经济责任，强化内部控制

任何会计凭证除记录有关经济业务的基本内容外，还必须由有关部门和人员签章，对会计凭证所记录经济业务的真实性、完整性和合法性负责，从而加强责任感，也便于企事业单位的领导对有关人员进行考核。如果发生了纠纷，有关部门人员可以借助于会计凭证进行正确的裁决和处理，强化企业内部控制，同时有利于加强企业内部和企业之间的经济责任。随着社会主义市场经济的发展，会计凭证填制和审核的完善是会计法律建设的客观要求，也是处理经济纠纷、审判经济案件的重要依据。

3. 监督经济活动，控制经济运行

通过会计凭证的审核，可以查明每一项经济业务是否符合国家有关法律、法规、制度的规定，是否符合计划、预算进度，是否有违法乱纪和铺张浪费行为等。对于查出的问题，应积极采取措施予以纠正，实现对经济活动的事中控制，保证经济活动健康运行。监督经济活动的发生，控制经济业务的有效实施，是发挥会计监督职能的重要内容，具有保护国家财产安全完整的作用。

二、会计凭证的种类

由于经济业务的多样性，使得会计凭证从具体格式到填制的内容都不一样，通常会计凭证按其填制的程序和用途，可以分为原始凭证和记账凭证两大类（图 7-1）。

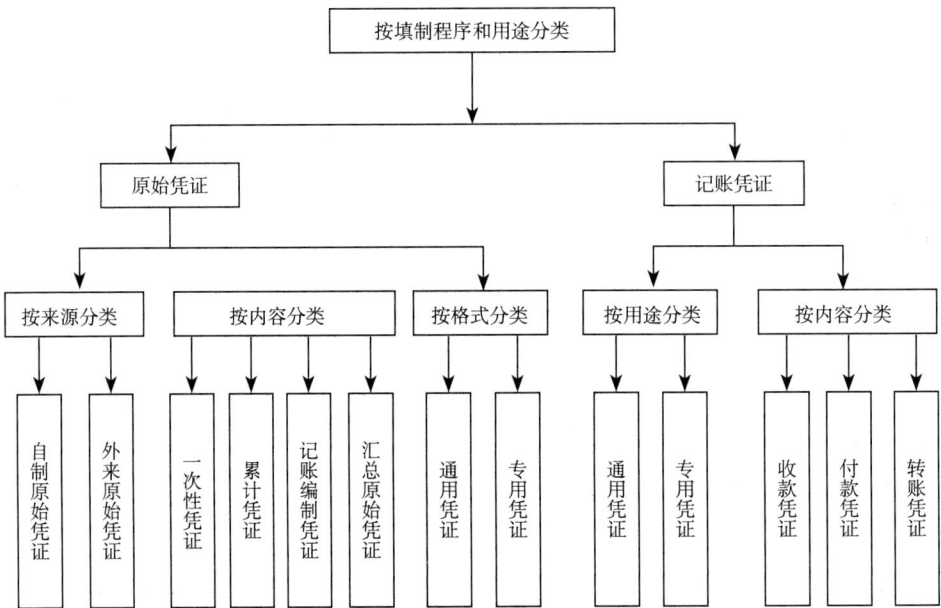

图7-1　会计凭证分类图

原始凭证和记账凭证虽然都是会计凭证，但其性质却截然不同。原始凭证记录的是经济信息，是编制记账凭证的依据，是会计核算的基础；而记账凭证记录的是会计信息，是会计核算的起点。原始凭证与记账凭证之间也存在着密切的联系。原始凭证是记账凭证的基础，记账凭证是根据原始凭证填制的。记账凭证根据复式记账法的基本原理，确定应借、应贷的账户名称和金额，并将原始凭证作为附件，把原始凭证的一般数据转化为会计语言，在原始凭证和账簿之间起衔接作用，是登记明细分类账和总分类账的依据。

第二节 原始凭证

一、原始凭证的基本内容

原始凭证又称单据，是在经济业务发生或完成时取得或填制的，用以记录或证明经济业务的发生或完成情况的原始凭据。原始凭证是会计核算的原始资料和重要依据。

由于经济业务的种类和内容不同，经营管理的要求不同，原始凭证的格式和内容也千差万别。但无论何种原始凭证，都必须做到所载明的经济业务清晰，经济责任明确。原始凭证一般应具备以下基本内容（也称为原始凭证要素）。

（1）名称和编号。能够说明经济业务的性质和用途，便于核算分类，如"增值税专用发票""领料单"等；每月从第一号原始凭证填制起，按经济业务的发生顺序依次编号，不得重号或跳号，各种凭证必须连续编号，以便查验。

（2）日期。能够说明业务发生或完成的时间，便于按经济业务序时核算。

（3）接受原始凭证单位名称。能够说明接受单位，以便于查证，防止弄虚作假。

（4）经济业务内容。能够说明数量、单价、金额等。

（5）填制单位签章。能够说明该经济业务的责任单位，便于明确经济责任。

（6）有关人员签章。能够明确经济责任。

（7）凭证附件。能够完整了解该笔经济业务的详细内容。

实际工作中，根据经营管理和特殊业务的需要，除上述基本内容外，可以增加必要的内容。对于不同单位经常发生的共同性经济业务，有关部门可以制定统一的凭证格式。如人民银行统一制定的银行转账结算凭证，标明了结算双方单位名称、账号等内容；中国铁路总公司统一制定的铁路运单，标明了发货单位、收货单位、提货方式等内容。

二、原始凭证的种类

（一）按照来源不同，分为外来原始凭证和自制原始凭证

1. 外来原始凭证

外来原始凭证是指在经济业务发生或完成时，从其他单位或个人直接取得的原始凭证，如购买货物取得的增值税专用发票（图7-2）、增值税电子普通发票（图7-3）、通用定额发票（图7-4），企业内部部门之间的收据（图7-5）、职工出差取得的飞机票、火车票等。

河南增值税专用发票
发票联

开票日期： 年 月 日

购买方	名　　　称： 纳税人识别号： 地　址、电　话： 开户行及账号：				密 码 区			
货物或应税劳务、 服务名称	规格型号	单位	数量	单价	金额	税率	税额	
合　计					￥		￥	
价税合计（大写）					（小写）￥			
销售方	名　　　称： 纳税人识别号： 地　址、电　话： 开户行及账号：				备 注			

收款人： 　　　复核： 　　　开票人： 　　　　　　销售方：（章）

图7-2　增值税专用发票

河南增值税电子普通发票

发票代码：
发票号码：
开票日期： 年 月 日
校验码：

机器编号：

购买方	名　　　称： 纳税人识别号： 地　址、电　话： 开户行及账号：				密 码 区			
货物或应税劳务、 服务名称	规格型号	单位	数量	单价	金额	税率	税额	
合　计					￥		￥	
价税合计（大写）					（小写）￥			
销售方	名　　　称： 纳税人识别号： 地　址、电　话： 开户行及账号：				备 注			

收款人： 　　　复核： 　　　开票人： 　　　　　　销售方：（章）

图7-3　增值税电子普通发票

河南通用定额发票

发票联

发票代码

发票号码

元整

（加盖公章有效）

付款单位：	开票日期：　年　月　日

图7-4　通用定额发票

<table>
<tr><td rowspan="3">内部使用：不作发票</td><td colspan="3">收　据
年　月　日　第　号</td><td rowspan="3">第三联
记账</td></tr>
<tr><td colspan="3">今收到_____

金额（大写）佰　拾　万　仟　佰　拾　元　角　分

收款单位（盖章）_____　　　¥_____</td></tr>
</table>

核准：　　　会计：　　　记账：　　　出纳：　　　经手人：

图7-5　收据

2.自制原始凭证

自制原始凭证是指由本单位内部经办业务的部门和人员，在执行或完成某项经济业务时填制的、仅供本单位内部使用的原始凭证，如收料单（表7-1）、领料单（表7-2）、借款单（图7-6）等。

表7-1　收料单

编号	材料名称	规格	送验数量	实收数量	单位	单价	金额						
供应者		发票号				年　月　日　收到							
							万	千	百	十	元	角	分
备注			验收人 盖章				合计						

表7-2　领料单

领料部门：　　　　　　　　　　年　月　日　　　　　　　　凭证编号：

用　　途：　　　　　　　　　　第　　　号　　　　　　　　发料仓库：

编号	材料名称及规格	计量单位	数量		单价	金额						
			请领	实发		万	千	百	十	元	角	分
备注			合计									

记账：　　　　　发料：　　　　领料部门主管：　　　　　　制单：

借款单	
借款理由：	
借款数额（大写）　　　　　　　　　　　　　　　　　　　¥	
借款人签章　　　　　　　　　　　　　　　　　　　年 月 日	
单位负责人意见：	会计主管人员意见：

图7-6　借款单

（二）按照填制手续及内容不同，分为一次凭证、累计凭证和汇总凭证

1. 一次凭证

一次凭证是指一次填制完成、只记录一笔经济业务的原始凭证，如收据、领料单、收料单、发货单、借款单和银行结算凭证等。一次性凭证是一次有效的凭证。

2. 累计凭证

累计凭证是指在一定时期内多次记录发生的同类型经济业务的原始凭证。其特点是：在一张凭证内可以连续登记相同性质的经济业务，随时结出累计数及结余数，并按照费用限额进行费用控制，期末按实际发生额记账。累计凭证是多次有效的原始凭证，具有代表性的是"限额领料单"（表 7-3）。

表7-3 限额领料单

领料部门： 年 月 日 发料仓库： 用途：

材料类别	材料编号	材料名称及规格	计量单位	领用限额	实际领用	单价	金额	备注

日期	请领		实发			限额结余	退库	
	数量	领料单位盖章	数量	发料人	领料人		数量	退库单编号
合计								

供应部门负责人： 生产计划部门负责人： 仓库负责人：

3. 汇总凭证

汇总凭证是指对一定时期内反映经济业务内容相同的若干张原始凭证，按照一定标准综合填制的原始凭证。汇总原始凭证合并了同类型经济业务，简化了记账工作。常用的汇总原始凭证有：原材料领用汇总表（表7-4）、发出材料汇总表（表7-5）、工资结算汇总表（表7-6）等。

表7-4 原材料领用汇总表

年 月 日

原始凭证编号 自 至 共 张

用途	甲材料			乙材料			合计
生产成本	数量	单价	金额	数量	单价	金额	
A产品耗用							
B产品耗用							
制造费用							
车间一般耗用							
管理费用							
厂部一般耗用							
在建工程							
合计							

记账： 复核： 制单：

表7-5 发出材料汇总表

年   月   日

会计科目	领料部门	领用材料			
		原材料	包装物	低值易耗品	合计
生产成本	一车间				
	二车间				
	小计				
	供电车间				
	供水车间				
	小计				
制造费用	一车间				
	二车间				
	小计				
管理费用	行政部门				
合计					

记账：   复核：   制单：

表7-6 工资结算汇总表

年   月   日

部门名称	基本工资		辅助工资			缺勤扣款				应付工资	代扣款项					实发工资
	标准工资	岗位工资	工资性津贴	职务津贴	奖金	病假扣款	事假扣款	…	合计		个人所得税	保险	公积金	…	合计	
动力车间小计																
生产工人																
车间管理人员																
动力车间																
销售部																
管理部门小计																
企划部																
财务部																
供应部																
库房																
福利部门																
工资总额合计																

会计主管：   审核：   制表：

（三）按照格式不同，分为通用凭证和专用凭证

1. 通用凭证

通用凭证是指由有关部门统一印制、在一定范围内使用的具有统一格式和使用方法的原始凭证。通用凭证的使用范围，因制作部门不同而异，可以是某一地区、某一行业，也可以是全国通用。如某省（市）印制的发货票、收据等，在该省（市）通用；由人民银行制作的银行转账结算凭证，在全国通用。

2. 专用凭证

专用凭证是指由单位自行印制，仅在本单位内部使用的原始凭证。如差旅费报销单（表7-7）等。

表7-7　差旅费报销单

事由：　　　　　　　　　报销日期：　　　　　　　年　　月　　日

伙食补助费								交通费		住宿补助费						其他费用		
起止时间						起止地点		补助费		项目	金额	单据张数	起止日期				地点	补助费		项目	单据张数	金额
起			止			起	止	天数	补助金额				起		止			天数	补助金额			
月	日	时	月	日	时								月	日	月	日						
小计										小计										小计		
金额总计（大写）：										预借金额：元										应交或应补现金：元		

会计主管：　　　　　审核：　　　　出纳：　　　　填报人：

（四）按照经济业务的类别不同分为六类

1. 款项收付业务凭证

款项收付业务凭证是指记录现金和银行存款收付增减等业务的原始凭证。这类凭

证既有外来的，也有自制的，但多为一次性凭证，如现金借据、现金收据、领款单、零星购物发票、车船机票、医药费单据、银行支票和汇款委托书等。

2. 出入库业务凭证

出入库业务凭证是指记录材料、产成品出入库等情况的原始凭证。这类凭证可以是一次性凭证，也可以是累计凭证，如入库单、领料单和提货单等。

3. 成本费用凭证

成本费用凭证是指记录产品生产费用的发生和分配情况的原始凭证。这类凭证大都是内部自制凭证，如工资单、工资费用汇总表、折旧费用分配表、制造费用分配表和产品成本计算单等。

4. 购销业务凭证

购销业务凭证是指记录材料物品采购或劳务供应、产成品（商品）或劳务销售情况的原始凭证，前者为外来的凭证，后者为自制的凭证，如提货单、发货单、交款单和运费单据等。

5. 固定资产业务凭证

固定资产业务凭证是指记录固定资产购置、调拨、报废、盘盈及盘亏业务的原始凭证，如固定资产调拨单、固定资产移交清册、固定资产报废单、盘盈及盘亏报告单等。

6. 转账业务凭证

转账业务凭证是指会计期间终了，为了结平收入和支出等账户，计算并结转成本、利润等，由会计人员根据会计账簿记录整理制作的原始凭证。这类凭证一般无固定格式，但需要注明制证人并由会计主管签字盖章。

三、原始凭证的填制要求

原始凭证是编制记账凭证的依据，是会计核算最基础的原始资料。要保证会计核算工作的质量，必须从保证原始凭证的质量做起，正确填制原始凭证。具体地说，原始凭证的填制必须符合下列要求：

（一）记录真实

原始凭证所填列的经济业务内容和数字，必须真实可靠，符合实际情况。

（二）内容完整

原始凭证所要求填列的项目必须逐项填列齐全，不得遗漏和省略。需要注意的是年、月、日要按照填制原始凭证的实际日期填写；名称要齐全，不能简化；品名或用途要填写明确，不能含糊不清；有关人员的签章必须齐全。

（三）手续完备

单位自制的原始凭证必须有经办单位领导人或者其他指定的人员签名盖章；对外开出的原始凭证必须加盖本单位印章等；从外部取得的原始凭证，必须盖有填制单位的印章；从个人取得的原始凭证，必须有填制人员的签名盖章。总之，取得的原始凭证必须符合手续完备的要求，以明确经济责任，确保凭证的合法性、真实性。

（四）书写清楚、规范

原始凭证要按规定填写，文字要简明，字迹要清楚，易于辨认，不得使用未经国务院公布的简化汉字。大小写金额必须符合且填写规范，小写金额用阿拉伯数字逐个书写，不得写连笔字，在金额前要填写人民币符号"￥"，人民币符号"￥"与阿拉伯数字之间不得留有空白，金额数字一律填写到角分，无角分的，写"00"或符号"—"，有角的，分位写"0"，不得用符号"—"；大写金额用汉字壹、贰、叁、肆、伍、陆、柒、捌、玖、拾、佰、仟、万、亿、元、角、分、零、整等，一律用正楷或行书字书写，大写金额前未印有"人民币"字样的，应加写"人民币"三个字，"人民币"字样和大写金额之间不得留有空白，大写金额到元或角为止的，后面要写"整"或"正"字，有分的，不写"整"或"正"字。如小写金额为￥1 008.00，大写金额应写成"人民币壹仟零捌元整"。

（五）编号连续

各种凭证要连续编号，以便考查。如果凭证已预先印定编号，如发票、支票等重要凭证，在书写错误作废时，应加盖"作废"戳记，妥善保管，不得撕毁。

（六）不得涂改、刮擦、挖补

原始凭证有错误的，应当由出具单位重开或更正，更正处应当加盖出具单位印章。原始凭证金额有错误的，应当由出具单位重开，不得在原始凭证上更正。

（七）填制及时

各种原始凭证一定要及时填写，并按规定的程序及时送交会计机构、会计人员进行审核。

下面以自制原始凭证领料单（表7-8）作简要说明。

表7-8　领料单

年　　月　　日

领料部门：　　　　　　　　　　　　　　　　凭证编号：第　　　号

用　　途：　　　　　　　　　　　　　　　　发料仓库：

编号	材料名称及规格	计量单位	数量		单价	金额						
			请领	实发		万	千	百	十	元	角	分
备注			合计									

记账：　　　　发料：　　　　领料部门主管：　　　　制单：

四、原始凭证的审核

为了如实反映经济业务的发生和完成情况，充分发挥会计的监督职能，保证会计信息的真实性、可靠性和正确性，会计机构、会计人员必须对原始凭证进行严格审核。只有经过审核无误的原始凭证，才能作为编制记账凭证和登记账簿的依据。具体包括以下六点：

（一）审核原始凭证的真实性

原始凭证作为会计信息的基本信息源，其真实性对会计信息的质量具有至关重要的影响。真实性的审核包括对凭证日期是否真实、业务内容是否真实、数据是否真实等内容的审查。对外来原始凭证，必须有填制单位印章和填制人员签章；对自制原始凭证，必须有经办部门和经办人员的签名或盖章。此外，对通用原始凭证，还应审核凭证本身的真实性，以防假冒。

（二）审核原始凭证的合法性

审核原始凭证所记录经济业务是否有违反国家法律法规的情况，是否履行了规定的凭证传递和审核程序，是否有贪污腐化等行为。

（三）审核原始凭证的合理性

审核原始凭证所记录的经济业务是否符合企业生产经营活动的需要、是否符合有关的计划和预算等。

（四）审核原始凭证的完整性

审核原始凭证各项基本要素是否齐全，是否有漏项情况，日期是否完整，数字是否清晰，文字是否工整，有关人员签章是否齐全，凭证联次是否正确等。

（五）审核原始凭证的正确性

审核原始凭证各项金额的计算及填写是否正确，包括：阿拉伯数字分位填写，不得连写；小写金额前要标明"¥"字样，中间不能留有空位；大写金额前要加"人民币"字样，大写金额与小写金额要相符；凭证中有书写错误的，应采用正确的方法更正，不能采用涂改、刮擦、挖补等不正确方法。

（六）审核原始凭证的及时性

原始凭证的及时性是保证会计信息及时性的基础。为此，要求在经济业务发生或完成后及时填制有关原始凭证，及时进行凭证的传递。审核时应注意审查凭证的填制日期，尤其是支票、银行汇票和银行本票等时效性较强的原始凭证，更应仔细验证其签发日期。

从近年来各地财政、审计等部门开展的财务检查和纪检机构办案的实践看，有三种票据存在的违法违纪问题较多：第一，自制的纸质费用报销凭证，俗称白条；第二，经济业务发生时，当事双方出于种种原因，无意或故意开出的不能准确说明经济业务来龙去脉的原始发票，俗称糊涂票据；第三，按照支出项目属性，应用某类票据报支的，而以其他类型的票据报支，俗称替代票据。

原始凭证的审核是一项十分重要、严肃的工作，经审核的原始凭证应根据不同情况处理：

（1）对于完全符合要求的原始凭证，应及时据以编制记账凭证入账。

（2）对于真实、合法、合理但内容不够完整、填写有错误的原始凭证，应退回给有关经办人员，由其负责将有关凭证补充完整、更正错误或重开后，再办理正式会计手续。

（3）对于不真实、不合法的原始凭证，会计机构、会计人员有权不予接受，并向单位负责人报告。

第三节　记账凭证

一、记账凭证的填制

记账凭证又称记账凭单，是会计人员根据审核无误的原始凭证按照经济业务事项的内容加以归类，并据以确定会计分录后所填制的会计凭证，它是登记账簿的直接依据。

（一）记账凭证的内容

记账凭证作为登记账簿的依据，因其所反映经济业务的内容不同、各单位规模大小及其对会计核算繁简程度的要求不同，其格式亦有所不同。但为了满足记账的基本要求，记账凭证应具备以下基本内容或要素。

（1）记账凭证的名称，如"收款凭证""付款凭证""转账凭证"。

（2）填制记账凭证的日期。

（3）记账凭证的编号。

（4）经济业务的内容摘要。

（5）经济业务所涉及的会计科目（包括一级科目、二级或明细科目）及其记账方向。

（6）经济业务的金额。

（7）记账标记。

（8）所附原始凭证张数。

（9）会计主管、记账、审核、出纳、制单等有关人员签章。

（二）记账凭证的编制要求

（1）记账凭证基本内容保证完整。

（2）记账凭证应该连续编号。

（3）记账凭证的书写应该简洁明了、清楚规范。

（4）记账凭证根据每一张原始凭证填制。

（5）记账凭证必须附有原始凭证（除结账和更正错误记账凭证外）。

（6）记账凭证填制过程中出现错误，应该重新填制。

（7）记账凭证填制完成后，若还有空行，应将空行划线注销。

二、记账凭证的种类

（一）按内容分类

记账凭证按其所反映的经济内容不同，可以分为专用记账凭证和通用记账凭证。

专用记账凭证是专门用来记录某一特定种类经济业务的记账凭证。按其所记录的经济业务是否与货币资金收付有关，又可以进一步分为收款凭证、付款凭证和转账凭证三种。

（1）收款凭证。收款凭证是指用于记录现金和银行存款增加业务的会计凭证。收款凭证根据有关现金和银行存款收入业务的原始凭证填制，是登记现金日记账、银行存款日记账以及有关明细账和总账等账簿的依据，也是出纳人员收讫款项的依据（表 7-9）。

表7-9 收款凭证

应借科目：　　　　　　　　年　　月　　日　　　　　　　　编号：

摘要	应贷科目		金额	记账	
	一级科目	二级或明细科目			
					附件
					张

会计主管：　　　记账：　　　出纳：　　　复核：　　　制单：

（2）付款凭证。付款凭证是指用于记录现金和银行存款付款减少业务的会计凭证。付款凭证根据有关现金和银行存款支付业务的原始凭证填制，是登记现金日记账、银行存款日记账以及有关明细账和总账等账簿的依据，也是出纳人员支付款项的依据。但是对于涉及"库存现金"和"银行存款"之间的经济业务，如将现金存入银行或从银行提取现金，为了避免重复记账，一般只编制付款凭证，不编制收款凭证。出纳人员应根据会计人员审核无误的收款凭证和付款凭证办理收付款业务（表 7-10）。

表7-10 付款凭证

应借科目：　　　　　　　　年　　月　　日　　　　　　　　编号：

摘要	应借科目		金额	记账	
	一级科目	二级或明细科目			
					附件
					张
合计					

会计主管：　　　记账：　　　出纳：　　　复核：　　　制单：

（3）转账凭证。转账凭证是指用于记录不涉及现金和银行存款业务的会计凭证。转账凭证根据有关转账业务的原始凭证填制，是登记有关明细账和总账等账簿的依据（表 7-11）。

表7-11 转账凭证

年　　月　　日　　　　　　　　　转字第　　号

摘要	总账科目	二级或明细科目	借方金额	贷方金额	记账	
						附单据　张
合计						

会计主管：　　　　记账：　　　　出纳：　　　　复核：　　　　制单：

收款凭证、付款凭证和转账凭证的划分，有利于区别不同经济业务进行分类管理，有利于经济业务的检查，但工作量较大，适用于规模较大、收付款业务较多的单位。

通用记账凭证是采用一种通用格式记录各种经济业务的记账凭证。通用记账凭证既可以反映收、付款业务，也可以反映转账业务。对于经济业务较简单、规模较小、收付款业务较少的单位，可采用通用记账凭证来记录所有经济业务。

此时，记账凭证不再区分收款、付款及转账业务，而将所有经济业务统一编号，在同一格式的凭证中记录。通用记账凭证的格式与转账凭证基本相同（表7-12）。

表7-12 记账凭证

年　　月　　日　　　　　　　　　字第　　号

摘要	总账科目	二级或明细科目	借方金额	贷方金额	记账	
						附单据　张
合计						

会计主管：　　　　记账：　　　　出纳：　　　　复核：　　　　制单：

（二）按照填列方式分类

记账凭证按照填列方式的不同，又可分为复式记账凭证、单式记账凭证和汇总记账凭证。

（1）复式记账凭证。复式记账凭证是将每一笔经济业务所涉及的全部会计科目及其发生额均在同一张记账凭证中反映的一种凭证。它是实际工作中应用最普遍的记账凭证。上述收款凭证、付款凭证和转账凭证以及通用记账凭证均为复式记账凭证。复式记账凭证全面反映了经济业务的账户对应关系，有利于检查会计分录的正确性，但不便于会计岗位上的分工记账。

（2）单式记账凭证。单式记账凭证是指每一张记账凭证只填列经济业务所涉及的一个会计科目及其金额的记账凭证。填列借方科目的称为借项记账凭证（表7-13），填列贷方科目的称为贷项记账凭证（表7-14）。某项经济业务涉及几个会计科目，就编制几张单式记账凭证。单式记账凭证反映内容单一，便于分工记账，便于按会计科目汇总，但一张凭证不能反映每一笔经济业务的全貌，不便于检验会计分录的正确性。由于单式记账凭证的使用范围较窄，不再作专门介绍。

表7-13　借项记账凭证

对应科目：　　　　　　　　　　年　　月　　日　　　　　　　　凭证编号：

摘要	一级科目	二级或明细科目	金额	记账

会计主管：　　　记账：　　　出纳：　　　复核：　　　制单：

表7-14　贷项记账凭证

对应科目：　　　　　　　　　　年　　月　　日　　　　　　　　凭证编号：

摘要	一级科目	二级或明细科目	金额	记账

会计主管：　　　记账：　　　出纳：　　　复核：　　　制单：

（3）汇总记账凭证。汇总记账凭证按照汇总方法不同，可分为分类汇总和全部汇总两种。分类汇总是定期根据收款凭证、付款凭证和转账凭证分别编制汇总收款凭证（表7-15）、汇总付款凭证（表7-16）和汇总转账凭证（表7-17）。全部汇总是将企事业单位一定时期内编制的记账凭证，全部汇总在一张记账凭证汇总表上，也称科目汇总表（表7-18）。

表7-15 汇总收款凭证

借方科目：　　　　　　　　　　　年　　月　　日　　　　　　　　汇收第　　号

贷方科目	金额				总账页数	
	（1）1～10日收款凭证第　号至第　号	（2）11～20日收款凭证第　号至第　号	（3）21～31日收款凭证第　号至第　号	合计	借方	贷方
合计						

会计：　　　　　　记账：　　　　　　审核：　　　　　　制单：

表7-16 汇总付款凭证

贷方科目：　　　　　　　　　　　年　　月　　日　　　　　　　　汇付第　　号

借方科目	金额				总账页数	
	（1）1～10日付款凭证第　号至第　号	（2）11～20日付款凭证第　号至第　号	（3）21～31日付款凭证第　号至第　号	合计	借方	贷方
合计						

会计：　　　　　　记账：　　　　　　审核：　　　　　　制单：

表7-17 汇总转账凭证

贷方科目：　　　　　　　　　　　年　　月　　日　　　　　　　　汇转第　　号

借方科目	金额				总账页数	
	（1）1～10日转账凭证第　号至第　号	（2）11～20日转账凭证第　号至第　号	（3）21～31日转账凭证第　号至第　号	合计	借方	贷方
合计						

会计：　　　　　　记账：　　　　　　审核：　　　　　　制单：

表7-18　科目汇总表

会计科目	借方金额	贷方金额	总账页次	会计科目	借方金额	贷方金额	总账页次
合计				合计			

会计：　　　　　记账：　　　　　审核：　　　　　制单：

三、记账凭证的填制

《会计法》第十四条规定："记账凭证应当根据经过审核的原始凭证及有关资料编制。"此外，从技术方法要求记账凭证的填制应做到格式统一、内容完备、科目运用正确、摘要简练、字迹工整、编制及时。填制记账凭证时，应当对记账凭证进行连续编号。

（一）摘要的填写

记账凭证的"摘要栏"是对经济业务的简要说明，必须认真正确地填写，不得漏填或错填。如果漏填则无法从记账凭证上了解经济业务的内容，不便登记明细账，错填就会影响所反映经济业务的正确性。同时，填写摘要时，要考虑到登记明细账的需要，对不同的经济业务和不同性质的科目，其摘要填写应有所区别。例如，反映原材料等实物财产的科目，摘要栏内要注明品种、数量、单价、收付凭证的号码等；反映现金、银行存款或收付款的科目，必须注明收付款和结算凭证的号码以及款项增减原因、收付款单位名称等。

（二）科目的使用和填写

记账凭证上会计科目的使用必须正确，应借、应贷账户的对应关系必须查清。使用借贷记账法编制复合分录时，一般是一借多贷或一贷多借，二级和明细科目要填制齐全。

（三）金额的填写

记账凭证的金额、登记方向、大小写数字必须正确，符合数字书写规定，角分位不留空格，多余的金额栏应画斜线注销。合计金额的第一位数字前要写人民币符号"¥"。

金额的阿拉伯数字应当逐个书写，不得连笔写。所有以元为单位的阿拉伯数字，除表示单价等情况外，一律填写到角分位；无角分位，角位和分位各写"0"，或者符号"—"；有角无分的，分位应当写"0"，不得用符号"—"代替。

大写金额数字前未印有货币名称的，应当加填货币名称，货币名称与数字金额中间不得留空白。

实行会计电算化的单位，对于机制记账凭证，要认真审核，做到会计科目使用正确，数字准确无误。打印出的机制记账凭证要由制单人员、审核人员、记账人员及会计机构负责人、会计主管人员盖章或签字。

（四）记账凭证的编号

关于记账凭证的编号，要区分不同情况采用不同的编号方法。但是，不论哪一种方法的应用，对于同类的经济业务都要顺序编号。

采用通用记账凭证时，企业可根据经济业务量的多少，对记账凭证按月或按年进行一次以填制日期升序排列的顺序编号，得到从"记字第1号"到"记字第 × 号"顺序排列的记账凭证，不得跳号或重号。

如果采用三种格式的专用记账凭证，记账凭证的编号则采用字号编号法：首先，把不同类型的记账凭证用字号（在专用记账凭证右上角）加以区分；再对同一字号内记账凭证，按照填制日期升序的顺序进行编号；最后会得到从"收字第1号"到"收字第 × 号"，"付字第1号"到"付字第 × 号"以及"转字第1号"到"转字第 × 号"的顺序编号的记账凭证。这几种格式的专用记账凭证的编号方法类似。

如果一笔经济业务需要填制一张以上的记账凭证时，则记账凭证的编号可采用分数编号法。例如，某会计主体采用专用记账凭证，某月某日发生一笔转账业务，该业务需要编制三张转账凭证，则这三张转账凭证的编号分别为转字第10-1号、转字第10-2号以及转字第10-3号。其中，"10"是假设的该转账凭证编号。

（五）记账凭证和附件记录

除结账和更正错误的记账凭证可以不附原始凭证外，其他记账凭证必须附原始凭证。如果一张原始凭证涉及几张记账凭证，则可以把原始凭证附在一张主要的记账凭证后面，并在其他记账凭证上注明附有该原始凭证的记账凭证的编号或者附原始凭证的复印件。

记账凭证要注明附件张数，以便查对，如果有重要资料或原始凭证数量过多需要另行保管的，要在附件加以注明。凭证填写完毕，要由有关人员签字盖章。

（六）记账凭证复核与试算

记账凭证填制完经济业务事项后，如果有空行，则应当自金额栏最后一笔金额数字下的空行至合计数的空行处画线注销。

记账凭证填写完毕，应进行复核与检查，并按所使用的记账方法进行试算平衡。

四、记账凭证的审核

为了保证会计信息的质量，在记账之前应由有关稽核人员对记账凭证进行严格的审核。其审核的主要内容包括以下五方面：

（一）内容是否真实

审核记账凭证是否有原始凭证为依据，所附原始凭证的内容与记账凭证的内容是否一致，记账凭证汇总表的内容与其所依据的记账凭证的内容是否一致等。

（二）项目是否齐全

审核记账凭证各项目的填写是否齐全，如日期、凭证编号、摘要、会计科目、金额、所附原始凭证张数及有关人员签章等。

（三）科目是否正确

审核记账凭证的应借、应贷科目是否正确，是否有明确的账户对应关系，所使用的会计科目是否符合国家统一的会计制度的规定等。

（四）金额是否正确

审核记账凭证所记录的金额与原始凭证的有关金额是否一致，计算是否正确，记账凭证汇总表的金额与记账凭证的金额合计是否相符等。

（五）书写是否正确

审核记账凭证中的记录是否文字工整、数字清晰，是否按规定进行更正等。

此外，出纳人员在办理收款或付款业务后，应在凭证上加盖"收讫"或"付讫"的戳记，以避免重收重付。经过审核之后，若发现记账凭证有错误，应该及时更正。只有审核无误的记账凭证，才可以作为登记账簿的依据。

第四节　会计凭证的传递与保管

一、会计凭证的传递

会计凭证的传递是指从会计凭证的取得或填制时起至归档保管过程中，在单位内部有关部门和人员之间的传送程序。会计凭证的传递是会计核算得以正常、有效进行的前提。会计凭证的传递，要求能够满足内部控制制度的要求，使传递程序合理有效，同时尽量节约传递时间，减少传递的工作量。

企业生产组织特点、经济业务的内容和管理要求不同，会计凭证的传递也有所不同。为此，企业应根据具体情况制定每一种凭证的传递程序和方法。例如，收料单的传递中应规定：材料到达企业后多长时间内验收入库，收料单由谁填制，一式几联，各联次的用途是什么，何时传递到会计部门，会计部门由谁负责收料单的审核工作，由谁据以编制记账凭证、登记账簿、整理归档等。会计凭证传递得科学、严密、有效，对于加强企业内部管理，提高会计信息的质量具有重要的影响。

二、会计凭证的保管

会计凭证的保管是指会计凭证记账后的整理、装订、归档和存查工作。会计凭证作为记账的依据，是重要的会计档案和经济资料。本单位以及有关部门、单位，可能因各种需要查阅会计凭证，特别是发生贪污、盗窃、违法乱纪行为时，会计凭证还是依法处理的有效证据。因此，任何单位在完成经济业务手续和记账之后，必须将会计凭证按规定的立卷归档制度形成会计档案资料，妥善保管，防止丢失，不得任意销毁，以便日后随时查阅。

对会计凭证的保管，既要做到完整无缺，又要便于翻阅查找。其主要要求如下。

（1）会计凭证应定期装订成册，防止散失。会计部门在依据会计凭证记账以后，应定期（每天、每旬或每月）对各种会计凭证进行分类整理，将各种记账凭证按照编号顺序，连同所附的原始凭证一起加上封面、封底，装订成册，并在装订线上加贴封签由装订人员在装订线封签处签名或盖章。从外单位取得的原始凭证遗失时，应取得原签发单位盖有印章的证明，并注明原始凭证的号码、金额、内容等，由经办单位会计机构负责人、会计主管人员和单位负责人批准后，才能代作原始凭证。若确实无法取得证明的，如车票丢失，则应由当事人写明详细情况，由经办单位会计机构负责人、会计主管人员和单位负责人批准后，代作原始凭证。

（2）会计凭证封面应注明单位名称、凭证种类、凭证张数、起止号数、年度、月份、会计主管人员、装订人员等有关事项，会计主管人员和保管人员应在封面上签章（图7-7）。

单位名称：
日期：自　　年　　月　　日至　　年　　月　　日　　止
凭证号数：自　　号至　　号　　凭证类型：
用数：本月共　　册　　本册是第　　册
原始凭证：　　汇总凭证张数：共　　张
全宗号：　　目录号：　　案卷号：
会计：　　复核：　　装订人：　　年　　月　　日装订

图7-7　会计凭证封面

（3）会计凭证应加贴封条，防止凭证被抽换。原始凭证不得外借，其他单位如有特殊原因确实需要使用时，经本单位会计机构负责人、会计主管人员批准，可以复制。向外单位提供的原始凭证复制件，应在专设的登记簿上登记，并由提供人员和收取人员共同签名、盖章。

（4）原始凭证较多时，可单独装订，但应在凭证封面注明所属记账凭证的日期、编号和种类，同时在所属的记账凭证上应注明"附件另订"及原始凭证的名称和编号，以便查阅。对各种重要的原始凭证，如押金收据、提货单等，以及各种需要随时查阅和退回的单据，应另编目录，单独保管，并在有关的记账凭证和原始凭证上分别注明日期和编号。

（5）每年装订成册的会计凭证，在年度终了时可暂由单位会计机构保管一年，期满后应当移交本单位档案机构统一保管；未设立档案机构的，应当在会计机构内部指定专人保管。出纳人员不得兼管会计档案。

（6）严格遵守会计凭证的保管期限要求，期满前不得任意销毁。

★ 会计学原理Vcase应用

一、基础操作

进入 Vcase 综合教学平台（图 7-8）。

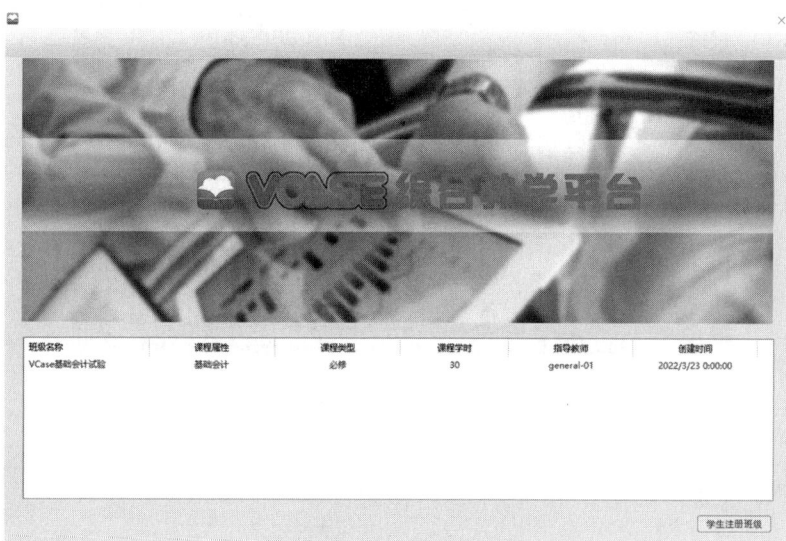

图7-8　综合教学平台

该实验共包含 5 个模块，其中工业制造、房产建筑、商业服务、行政服务操作一致，以下说明以本书常用的工业制造模块为例（图 7-9）。

图7-9　Vcase基础会计试验模块

（一）进入实验操作界面

点击行业模块进入实验界面（图 7-10）。

图7-10　实验界面

（二）业务运作

通过控制【上一业务】（图 7-11）、【下一业务】（图 7-12）使业务运作。

图7-11　上一业务

图7-12　下一业务

（三）查看核算规则和期初数据

查看核算规则（图7-13）直接点击【核算规则】（图7-14）；查看期初数据（图7-15），直接点击【期初数据】（图7-16）即可。

图7-13　查看核算规则

核算规则

1. 按税后净利的10%提取法定盈余公积，税后净利的5%提取任意盈余公积，按税后净利的30%分配利润。

2. 库存现金每天最高限额为4000元。

3. 坏账准备的计提采用"应收账款余额百分比法"，坏账准备计提比例为1.5%。

4. 税金及附加核算相关规定。公司为增值税一般纳税人，增值税税率为13%，按月缴纳。城市维护建设税、教育费附加和地方教育费附加分别按流转税的7%、3%和2%计算，按月缴纳。企业所得税税率为25%，按月预计，按季预交，全年汇算清缴。

5. 存货核算相关规定。公司存货包括原材料、包装物、低值易耗品、库存商品等，已按实际成本核算。发出原材料、周转材料的单位成本按移动加权平均单位成本计算，已销产品成本按月一次加权平均计算。

6. 成本费用核算相关规定。本企业设置"生产成本-基本生产成本"，"生产成本-辅助生产成本"明细分类账户，并按照车间和成本费用的归属，辅助车间生产费用采用"直接分配法"分配，制造费用按照生产工时比例分配。在完工产品成本的计算上，采用分批法核算。

期末成本核算时分配率保留四位小数，分配金额保留两位小数。先计算期末存货成本，倒挤发出存货成本，尾差计入发出成本中。其他计算结果均保留两位小数，金额为百分数的保留百分点后两位小数。

7. 职工薪酬核算相关规定。职工薪酬的核算岗位人员每月按照人事部门提供的出勤记录等原始资料计算应付职工薪酬，并按应付职工薪酬计算中代缴职工个人应该负担的"三险一金"，其中，个人承担的基本医疗保险为2%，失业保险为1%，养老险为8%，住房公积金为10%，负责代扣职工个人所得税（起征点为5000）并代缴，负责代扣其他款项，每月按照职工薪酬计算并交纳企业应该承担的"五险一金"，其中，基本医疗保险为7%，失业保险为2%，养老保险为20%，工伤险为0.5%，生育险为1%，住房公积金为10%。职工薪酬按照生产工时比例分配。

8. 固定资产、无形资产等核算相关规定。公司固定资产分为房屋及建筑物、机器设备、运输设备和办公设备四类，预计净残值率全部按4%计算，按直线法计提折旧，折旧率保留百分数后两位小数。按照企业会计准则规定，固定资产按月计提折旧。当月增加的固定资产当月不提折旧，从下月起计提折旧；当月减少的固定资产当月照提折旧，从下月起不提折旧。

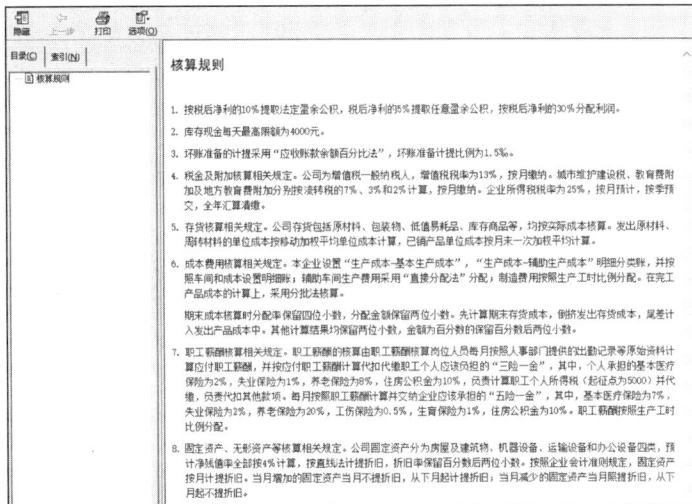

图7-14 核算规则

图7-15 查看期初数据

总分类账及其所属明细分类账月末余额表

编号	会计科目	年初余额		1-12月发生额		12月末余额	
		借方	贷方	借方	贷方	借方	贷方
1001	库存现金	861.00		111,580.00	111,941.00	500.00	
1002	银行存款	488,418.00		12,964,300.00	12,232,508.52	1,220,209.48	
1122	应收账款	330,000.00		6,450,000.00	6,350,000.00	430,000.00	
112201	河南美梅服装有限公司	200,000.00		4,250,000.00	4,150,000.00	300,000.00	
112202	开封凯豪商场	130,000.00		2,200,000.00	2,200,000.00	130,000.00	
1221	其他应收款			2,000.00		2,000.00	
122101	王铭			2,000.00		2,000.00	
1231	坏账准备		1,000.00		865.00		135.00
1403	原材料	600,380.00		1,809,000.00	1,851,220.00	558,160.00	
140301	原料及主要材料	423,000.00		1,277,000.00	1,297,500.00	402,500.00	
140302	辅助材料	177,380.00		532,000.00	553,720.00	155,660.00	
1405	库存商品	583,000.00		10,870,000.00	11,023,000.00	430,000.00	
140501	裙子裤			2,150,000.00	1,720,000.00	430,000.00	
140502	普通牛仔裤	262,000.00		5,232,000.00	5,494,000.00		
140503	加绒牛仔裤	321,000.00		3,488,000.00	3,089,000.00		
1411	周转材料	20,870.00		131,400.00	137,670.00	14,600.00	
141101	劳动保护用品	560.00		79,900.00	75,500.00	4,960.00	
141102	专用工具	16,310.00		35,400.00	50,210.00	1,500.00	
141103	包装物	4,000.00		16,100.00	11,960.00	8,140.00	
1601	固定资产	1,659,000.00		567,500.00	250,000.00	2,176,500.00	
1602	累计折旧		217,650.00	64,770.00	129,360.00		282,240.00
1606	固定资产清理			150,000.00	150,000.00		
1901	待处理财产损溢			3,000.00	3,000.00		
2001	短期借款		500,000.00	400,000.00			100,000.00

图7-16 期初数据

二、原始凭证

对已经产生的原始凭证进行查询：【原始凭证】（图 7-17）→选择日期 / 选择部门→【查询】→查看原始凭证→通过【上一张】、【下一张】进行单据切换（图 7-18）。

图7-17　原始凭证

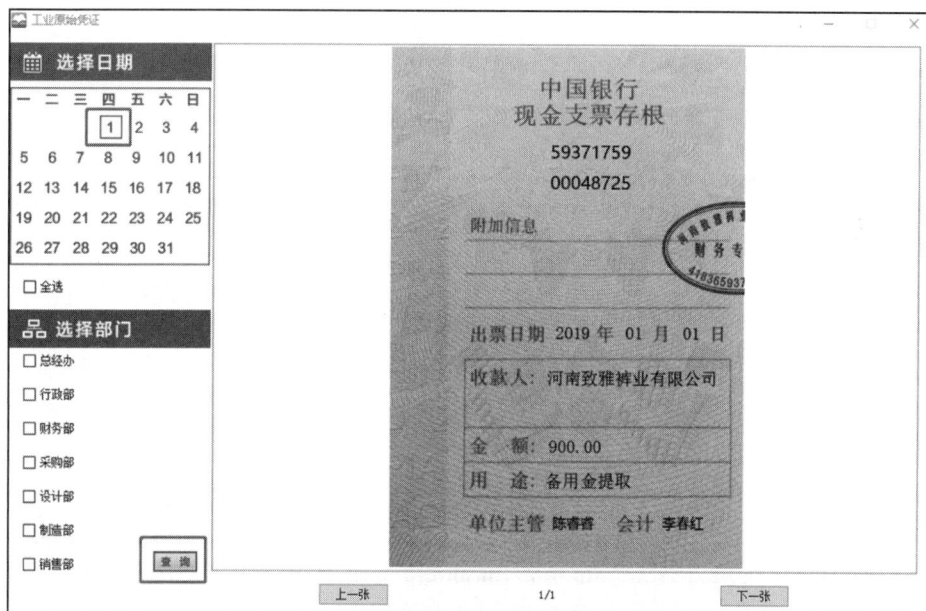

图7-18　单据切换

三、编制记账凭证

（一）进入凭证编制

点击【记账凭证】（图7-19）进入凭证编制界面（图7-20）。

图7-19　查看记账凭证

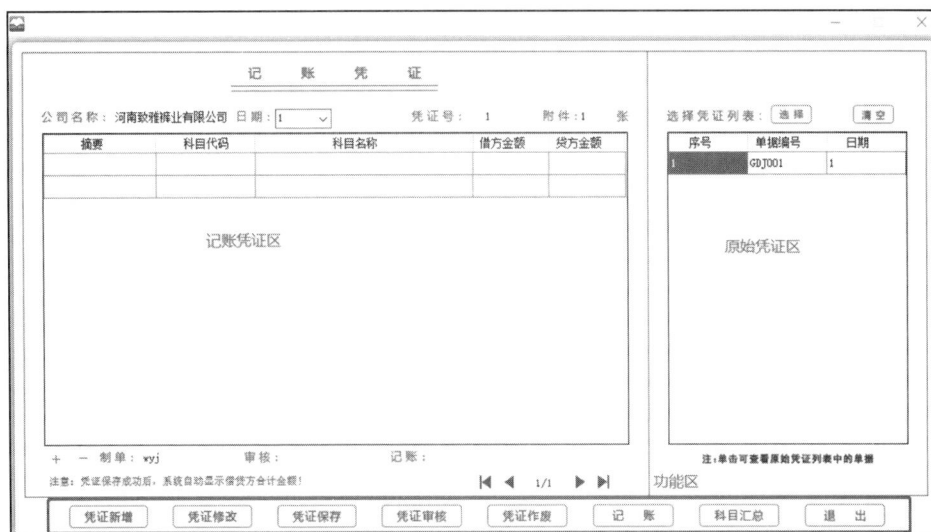

图7-20　记账凭证界面

（二）处理记账凭证

新增记账凭证步骤：【凭证新增】→"原始凭证区"选择要处理的原始凭证→"记账凭证区"填写凭证内容→【凭证保存】。

修改记账凭证步骤：【凭证修改】→调整修改内容→【凭证保存】。

注：凭证保存时系统将自动进行校验，根据提示修改，直到凭证编制正确方可保存成功。

凭证保存后可操作凭证审核、凭证作废、记账功能。

（三）功能区

功能包括：凭证新增、凭证修改、凭证保存、凭证审核、凭证作废、记账等功能，辅助学生编制记账凭证。

科目汇总：保存记账凭证，生成科目汇总。

（四）原始凭证

【选择】→选择待处理凭证→【确认】的步骤添加凭证（图7-21）。

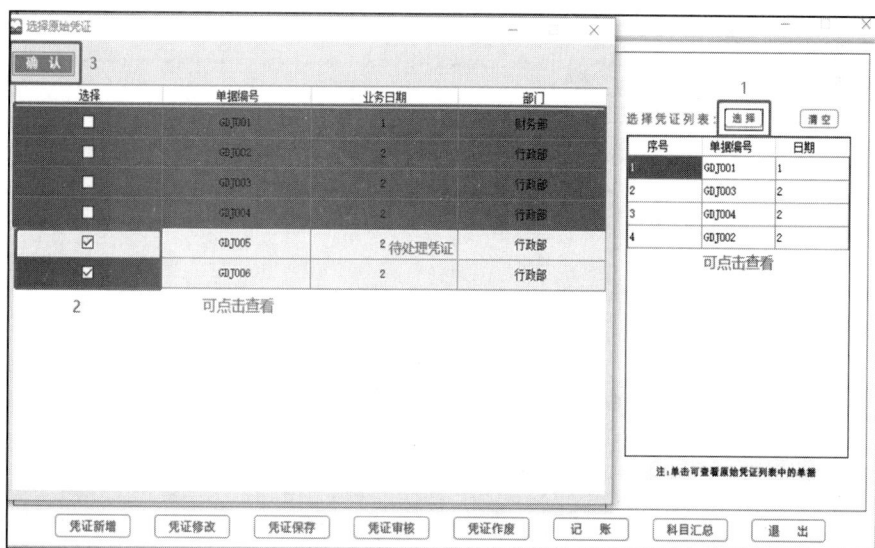

图7-21　原始凭证界面

（五）记账凭证

该区域是凭证编制的主要操作区域（图7-22）。

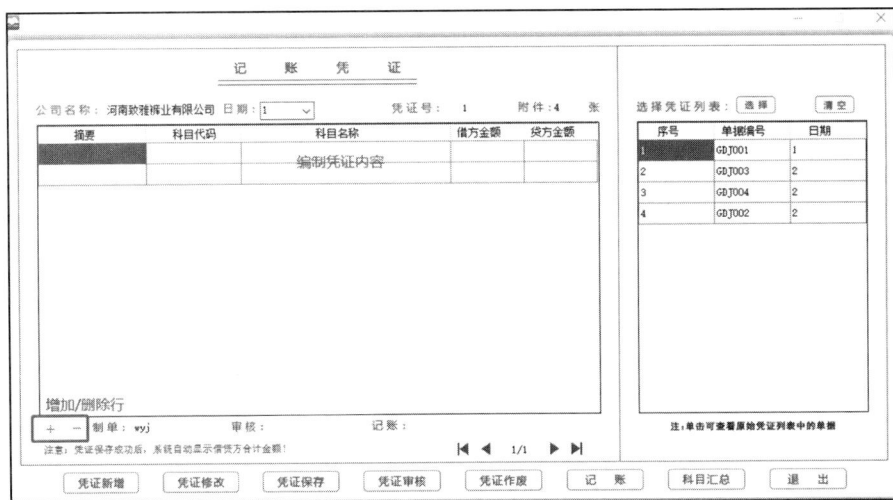

图7-22　记账凭证界面

凭证编制时"科目代码"和"科目名称"的获取方式：点击"科目代码"列下的单元格→选择科目→【确认】（图7-23）。

图7-23　"科目代码"获取

第八章　会计账簿

★ 会计账簿的概念、意义和种类

★ 会计账簿的启用和登记规则

★ 会计账簿的设置和登记方法

★ 对账和结账

★ 错账的查找与更正

★ 会计账簿的更换、交接与保管

★ 会计学原理 Vcase 应用

扫码获得
本章PPT

【思政案例】

诚实守信，是中华民族的传统美德，它早已融入我们民族的血液中，无论我们做什么事，都要讲诚信。不讲诚信的人有可能无立足之地。无数事实告诉我们，交往中不兑现自己的承诺，失信于人，就会产生信任危机。

2010 年，李女士出资 30 万元成为某科技有限公司股东并被选举为公司董事。在近 10 年时间里，该科技有限公司以经营亏损或持平为借口，不进行利润分配，李女士作为公司股东，始终无法了解公司业务和财产状况、李女士提出要求查阅公司2010 ～ 2020 年的原始会计账簿，但遭到公司拒绝，李女士诉至法院。

法院一审判决李女士胜诉后，该科技有限公司不服，以李女士长期生活在国外，公司与其联系不上，其未参与过公司的经营活动，造成其不知道公司经营情况为由上诉至北京二中院。

北京二中院经审理认为，李女士是该科技有限公司的合法股东，依据公司章程和修改后的《中华人民共和国公司法》的相关规定：李女士作为股东不仅有权查阅、复制公司股东会会议记录、财务报告，也可以查阅公司会计账簿。股东的上述知情权不能因其不在国内，未参与公司的经营活动而被剥夺。据此，北京二中院作为终审判决：该科技有限公司向李女士提供 2010 ～ 2020 年的原始会计账簿供其查阅。法院在审判中认定，查阅公司原始账簿是股东保护自己对公司经营活动知情权的重要手段，能使股东更好地了解公司运营，这对于保护股东尤其是中小股东的权益是有实质意义的。

通过上述案例思考如下问题：

（1）李女士为什么要查阅账簿，她能查阅哪些内容？

（2）账簿有什么作用？

（3）账簿能提供给李女士什么信息？

第一节　会计账簿的概念、意义和种类

一、会计账簿的概念

填制与审核会计凭证，可以将每天发生的经济业务进行如实、正确的记录，明确其经济责任。但会计凭证数量繁多、信息分散，缺乏系统性，不便于会计信息的整理与报告。为了全面、系统、连续地核算和监督单位的经济活动及其财务收支情况，应设置会计账簿。会计账簿（简称账簿）是指由一定格式账页组成的，以会计凭证为依据，全面、系统、连续地记录各项经济业务的簿籍。

二、会计账簿的意义

设置和登记账簿，是编制会计报表的基础，是连接会计凭证与会计报表的中间环节，在会计核算中具有重要意义。

（一）记载、储存会计信息

将会计凭证所记录的经济业务逐一计入有关账簿，可以全面反映会计主体在一定时期内所发生的各项资金运动，储存所需要的各项会计信息。

（二）分类、汇总会计信息

账簿由不同的相互关联的账户所构成。通过账簿记录，一方面可以分门别类地反映各项会计信息，提供一定时期内经济活动的详细情况；另一方面可以通过发生额、余额计算，提供各方面所需要的总括会计信息，反映财务状况及经营成果的综合价值指标。

（三）检查、校正会计信息

账簿记录是会计凭证信息的进一步整理。如在永续盘存制下，通过有关盘存账户余额与实际盘点或核查结果的核对，可以确认财产的盘盈或盘亏，并根据实际结存数额调整账簿记录，做到账实相符，提供如实、可靠的会计信息。

（四）编报、输出会计信息

为了反映一定日期的财务状况及一定时期的经营成果，应定期进行结账工作，进行有关账簿之间的核对，计算出本期发生额和余额，据以编制会计报表，向有关各方提供所需要的会计信息。

需指出的是，账簿与账户有着十分密切的联系。账户是根据会计科目开设的，账户存在于账簿之中，账簿中的每一账页就是账户的存在形式和载体，没有账簿，账户就无法存在；然而，账簿只是一个外在形式，账户才是它的真实内容。账簿序时、分类地记载经济业务，是在具体账户中完成的。账簿是由若干账页组成的一个整体，而开设于账页上的账户则是这个整体中的组成部分，所以，账簿与账户的关系是形式和内容的关系。

三、账簿的种类

账簿的种类繁多，不同的账簿用途、形式、内容和登记方法都不相同，在实际工作中，为了便于更好地掌握账簿的使用方法，发挥账簿的作用，有必要了解账簿的分类（图8-1）。

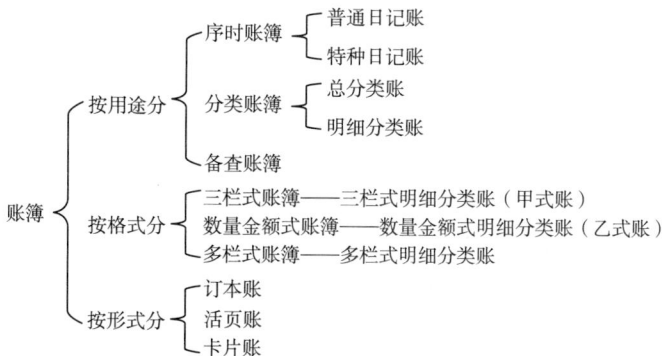

图8-1 账簿的种类

（一）按用途分类

账簿按其用途的不同，可以分为序时账簿、分类账簿和备查账簿三类。

1. 序时账簿

序时账簿又称日记账，是按照经济业务发生或完成时间的先后顺序逐日逐笔进行登记的账簿。序时账簿可以用来核算和监督某一类型经济业务或全部经济业务的发生或完成情况。用来记录全部业务的日记账称为普通日记账；用来记录某一类型经济业务的日记账称为特种日记账，如记录现金收付业务及其结存情况的现金日记账，记录银行存款收付业务及其结存情况的银行存款日记账，以及专门记录转账业务的日记账。在我国，大多数企业一般只设现金日记账和银行存款日记账，而不设置转账日记账和普通日记账。

2. 分类账簿

分类账簿是对全部经济业务事项按照会计要素的具体类别而设置的分类账户进行登记的账簿。按照总分类账户分类登记经济业务事项的是总分类账簿，简称总账；按照明细分类账户分类登记经济业务事项的是明细分类账簿，简称明细账。总分类账提供总括的会计信息，明细分类账提供详细的会计信息，两者相辅相成，互为补充。

分类账簿可以分别反映和监督各项资产、负债、所有者权益、收入、费用和利润的增减变动情况及其结果。分类账簿提供的核算信息是编制会计报表的主要依据。

分类账簿和序时账簿的作用不同。序时账簿能提供连续系统的信息，反映企业资金运动的全貌；分类账簿则是按照经营与决策的需要而设置的账户，归集并汇总各类信息，反映资金运动的各种状态、形式及其构成。在账簿组织中，分类账簿占有特别重要的地位。只有通过分类账簿，才能把数据按账户形成不同信息，满足编制会计报表的需要。

小型经济单位业务简单，总分类账户不多，为简化工作，可以把序时账簿与分类账簿结合起来，设置联合账簿。

3. 备查账簿

备查账簿（或称辅助登记簿），简称备查簿，是对某些在序时账簿和分类账簿等主要账簿中都不予登记或登记不够详细的经济业务进行补充登记时使用的账簿。例如，租入固定资产备查簿是用来登记那些以经营租赁方式租入、不属于公司财产、不能记入公司固定资产账户的机器设备；应收票据贴现备查簿是用来登记公司已经贴现的应收票据，由于尚存在着票据付款人到期不能支付票据款项，而使公司产生连带责任的可能性（即负有支付票据款项的连带义务），而这些应收票据已不能在企业的序时账簿或分类账簿中反映，所以要备查登记。

备查账簿与序时账簿和分类账簿相比，存在两点不同之处：一是登记依据可能不需要记账凭证，甚至不需要一般意义上的原始凭证；二是账簿的格式和登记方法不同，备查账簿的主要栏目可以不记录金额，它更注重用文字来表述某项经济业务的发生情况。例如，租入固定资产登记簿，它登记的依据主要就是租赁合同与企业内部使用单位收到设备的证明。这两者在企业一般经济业务的核算中，不能充当正式原始凭证，只能作为原始凭证的附件（如作为支付租金的依据）。登记租入固定资产备查簿，也不需要编制记账凭证，该备查簿记录的内容主要有：出租单位、设备名称、规格、编号、设备原值、净值、租用时间、月份或年度租金数额、租金支付方式、租用期间修理或改造的有关规定及损坏赔偿规定、期满退租方式及退租时间等。

（二）按账页格式分类

按账页格式不同，账簿可分为三栏式、数量金额式和多栏式三种。

1. 三栏式账簿

三栏式账簿是设置借方、贷方和余额三个基本栏目的账簿。各种日记账、总分类账以及资本、债权、债务明细账都可以采用三栏式账簿。三栏式账簿又分为设对方科目和不设对方科目两种。区别是在摘要栏和借方科目栏之间是否有一栏"对方科目"。有"对方科目"栏的，称为设对方科目的三栏式账簿；没有"对方科目"栏的，称为不设对方科目的三栏式账簿，也称为一般三栏式账簿（图8-2）。

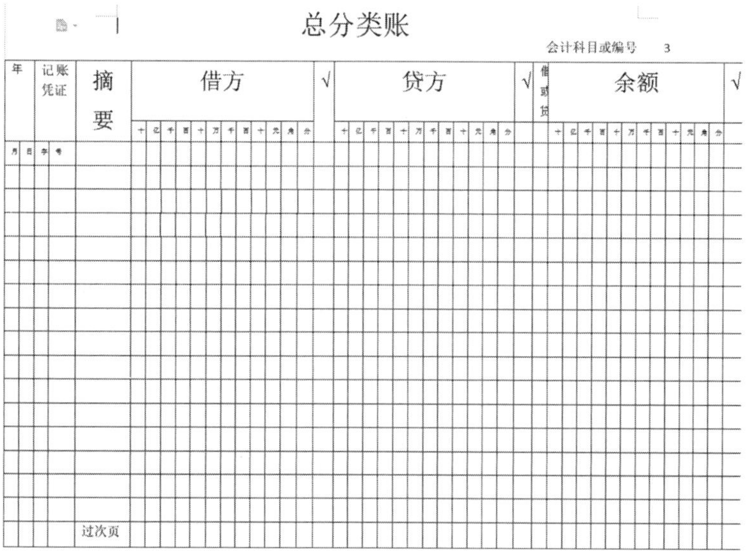

图8-2 三栏式账页

2. 数量金额式账簿

这种账簿的借方、贷方和余额三个栏目内，都设数量、单价、金额三小栏，借以反映财产物资的实物数量和价值量。如原材料、库存商品、产成品等明细账一般都采用数量式账簿（图8-3）。

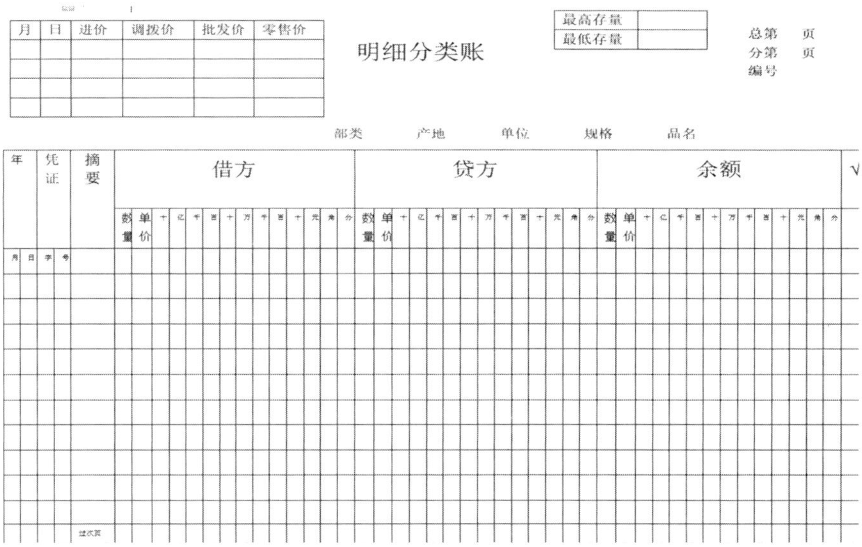

图8-3　数量金额式明细账

3. 多栏式账簿

多栏式账簿是在账簿的两个基本栏目借方和贷方按需要分设若干专栏的账簿，如多栏式日记账、多栏式明细账。专栏设置在借方还是设在贷方，或两方同时设专栏，设多少栏，则根据需要确定。收入、费用明细账一般采用这种格式的账簿（图8-4）。

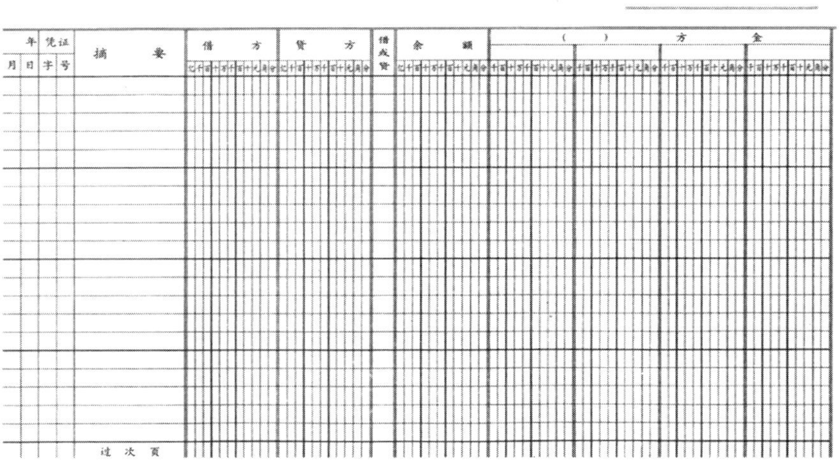

图8-4　多栏式明细账

（三）按形式特征分类

账簿按其外形特征分类的不同，可分为订本账、活页账和卡片账三种。

1. 订本账

订本账是启用之前就已将账页装订在一起，并对账页进行连续编号的账簿。订本账的优点是能够避免账页散失和防止抽换账页；其缺点是不能准确地为各账户预留账页，预留太多会造成浪费，预留太少则影响连续登记。这种账簿一般适用于总分类账、现金日记账和银行存款日记账。

2. 活页账

活页账是在账簿登记完毕之前并不固定装订在一起，而是装在活页账夹中。当账簿登记完毕之后（通常是一个会计年度结束之后），才将账页予以装订，加具封面，并给各账页连续编号。这类账簿的优点是记账时可根据实际需要，随时将空白账页装入账簿，或抽去不需要的账页，也便于分工记账；其缺点是如果管理不善，可能会造成账页散失或故意抽换账页。各种明细分类账一般采用活页账形式。

3. 卡片账

卡片账是将账户所需格式印刷在硬卡片上。严格来说，卡片账也是一种活页账，只不过它不是装在活页账夹中，而是装在卡片箱内（图8-5）。在我国，企业一般只对固定资产卡片箱的核算采用卡片账形式。因为固定资产在长期使用中其实物形态不变，又可能经常转移使用部门，设置卡片账便于随同实物转移。少数企业在材料核算中也使用材料卡片账。

图8-5 卡片账

第二节　会计账簿的启用和登记规则

一、账簿的启用

启用会计账簿时，应当在账簿封面上写明单位名称和账簿名称，在账簿扉页上应当附启用表（图8-6）。

账簿启用表

单位名称								单位公章
账簿名称			总分类账					
账簿编号			第　　册共　　册					
账簿页数			本账簿共计　　页					
启用日期			年　　月　　日					
经管人员		接管		移交		会计负责人		印花税票粘贴处
	盖章	年	月	日	年	月	日	姓名	盖章	

货号：25-132（50页）

图8-6　账簿启用表

启用表内容包括：启用日期、账簿页数、记账人员和会计机构负责人、会计主管人员姓名，并加盖人名章和单位公章。记账人员或者会计机构负责人、会计主管人员调动工作时，应当注明交接日期、接办人员或者监交人员姓名，并由交接双方人员签名或者盖章。

启用订本式账簿，应当从第一页到最后一页按顺序编定页码，不得跳页、缺号。使用活页账页，应当按账户顺序编号，并需定期装订成册，装订后再按实际使用的账页顺序编定页码，另加目录，记明每个账户的名称和页次。为了加强管理，防止舞弊行为，应对账簿编册、编号。订本式账簿应在启用前查明账簿页数，并登记在启用交接表中；活页账在装订成册时查页、编号，并在启用交接表中记录。

二、账簿的登记规则

为了保证账簿记录的正确性，必须根据审核无误的会计凭证登记会计账簿，并符合下列要求。

（一）准确完整

登记会计账簿时，应当将会计凭证日期、编号、业务内容摘要、金额和其他有关资料逐项记入账簿内，做到数字准确、摘要清楚、登记及时、字迹工整。每一项会计事项，一方面要记入有关的总账，另一方面要记入该总账所属的明细账。账簿记录中的日期，应该填写记账凭证上的日期；以自制原始凭证（如收料单、领料单等）作为记账依据的，账簿记录中的日期应按有关自制凭证上的日期填列。

（二）注明记账符号

账簿登记完毕，应在记账凭证上签名或盖章，并在记账凭证的"过账"栏内注明账簿页数和做标记，表示记账完毕，避免重记、漏记。

（三）书写留空

账簿中书写的文字和数字上面要留有适当的空格，不要写满格，一般应占格距的二分之一。这样，在发生登记错误时，能比较容易地进行更正，同时也方便查账工作。

（四）正常记账使用蓝黑墨水

为了保持账簿记录的持久性，防止涂改，登记账簿必须使用蓝黑墨水或碳素墨水并用钢笔书写，不得使用圆珠笔（银行的复写账簿除外）或者铅笔书写。

（五）特殊记账使用红墨水

可以使用红色墨水记账的情况包括：按照红字冲账的记账凭证，冲销错误记录；在不设借贷等栏的多栏式账页中，登记减少数；在账户的余额栏前，如未印明余额方向的，在余额栏内登记负数余额；根据《会计基础工作规范》规定可以用红字登记的其他会计记录。会计中的红字表示负数，因此，除上述情况外，不得用红色墨水登记账簿。

（六）顺序连续登记

记账时，必须按账户页次逐页逐行登记，不得隔页、跳行。如发生隔页、跳行现象，应在空页、空行处用红色墨水画对角线注销，或者注明"此页空白"或"此行空白"字样，并由记账人员和会计机构负责人（会计主管人员）签章。

（七）结出余额

凡需要结出余额的账户，结出余额后，应当在"借"或"贷"栏目内注明"借"或"贷"字样，以表示余额的方向；对于没有余额的账户，应在"借"或"贷"栏内写"平"字，并在"余额"栏用"0"表示。现金日记账和银行存款日记账必须逐日结出余额。

（八）过次承前

每一账页登记完毕时，应当结出本页发生额合计及余额，在该账页最末一行"摘要"栏注明"过次页"，并将这一金额记入下一页第一行有关金额栏内，在该行"摘要"栏注明"承前页"，以保持账簿记录的连续性，便于对账和结账。

（九）不得刮擦涂挖

如发生账簿记录错误，不得刮、擦、挖补或用退色药水更改字迹，而应采用规定的方法更正。

第三节　会计账簿的设置和登记方法

一、日记账的设置和登记方法

如前所述，日记账是按照经济业务发生或完成的时间先后顺序逐笔进行登记的账簿。设置日记账的目的就是为了使经济业务的时间顺序清晰地反映在账簿记录中。日记账按其所核算和监督经济业务的范围，可分为特种日记账和普通日记账。特种日记账核算和监督某一类型经济业务的发生和完成情况；普通日记账核算和监督全部经济业务的发生和完成情况。这些日记账的设置和登记方法如下。

（一）现金日记账

现金日记账是用来核算和监督库存现金每天的收入、支出和结存情况的账簿。由出纳人员根据同现金收付有关的记账凭证，按时间顺序逐日逐笔进行登记，即根据现金收款凭证和与现金有关的银行存款付款凭证（从银行提取现金的业务）登记现金收入，根据现金付款凭证登记现金支出；并根据"上日余额＋本日收入－本日支出＝本日余额"的公式，逐日结出现金余额，与库存现金实存数核对，以检查每日现金收付是否有误。

现金日记账的格式有三栏式和多栏式两种。

三栏式现金日记账设借方、贷方和余额三个基本的金额栏目，一般将其分别称为收入、支出和结余三个基本栏目，在金额栏与摘要栏之间常常插入"对方科目"，以便记账时标明现金收入的来源科目和现金支出的用途科目（图8-7）。

多栏式现金日记账是在三栏式现金日记账基础上发展起来的。这种日记账的借方（收入）和贷方（支出）金额栏都按对方科目设专栏，也就是按收入的来源和支出的用途设专栏。这种格式在月末结账时，可以结出各收入来源专栏和支出用途专栏的合计数，便于对现金收支的合理性、合法性进行审核分析，便于检查财务收支计划的执行情况。其本月发生额还可以作为登记总账的依据。

多栏式现金日记账，如果借、贷两方对应的科目太多会使账页过长，不便保管和记账。因此，实际工作中，如果要设多栏式现金日记账，一般常把现金收入业务和支出业务分设"库存现金收入日记账"和"库存现金支出日记账"两本账。其中，库存现金收入日记账按对应的贷方科目设置专栏，另设"支出合计"栏和"结余"栏；库存

现金日记账

第___页

年		凭证	摘　要	票	借　方	贷　方	余　额
月	日	编号		号	亿千百十万千百十元角分	亿千百十万千百十元角分	亿千百十万千百十元角分

图8-7　现金日记账

现金支出日记账则只按支出的对方科目设专栏，不设"收入合计"栏和"结余"栏。这种借贷方分设的多栏式日记账的登记方法是：先根据有关现金收入业务的记账凭证登记库存现金收入日记账，根据有关现金支出业务的记账凭证登记库存现金支出日记账，每日营业终了，根据库存现金支出日记账结计的支出合计数，一笔转入库存现金收入日记账的"支出合计"栏中，并结出当日余额。

为了保证现金日记账的安全和完整，无论采用三栏式还是多栏式现金日记账，都必须使用订本账。

（二）银行存款日记账

银行存款日记账是用来核算和监督银行存款每日的收入、支出和结余情况的账簿。银行存款日记账应按企业在银行开立的账户和币种分别设置，每个银行账户设置一本日记账。由出纳员根据与银行存款收付业务有关的记账凭证，按时间先后顺序逐日逐笔进行登记。根据银行存款收款凭证和有关的现金付款凭证（库存现金存入银行的业务）登记银行存款收入栏，根据银行存款付款凭证登记其支出栏，每日结出存款余额。

银行存款日记账的格式与现金日记账相同，可以采用三栏式，也可以采用多栏式；多栏式可以将收入和支出的核算在一本账上进行，也可以分设"银行存款收入日记账"和"银行存款支出日记账"。银行存款日记账的登记方法与现金日记账相同，在此不再重复。

银行存款日记账的格式不管是三栏式还是多栏式，都可以在适当位置增加一栏"结算凭证"，以便记账时标明每笔业务的结算凭证及编号，便于与银行核对账目（图8-8）。实际业务中也往往采用不附结算凭证栏的银行存款日记账（图8-9）。

银行存款日记账
（三栏式）

登记方法与现金日记账相同

登记分录中银行存款的对方科目

20××		记账凭证	摘要	结算凭证		对方登记方法与现金日科目	收入	支出	结余
月	日			种类	号数				
3	1		月初余额						200 000
	1	银付 1	提取现金	现金支票	0356	现金		5 000	195 000
	1	银收 1	销售收入	特殊支票	2375	主营业务收入	3 100		230 100
	1	银付 2	付材料款	特殊支票	0431	物资采购		6 800	183 300

登记结算凭证的种类和号码

登记方法与现金日记账相同

图8-8　附结算栏的银行存款日记账（三栏式）

银行存款日记账

第1号

开户行

账　号

年		凭证		支票		摘要	借　方								核对	贷　方								核对	余　额								
月	日	种类	号数	类别	号数		百	十	万	千	百	十	元	角	分		百	十	万	千	百	十	元	角	分		百	十	万	千	百	十	元	角	分

图8-9　不附结算栏的银行存款日记账（三栏式）

（三）转账日记账

转账日记账是根据转账凭证逐日逐笔顺序登记的账簿，我国使用这种日记账的情况不多。

（四）普通日记账

普通日记账是用来序时登记全部经济业务的账簿，又称为分录簿。一般只设借方和贷方两个金额栏次，以满足编制会计分录的需要。普通日记账可采用转账日记账的格式，也可采用三栏式账页的格式。这两种格式实际上并无本质区别，只是后一种格式的借贷方账户名称并没有分开，因此在采用后一种格式时，登记经济业务所涉及的账户名称要分两行（或多行）排列，先借后贷，借贷方账户要错开。对于规模较小、经济业务不多的企业，使用普通日记账程序简便，也可以满足业务需要。

二、总分类账的设置和登记方法

总分类账是按照总分类账户分类登记以提供总括会计信息的账簿，使用的账页是按总账科目（一级科目）开设的账户。应用总分类账，可以全面、系统、综合地反映企业所有的经济活动情况和财务收支情况，可以为编制会计报表提供所需的资料。因此，每一个企业都应设置总分类账。

总分类账最常用的格式为三栏式，设置借方、贷方和余额三个基本金额栏目，分为设对方科目的三栏式总分类账和不设对方科目的三栏式总分类账。

也有采用多栏式设置总分类账的，多栏式总账一般是将一个企业使用的全部总账账户合设在一张账页上。如果企业总账账户较多则会造成账页过长，不便于保管和记账，因此现在一般很少采用。

总分类账的记账依据和登记方法取决于企业采用的账务处理程序。既可以根据记账凭证逐笔登记，也可以根据经过汇总的科目汇总表或汇总记账凭证等资料登记。

三、明细分类账的设置和登记方法

明细分类账是根据二级账户或明细账户开设账页，分类、连续地登记经济业务以提供明细核算资料的账簿。明细分类账是总分类账的明细记录，按照总分类账的核算内容和更加详细的分类，反映某一具体类别经济活动的财务收支情况，它对总分类账起补充说明的作用，它所提供的资料也是编制会计报表的重要依据。

不同类型经济业务的明细分类账，可根据管理需要依据记账凭证、原始凭证或汇总原始凭证逐日逐笔或定期汇总登记，固定资产、债权和债务等明细账应逐日逐笔登记；库存商品、原材料收发明细账以及收入、费用明细账可以逐笔登记，也可定期汇总登记，库存现金、银行存款账户由于已设置了日记账，不必再设明细账。

明细账的格式有三栏式、多栏式、数量金额式和横线登记式（或称平行式）等种类，分别介绍如下。

（一）三栏式明细分类账

三栏式明细分类账是设有借方、贷方和余额三个栏目，用以分类核算各项经济业务，提供详细核算资料的账簿，其格式与三栏式总账格式相同（图8-10）。三栏式明细账适用于只进行金额核算的账户，如应收账款、应付账款、应交税费等外来结算账户。

图8-10 三栏式明细账

（二）多栏式明细分类账

多栏式明细分类账将属于同一个总账科目的各个明细科目合并在一张账页上登记，即在这种格式下，账页的借方或贷方金额栏内按照明细项目设若干专栏（图8-11）。这种格式适用于成本费用类科目的明细核算。在实际工作中，成本费用类科目的明细账，可以只按借方发生额设置专栏，贷方发生额由于每月发生的笔数很少，可以在借方直接用红字冲记。

多栏明细账

编号：A/C. NO.

科目：管理费用

17年		凭证	摘要	日页	借方	贷方	借或贷	余额	办公费	差旅费	折旧费	水电费	修理费	招待费
月	日	字号												
7	09		上年结转				借	10.00						
5	23		交电话费		1.00		借	11.00	133.00					
8	18		办公室交水费				借					58.00		
4	05													

图8-11　多栏式明细账

（三）数量金额式明细分类账

数量金额式明细分类账适用于既要进行金额核算又要进行数量核算的账户，如原材料、库存商品等存货账户。

采用数量金额式明细分类账提供了企业有关财产物资的数量和金额收、发、存的详细资料，从而能加强财产物资的实物管理和使用监督，可以保证这些财产物资的安全完整。

（四）横线登记式明细分类账

这种明细账实际上也是一种多栏式明细账，其登记方法是采用横线登记，即将每一相关的业务登记在一行，从而可依据每一行各个栏目的登记是否齐全来判断该项业务的进展情况。这种明细账适用于登记材料采购业务、应收票据和一次性备用金业务。下面以“其他应收款”账户的备用金明细账为例来说明该类明细账的登记方法。例如，中原海华公司××年3月发生以下有关业务：3月5日职工李明借款500元，3月7日职工张军借款600元，3月26日张军报销600元，上述业务记账之后，有关备用金明细账的内容如下（图8-12）。

××年		凭证号	摘要	借方			××年		凭证号	摘要	贷方			余额
月	日			原借	补付	合计	月	日			报销	退	合计	
3	5	6	李明	500		500								
3	7	10	张军	600		600	3	26	90	报销	600		600	0

图8-12 备用金明细账

第四节 对账和结账

一、对账

为了保证账簿所提供的会计资料正确、真实、可靠，记完账后，还应定期做好对账工作，做到账证相符、账账相符、账实相符。会计对账工作的主要内容包括以下三项。

（一）账证核对

账簿是根据经过审核之后的会计凭证登记的，但实际工作中仍然可能发生账证不符的情况。记账完成后，要将账簿记录与会计凭证进行核对，核对账簿记录与原始凭证、记账凭证的时间、凭证字号、内容、金额等是否一致，记账方向是否相符，做到账证相符。

会计期末，如果发现账证不符，还有必要重新进行账证核对，但这时的账证核对是通过试算平衡发现记账错误之后再按一定的线索进行的。

（二）账账核对

各个会计账簿是一个有机的整体，既有分工，又有衔接，总的目的就是为了全面、系统、综合地反映企事业单位的经济活动与财务收支情况。各种账簿之间的这种衔接依存关系就是勾稽关系，利用这种关系，可以通过账簿的相互核对发现记账工作是否有误。一旦发现错误，就应立即更正，做到账账相符。

账簿之间的核对包括以下内容。

1. 核对总分类账簿的记录

按照"资产 = 负债 + 所有者权益"这一会计等式和"有借必有贷、借贷必相等"的记账规律，总分类账簿各账户的期初余额、本期发生额和期末余额之间存在对应的平衡关系，各账户的期末借方余额合计和贷方余额合计也存在平衡关系。通过这种等式和平衡关系，可以检查总账记录是否正确、完整。这项核对工作通常采用编制"总分类账户本期发生额和余额对照表"（简称"试算平衡表"）来完成。

2. 总分类账簿与所属明细分类账簿核对

总分类账各账户的期末余额应与其所属的各明细分类账的期末余额之和核对相符。

3. 总分类账簿与序时账簿核对

如前所述，我国企事业单位必须设置现金日记账和银行存款日记账。现金日记账必须每天与库存现金核对相符，银行存款日记账也必须定期与银行对账。在此基础上，还应检查库存现金总账和银行存款总账的期末余额，与现金日记账和银行存款日记账的期末余额是否相符。

4. 明细分类账簿之间的核对

核对的方法一般是由财产物资保管部门或使用部门定期编制收发结存汇总表报会计部门核对。例如，会计部门有关实物资产的明细账与财产物资保管部门或使用部门的明细账定期核对，以检查其余额是否相符。

（三）账实核对

账实核对是指各项财产物资、债权债务等账面余额与实有数额之间的核对。账实核对的内容主要有：

（1）现金日记账账面余额与库存现金数额是否相符。

（2）银行存款日记账账面余额与银行对账单的余额是否相符。

（3）各项财产物资明细账账面余额与财产物资的实有数额是否相符。

（4）有关债权、债务明细账账面余额与对方单位的账面记录是否相符等。

造成账实不符的原因是多方面的，如财产物资保管过程中发生的自然损耗；财产收发过程中由于计量或检验不准，造成多收或少收的差错；由于管理不善、制度不严造成的财产损坏、丢失、被盗；在账簿记录中发生的重记、漏记、错记；由于有关凭证未到，形成未达账项，造成结算双方账实不符；以及发生意外灾害等。因此需要通过定期的财产清查来弥补漏洞，保证会计信息真实可靠，提高企业管理水平。

二、结账

结账是一项将账簿记录定期结算清楚的账务工作。在一定时期结束时（如月末、季末或年末），为了编制会计报表，需要进行结账。结账的内容通常包括两个方面：一是结清各种损益类账户，并据以计算确定本期利润；二是结清各资产、负债和所有者权益账户，分别结出本期发生额合计和余额。

（一）结账的程序

（1）将本期发生的经济业务全部登记入账，并保证其正确性。

（2）根据权责发生制的要求，调整有关账项，合理确定本期应计的收入和应计的费用。具体包括两类：

一类是应计收入和应计费用的调整。应计收入是指那些已在本期实现、因款项未收而未登记入账的收入。企业发生的应计收入，主要是本期已经发生且符合收入确认标准，但尚未收到相应款项的商品或劳务。对于这类调整事项，应确认为本期收入，借记"应收账款"等科目，贷记"主营业务收入"等科目；待收回款项时，借记"库存现金""银行存款"等科目，贷记"应收账款"等科目。

应计费用是指那些已在本期发生、因款项未付而未登记入账的费用。企业发生的应计费用，本期已经受益，如应付未付的借款利息等。由于这些已经发生的费用应当在本期确认为费用，借记"管理费用""财务费用"等科目，贷记"应付利息"等科目；待支付款项时，借记"应付利息"等科目，贷记"库存现金""银行存款"等科目。

另一类是收入分摊和成本分摊的调整。收入分摊是指企业已经收取有关款项，但未完成或未全部完成销售商品或提供劳务，需在期末按本期已完成的比例，分摊确认本期已实现收入的金额，并调整以前预收款项时形成的负债。如企业销售商品预收定金、提供劳务预收佣金。在收到预收收入时，应借记"银行存款"等科目，贷记"预收账款"等科目；在以后提供商品或劳务、确认本期收入时，进行期末账项调整，借记"预收账款"等科目，贷记"主营业务收入"等科目。

成本分摊是指企业的支出已经发生，能使若干个会计期间受益，为正确计算各个会计期间的盈亏，将这些支出在其受益的会计期间进行分配，如企业已经支出，但应由本期和以后各期负担的预付账款，应借记"预付账款"等科目，贷记"银行存款"等科目。在会计期末进行账项调整时，借记"制造费用"等科目，贷记"预付账款"等科目。

（3）将损益类科目转入"本年利润"科目，结平所有损益类科目。

（4）算出资产、负债和所有者权益类科目的本期发生额和余额，并结转下期。

（二）结账的方法

对无须按月结计本期发生额的账户，如各项应收应付款明细账和各项财产物资明细账等，每次记账后，都要随时结出余额，每月最后一笔余额即为月末余额。即月末余额就是本月最后一笔经济业务记录的同一行内余额。月末结账时，只需要在最后一笔经济业务事项记录之下通栏划单红线，不需要再结计一次余额。

库存现金、银行存款日记账和需要按月结计发生额的收入、费用等明细账，每月结账时，要在最后一笔经济业务记录下面通栏划单红线，结出本月发生额和余额，在摘要栏内注明"本月合计"字样，并在下面通栏划单红线。

需要结计本年累计发生额的某些明细账户，每月结账时，应在"本月合计"行下结出自年初起至本月末止的累计发生额，登记在月份发生额下面，在摘要栏内注明"本年累计"字样，并在下面通栏画单红线。12月末的"本年累计"是全年累计发生额，全年累计发生额下通栏画双红线。

总账账户平时只需结出月末余额。年终结账时，为了总括地反映全年各项资金运动情况的全貌，核对账目，要将所有总账账户结出全年发生额和年末余额，在摘要栏内注明"本年累计"字样，并在累计数下通栏划双红线。

年度终了结账时，有余额的账户要将其余额结转下年，并在摘要栏注明"结转下年"字样；在下一会计年度新建有关会计账户的第一行余额栏内填写上年结转的余额，并在摘要栏注明"上年结转"字样。即将有余额的账户的余额直接记入新账余额栏内，不需要编制记账凭证，也不必将余额再记入本年账户的借方或贷方，使本年有余额的账户的余额变为零。既然年末是有余额的账户，其余额应当如实地在账户中加以反映，否则容易混淆有余额的账户和没有余额的账户之间的区别。

第五节　错账的查找与更正

在账簿登记过程中，由于种种原因会造成一些记账错误。错账有些是根据错误的记账凭证登记形成的，有的则是登记账簿过程中形成的。在记账或结账时如果发现了差错，应及时分析错误的性质和原因，并针对错误的不同情况给予更正。

一、错账的种类

错账可以根据其形成原因和错账后果分类（图 8-13）。

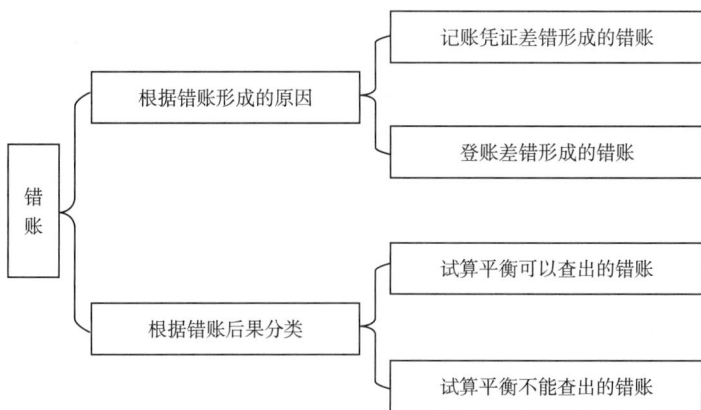

图8-13　错账分类

二、错账的查找方法

第一类错账是通过试算平衡可以查出的。这类错账影响借贷平衡关系，在期末编制试算平衡表时容易发现，其形成原因较为复杂。有的是因为过账时借贷某一方账户的数字登记颠倒，如应借记 89 却误写为 98，应贷记 35 却误写为 53 等；有的是因为过账时借贷某一方账户的数字错位，如将借记 100.10 误写为借记 10.01，将贷记 50.00 误写为贷 5 000.00 等；有的差错是因为过账时借贷某一方账户发生记账方向错误，如将应借记"原材料"账户的 3 000.00 元误记入该账户贷方；有的差错是属于计算错误，如发生额合计错误或余额计算错误等。此类差错形成后，会引起借贷发生额或借贷余额之间有差数，在查找差错原因时，可抓住差数进行分析，并运用一定的方法找出差错所在。

第二类错账是通过试算平衡不能查出的。这类错账不影响借贷平衡关系，因此在试算平衡时不容易发现，一般只有通过全面对账才能发现。例如，重复登记或者漏登某项业务。

总之，差错的原因是多方面的，有时还会出现多种差错一起出现的局面。因此，在查找错账原因时，一定要认真分析，找到差错的源头。有的差错出现后较易确定发生错账的范围，可以在确定的范围内采用一定的方法定向查找，这种检查方法叫个别检查法，具体方法有差数法、倍除法和除九法等，主要适用于第一类差错的查找，并且在仅出现第一类中某种差错时查找效果更佳。有的差错出现后则不易确定其所在范围，一般要进行全面查找，叫全面检查法，具体方法有顺查法和逆查法，在差错情况复杂时可以同时运用这两种方法。

1. 个别检查法

（1）差数法。如果试算平衡表中借贷发生额合计数之差恰好等于某笔经济业务的发生额或发生额的尾数，就有可能是发生了重记或漏记一方发生额或发生额尾数的错误。例如，试算平衡表中借贷发生额合计数之差为 700。纵观账簿记录，如果发现只有某一笔经济业务的发生额为 700，则有可能是该笔经济业务所涉及的某个方向的账户重记或漏记造成的。如果账簿中没有发生额为 700 的经济业务，却只有一笔后尾数为 700 的经济业务，如发放工资 4 700，则有可能是过账时借贷某一方将 4 700 误记为 4 000。这种利用借贷之差找差错的方法叫差数法。当期账目中只有一项差错时，利用差数法寻找差错的原因会比较快捷；如果当期账目中不止一项差错，则用其他差错方法较好。

（2）倍除法。如果试算平衡时借贷合计数之差是偶数，除 2 后的商数等于某笔经济业务的发生额，就有可能是借贷某一方过账时记反了方向。如在试算平衡时发现借贷之差为一偶数 4 000，同时没有发现发生额 4 000 的经济业务，却只有一笔发生额 2 000 的经济业务。假定在当期账目中只有一项差错，就很有可能是登记该项业务时方向错误。如果 4 000 为借方大于贷方之差，则是应贷记时却借记了 2 000；如果 4 000 为贷方大于借方之差，则是应借记时贷记了 2 000。这种利用借贷之偶数差额除 2 得到的商数寻找差错的方法叫倍除法。

（3）除九法。如果试算平衡时，借贷合计数之差额能被九除尽，则有可能是 100 以内的数字位置颠倒造成的差错，如 89 误写为 98；也有可能是数字错位造成的，如 890 误写为 89 或 8 900 等。

如果是 100 以内数字位置颠倒造成的差错，则除了借贷之差额能用 9 除尽外，组成这个数的两个数字之差还与差额除以 9 的商相等。例如 89 误写为 98，98 与 89 之差为 9，差额 9 与商数 9 之商为 1，而组成 89 与 98 的两个数字 8 和 9 之差等于 1。又如，

63 误写为 36，则两者之差为 27，27 除以 9 之商为 3，组成 63 和 36 的两个数字 6 和 3 之差等于 3。相邻数字颠倒形成的差错有一定的规律性（图 8-13），所有可能发生的颠倒错误，如果差错额是图 8-13 中差数扩大或缩小的倍数，则应用此图时，图中的相关数字也应扩大或缩小相应的倍数。

从图 8-14 可以看出，符合差数能被 9 除尽，两个数字之差等于差额除以 9 之商条件的数有许多，如差额等于 63，两个数字之差等于 7 的数字有 70 和 7、81 和 18、92 和 29。所以，在查找差错时要结合实际情况，尽快排除非差错因素，找出真正的差错所在。

大的数颠倒为小的数									差数	小的数颠倒为大的数								
89	78	67	56	45	34	23	12	01	9	10	21	32	43	54	65	76	87	98
	79	68	57	46	35	24	13	02	18	20	31	42	53	64	75	86	97	
		69	58	47	36	25	14	03	27	30	41	52	63	74	85	96		
			59	48	37	26	15	04	36	40	51	62	73	84	95			
				49	38	27	16	05	45	50	61	72	83	94				
					39	28	17	06	54	60	71	82	93					
						29	18	07	63	70	81	92						
							19	08	72	80	91							
								09	81	90								

图8-14　临位数字颠倒便查表

如果是数字错位造成的差错，则差额除以 9，99，999……即为正确数字或正确数字的 10 倍，100 倍……例如，81 误写为 810，则差额 729 除以 9 之商数为 81 是正确数字；反之，则商数 81 是 810 的十分之一。以上利用借贷之差额除以 9 所得到的商数寻找差错的方法叫除九法。

2. 全面检查法

（1）顺查法。这是按照会计记账的程序，从会计凭证查起，最后查会计报表的方法。其程序如下（图 8-15）。

审核原始凭证 → 核对记账凭证 → 核对账簿 → 核对分析会计报表

图8-15　顺查法程序图

顺查时，一般要——翻阅原始凭证，工作量较大。但当账目差错较多或差错不影响借贷平衡关系时，运用顺查法查账是查实问题所必须使用的方法。对于已经查对过的所有账目都要——标上记号，分清错误的和正确的，并把错误的账目分别账页、记账日期、凭证号数、业务内容和差错情况等项目详细记录下来，以免造成混乱，重复查找。

（2）逆查法。又称倒查法，它是按照会计记账程序相反的顺序进行的查账方法。逆查法的查账程序如下（图8-16）。

图8-16　逆查法程序图

逆查法从报表开始审查，易于发现问题，省时省力，效果较好。因为一般情况下，差错中过账造成的差错较多，通过账账核对即可找出错账的原因。但如果账账核对后仍找不出原因，就需按逆序查下去，直到查出错处为止。

综上所述，查账是一件费时、费力的工作。因此，平时记账时应细致工作，防患于未然。

三、错账的更正

对于账簿记录中所发生的错误，应采用正确的方法予以更正。

（一）画线更正法

在结账前发现账簿记录有文字或数字错误，而记账凭证没有错误，可以采用画线更正法。更正时，可在错误的文字或数字上画一条红线，在红线的上方填写正确的文字或数字，并由记账及相关人员在更正处盖章，以明确责任。但应注意：更正时不得只划销错误数字，应将全部数字划销，并保持原有数字清晰可辨，以便审查。如将3 684.00元误记为6 384.00元，应先在6 384.00上画一条红线以示注销，然后在其上方空白处填写正确的数字，而不能只将前两位数字更正为"36"。

（二）红字更正法

红字更正法适用于两种情况：（下面方框中的数字表示红色）。

（1）记账后发现记账凭证中的应借、应贷会计科目有错误，从而引起记账错误。更正的方法是：用红字填写一张与原记账凭证完全相同的记账凭证，以示注销原记账凭证，然后用蓝字填写一张正确的记账凭证，并据以记账。

【例8-1】中原海华公司生产车间生产产品直接耗用材料一批，价值2 000元。该企业会计分录误作为：

　　借：制造费用　　　　　　　　　　　　　　　　2 000

　　　贷：原材料　　　　　　　　　　　　　　　　　　2 000

　　该企业更正时，应当用红字编制一张与原记账凭证完全相同的记账凭证，以示注销原记账凭证：

　　借：制造费用　　　　　　　　　　　　　　　　|2 000|

　　　贷：原材料　　　　　　　　　　　　　　　　　　|2 000|

　　然后用蓝字编制一张正确的记账凭证并记账，分录为：

　　借：生产成本　　　　　　　　　　　　　　　　2 000

　　　贷：原材料　　　　　　　　　　　　　　　　　　2 000

（2）记账后发现记账凭证和账簿记录中应借、应贷会计科目无误，只是所记金额大于应记金额。更正的方法是：按多记的金额用红字编制一张与原记账凭证应借、应贷科目完全相同的记账凭证，以冲销多记的金额，并据以记账。

【例8-2】承【例8-1】，科目选用无误，但金额误记为20 000元，则该企业的更正会计分录为：

　　借：生产成本　　　　　　　　　　　　　　　　18 000

　　　贷：原材料　　　　　　　　　　　　　　　　　　18 000

（三）补充登记法

补充登记法，又称补充更正法，记账后发现记账凭证和账簿记录中应借、应贷会计科目无误，只是所记金额小于应记金额。更正的方法是：按少记的金额用蓝字编制一张与原记账凭证应借、应贷科目完全相同的记账凭证，以补充少记的金额，并据以记账。

【例8-3】承【例8-1】，科目选用无误，金额误记为200元，则该企业的更正会计分录为：

　　借：生产成本　　　　　　　　　　　　　　　　1 800

　　　贷：原材料　　　　　　　　　　　　　　　　　　1 800

第六节　会计账簿的更换、交接与保管

一、会计账簿的更换

会计账簿的更换通常在新会计年度建账时进行。总账、日记账和多数明细账应每年更换一次，备查账簿可以连续使用。

（一）总账、日记账的更换

这类账簿要每年更换一次。年初将旧账簿中各账户的余额直接记入新账簿中有关账户新账页的第一行"余额"栏内。同时，在"摘要"栏内加盖"上年结转"戳记，将旧账页最后一行数字下的空格划条斜红线注销，并在旧账页最后一行"摘要"栏内加盖"结转下年"戳记，在新旧账户之间转记余额，可不必填制凭证。在年度内，订本账记满更换新账时，办理与年初更换新账簿相似的手续。

（二）明细账的更换

明细账的更换有两种情况，大部分的明细账反映债权债务的应收账款和应付账款，应当和总账、日记账一样，每年更换一次。但是也有一部分明细账，如固定资产明细账等因年度内变动不多，所以年初可不必更换账簿。但是在"摘要"栏内要加盖"结转下年"戳记，以划分新旧年度之间的金额。

另外，各种会计账簿年度结账后，除跨年使用的账簿外，其他账簿应按时整理立卷，装订成册，由专人保管，严防丢失和损失。其基本要求是：

第一，账簿装订前，首先按账簿启用表的使用页数核对各个账户是否相符，账页数是否齐全，序号排列是否连续；然后按会计账簿封面、账簿启用表、账户目录、顺序排列的账页、会计账簿封底的顺序装订。

第二，活页账簿装订要求。

（1）保留已使用过的账页，将账页数填写齐全，去除空白页和撤掉账夹，用质好的牛皮纸做封面、封底，装订成册。

（2）多栏式活页账、三栏式活页账、数量金额式活页账等不得混装，应按同类业务、同类账页装订在一起。

（3）在每本账的封面上填好账目的种类、卷号，会计主管人员和装订人（经办人）签章。

二、会计账簿的交接

当记账员或会计主管人员工作变动时，应先办好账簿移交手续。会计人员在办理移交手续前必须及时办理完毕未了的会计事项，包括：对已经受理的经济业务尚未填制会计凭证的，应当填制完毕，尚未登记的账簿，应当登记完毕，并在最后一笔余额后加盖经办人员印章，除在账簿上做上述记录外，还需要在账簿启用表上明确记录交接日期，在交接记录栏内明确记录经管人员、接管人员、交出的日期和交出人姓名，加盖印章。

三、会计账簿的保管

会计账簿是会计主体的重要经济档案，在经营管理中具有重要的作用。因此每一个会计主体都应按照国家有关规定，对会计账簿做好保管工作。

账簿的保管，应该明确责任，保证账簿的安全和会计资料的完整，防止交接手续不清和可能发生的舞弊行为。在账簿交接保管时，应将账簿的页数、记账人员姓名、启用日期、交接日期等列表附在账簿的扉页上，并由有关方面签字盖章。账簿要定期（一般为年终）收集，审查核对，整理立卷，装订成册，由专人保管，严防丢失和损坏。

账簿应按照《会计档案管理办法》规定的期限进行保管。《会计档案管理办法》第十四条规定："会计档案的保管期限分为永久、定期两类。定期保管期限一般分为10年和30年。"各凭证及账簿的保管期限分别为：会计凭证（原始凭证和记账凭证）保管30年；账簿（总账、明细账、日记账）保管30年；月度、季度、半年度财务报告保管10年；年度财务报告永久保存；比较特殊的是固定资产卡片，它要保存5年，但是它的起点从固定资产报废清理后保存5年。保管期满后，要按照会计档案管理办法的规定，由财会部门和档案部门共同鉴定，报经批准后进行处理。

合并、撤销单位的会计账簿，要根据不同情况，分别移交给并入单位、上级主管部门或主管部门指定的其他单位接收保管，并由交接双方在移交清册上签名盖章。

账簿日常应由分管的记账人员保管，未经领导和会计负责人或有关人员批准，非经管人员不得翻阅、查看、摘抄和复制。会计账簿除非特殊需要或司法介入要求，一般不允许携带外出。

新会计年度对更换下来的旧账簿应进行整理、分类，对缺少某些手续的账簿，应补办必要的手续，然后装订成册，并编制目录，办理移交手续，按期归档保管既是会计人员应尽的职责，又是会计工作的重要组成部分。

★ 会计学原理Vcase应用

一、基础操作

略，详见第七章《会计学原理 Vcase 应用》。

二、原始凭证

略，详见第七章《会计学原理 Vcase 应用》。

三、编制记账凭证

略，详见第七章《会计学原理 Vcase 应用》。

四、登记账簿

点击【日记账】【明细账】【总账】【报表】可直接打开对应账簿，填写完成后【Ctrl＋S】保存上传。

（一）日记账编制

1. 现金日记账编制（图 8-17）

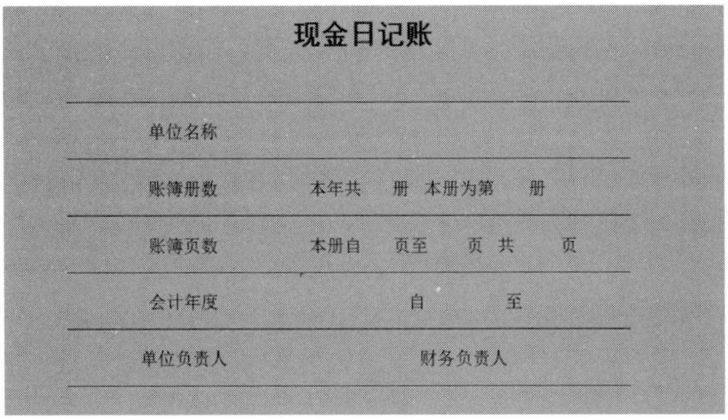

图8-17　现金日记账（1）

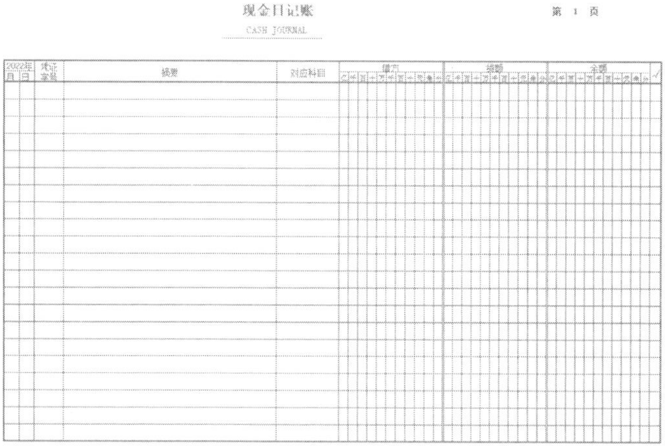

现金日记账
CASH JOURNAL
第 1 页

图8-17 现金日记账（2）

2. 银行存款日记账（图 8-18）

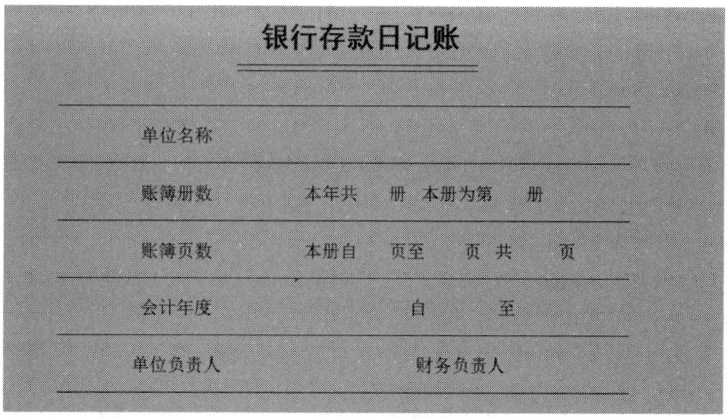

银行存款日记账

单位名称

账簿册数　　　　本年共　　册　本册为第　　册

账簿页数　　　　本册自　　页至　　页共　　页

会计年度　　　　　　　自　　　至

单位负责人　　　　　　财务负责人

图8-18　银行存款日记账（1）

银行存款日记账
CASH JOURNAL
第 1 页

开户银行
账　号

图8-18　银行存款日记账（2）

（二）明细账编制

1. 一般明细分类账（图8-19）

一般明细分类账

单位名称

账簿册数　　　本年共　　　册 本册为第　　册

账簿页数　　　本册自　　　页至　　页共　　页

会计年度　　　　　　自　　　　　至

单位负责人　　　　　　　财务负责人

图8-19　一般明细分类账（1）

账户目录

序号	科目名称	页次	序号	科目名称	页次
1			24		
2			25		
3			26		
4			27		
5			28		
6			29		
7			30		
8			31		
9			32		
10			33		
11			34		
12			35		
13			36		
14			37		
15			38		
16			39		
17			40		
18			41		
19			42		
20			43		
21			44		
22			45		
23			46		

图8-19　一般明细分类账（2）

图8-19 一般明细分类账（3）

2.存货进销存明细分类账（图8-20）

图8-20 存货进销存明细分类账（1）

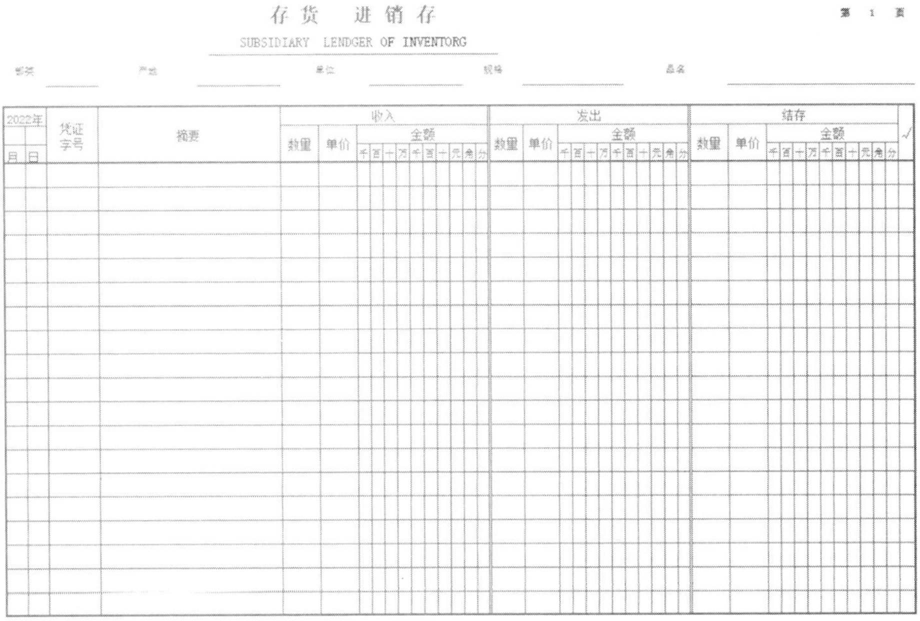

图8-20　存货进销存明细分类账（2）

3. 生产成本明细分类账（图 8-21）

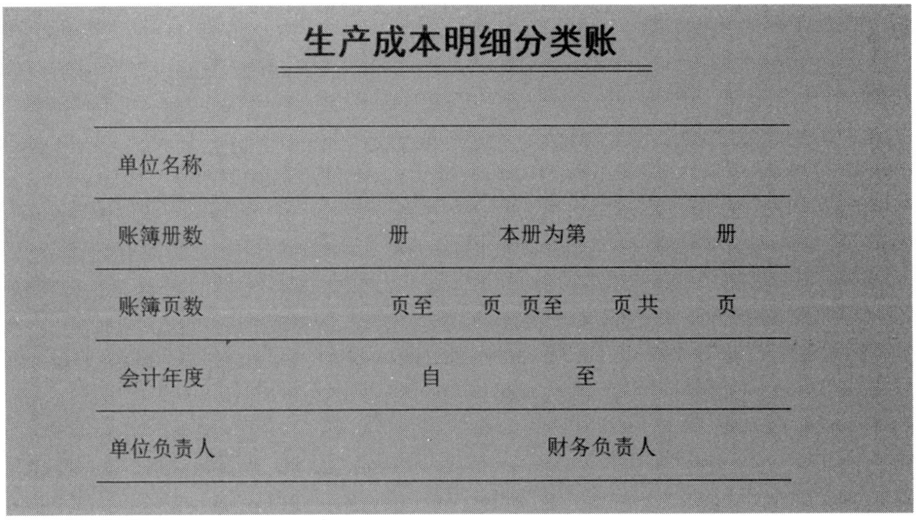

图8-21　生产成本明细分类账（1）

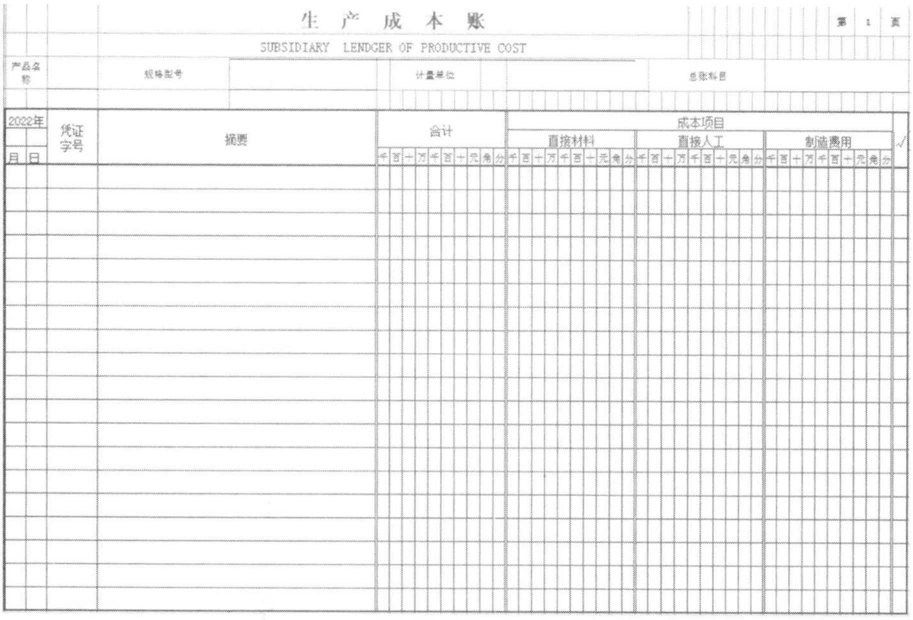
生　产　成　本　账

SUBSIDIARY LENDGER OF PRODUCTIVE COST

第 1 页

产品名称		规格型号		计量单位		总账科目	

2022年		凭证字号	摘要	合计	成本项目			√
月	日			千百十万千百十元角分	直接材料 千百十万千百十元角分	直接人工 千百十万千百十元角分	制造费用 千百十万千百十元角分	

图8-21　生产成本明细分类账（2）

4. 多栏式明细分类账（图 8-22）

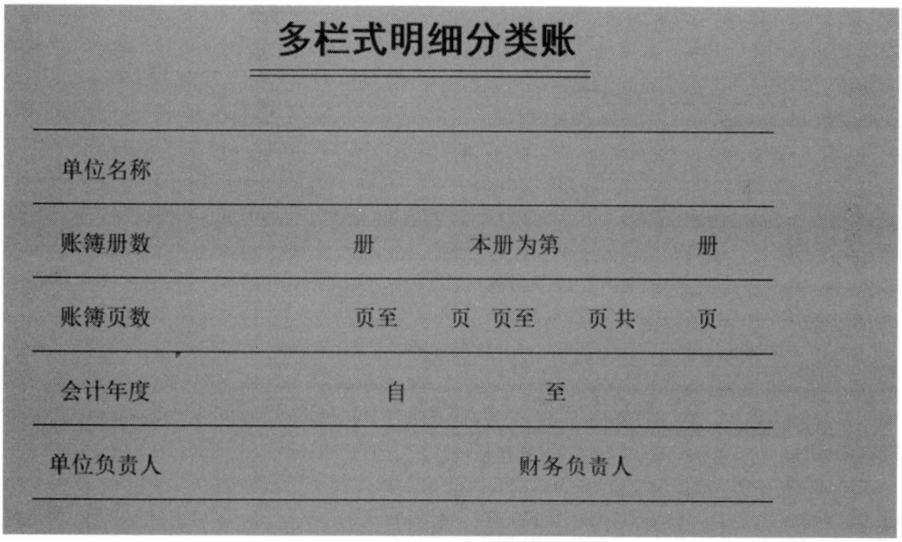
多栏式明细分类账

单位名称

账簿册数　册　本册为第　册

账簿页数　页至　页　页至　页共　页

会计年度　自　至

单位负责人　财务负责人

图8-22　多栏式明细分类账（1）

帐户目录

序号	科目名称	页次	序号	科目名称	页次
1			24		
2			25		
3			26		
4			27		
5			28		
6			29		
7			30		
8			31		
9			32		
10			33		
11			34		
12			35		
13			36		
14			37		
15			38		
16			39		
17			40		
18			41		
19			42		
20			43		
21			44		
22			45		
23			46		

图8-22　多栏式明细分类账（2）

多 栏 式 明 细 分 类 账
MULTI COLUMN LEDGER
第 1 页

科目编号　　　　　　　　　明细科目　　　　　　　　　总账科目
A/C NO　　　　　　　　　SUBLED A/D　　　　　　　　GENLED A/C

2022年		凭证字号	摘要	合计			
月	日			千百十万千百十元角分	千百十万千百十元角分	千百十万千百十元角分	千百十万千百十元角分

图8-22　多栏式明细分类账（3）

5. 应交税金（增值税）明细分类账（图 8-23）

应交税金（增值税）明细分类账

单位名称

账簿册数　本年共　册　本册为第　册

账簿页数　本册自　页至　页　共　页

会计年度　自　至

单位负责人　财务负责人

图8-23　应交税金（增值税）明细分类账（1）

应交税金（增值税）明细分类账　第　页

TAX PAYABLE （ADDED-VALUE TAX） SUBSIDIARY LEDGER

2022年		凭证字号	摘要	借方				贷方				方向	余额	✓
月	日			合计	进项税额	已交税金	转出未交增值税	合计	销项税额	出口退税	进项税额转出			

图8-23　应交税金（增值税）明细分类账（2）

（三）总分类账编制（图 8-24）

总分类账

单位名称

账簿册数　本年共　册　本册为第　册

账簿页数　本册自　页至　页　共　页

会计年度　自　至

单位负责人　财务负责人

图8-24　总分类账（1）

图8-24　总分类账（2）

图8-24　总分类账（3）

第九章　账务处理程序

★ 账务处理程序
★ 记账凭证账务处理程序
★ 汇总记账凭证账务处理程序
★ 科目汇总表账务处理程序
★ 记账凭证账务处理程序举例

扫码获得
本章PPT

【思政案例】

清代焦循在《孟子正义》中提到："零星算之为计，总和算之为会。"零星的记录和核算为计数记录，还需要整体的统计叫做汇合。本章在前文的基础上，讲述账务处理的程序。

李华和姐姐在不同的单位做财务工作，聊天时李华认为自己单位所做的会计处理程序是：根据原始凭证编制记账凭证，根据记账凭证编制科目汇总表，根据科目汇总表登记总账，这样处理比较简单。而姐姐的公司却采用记账凭证账务处理程序，直接根据记账凭证逐笔登记总分类账，对发生的经济业务都要以原始凭证或原始凭证汇总表编制记账凭证，根据记账凭证逐笔登记总分类账，并定期编制会计报表。姐姐认为这种方法适合他们公司，姐弟两个都说自己公司的会计处理方法好。在以上所提到的不同账务处理程序中，不难发现从凭证到账簿再到报表的结合方式虽有所不同，但会计人员依法依规、精益求精的工作精神是相通的。

通过上述案例思考如下问题：

（1）账务处理程序的形式有哪些？

（2）企业会计人员应该怎么选择账务处理程序？

（3）不同的账务处理程序对企业会计人员的日常工作有什么影响？

第一节　账务处理程序

会计作为一个为各类利益相关者提供决策所需信息的信息系统，是由会计人员通过对发生的经济业务进行系统的记录、分类、汇总、计算、分析、整理，并在此基础上编制和解释会计报表来完成的。在这个过程中，记录、分类、汇总和整理都是会计人员"生产"信息的过程，会计报表是会计人员工作的最终"产品"。这个过程包括许多具体的会计程序，从经济业务的发生开始使用会计这一商业语言依次完成一定的基本步骤，人们称这一过程为会计循环。会计循环是指从一切交易和经济业务的发生起，通过设置账户、填制和审核会计凭证、登记账簿，到编制会计报表为止的一系列会计处理程序。会计循环是一个完整账务处理程序的依次继起，在每一个会计循环期中周而复始，循环不已；在进行账务处理程序时，离不开各个岗位会计人员的参与，包括：现金出纳、核算会计、审核会计和会计主管等，履行各自职责又在处理程序的相互流转中相互监督，爱岗敬业的工作态度和岗位风险意识才能保障会计信息的客观公正。

一、账务处理程序概述

账务处理程序，亦称会计核算组织程序或会计核算形式，是指会计凭证、会计账簿和会计报表相结合的方式，包括会计凭证和账簿的种类、格式，会计凭证与账簿之间的联系方法，由原始凭证到编制记账凭证，登记明细分类账和总分类账，编制会计报表的工作程序和方法等，遵从会计准则的要求，循序渐进，是会计循环的具体化。

会计核算方法的基本环节依次为：会计凭证、会计账簿和会计报表。三个环节之间以一定的形式结合，构成会计核算完整的工作体系，形成了不同的账务处理程序。不同的会计主体，为了合理而有效地组织会计核算工作，有必要根据各单位的特色将会计凭证的填制、账簿的设置与登记，以及会计报表的编制按照一定的要求有机地结合，形成不同的账务处理程序。

合理的会计核算组织程序既是组织会计核算工作的重要问题，又是会计制度设计的重要内容。科学、合理地选择适合本单位的账务处理程序，对于提高会计工作的质量和效率，正确及时地编制会计报表，提供全面、系统、连续、清晰的会计核算资料，满足企业内外会计信息使用者的需要以及分工协作地组织会计工作，减少会计人员工作量，节约人力物力，提升工作效率进行更多有创新性的价值创造有重要意义。

二、设计账务处理程序的基本要求

由于会计主体所处单位的业务性质、规模大小各不相同，决定了设置会计凭证、账簿的种类、格式和登记方法，以及各种凭证、各种账簿之间的联系和登记程序也不完全相同，由此决定的账簿组织、记账程序和记账方法的结合形式也必然不同。任何单位组织会计核算工作，都应当结合本单位的实际情况、具体条件及特点进行。合理且合适的会计核算组织程序，通常有以下三方面的要求。

（1）要适合本单位生产、经营管理特点、规模大小和业务繁简程度，有利于会计核算的分工、建立岗位责任制。

（2）要能够正确、及时、完整地提供会计信息，以利于满足与本单位有关决策的需要。

（3）在保证会计核算工作提供高质量会计信息的前提下，力求简化手续，节约人力、物力、财力及时间，提高会计核算工作的效率。

按照以上要求，结合我国会计工作开展的实际情况，企业常用的账务处理程序主要有以下五类。

（1）记账凭证账务处理程序。

（2）汇总记账凭证账务处理程序。

（3）科目汇总表账务处理程序（记账凭证汇总表账务处理程序）。

（4）多栏式记账账务处理程序。

（5）日记账总账账务处理程序。

以上核算形式之间既有相同之处，也有不同的地方，其基本区别就在于登记总账的依据和方法不同。其中，记账凭证账务处理程序是基本的会计核算组织程序，其他会计核算组织程序都是在此基础上发展、演变而来的。不同会计核算组织程序都有自己的优点和局限性，各会计主体可根据自身的特点和需要进行选择。以下将针对前三种最常用的账务处理程序展开阐述。

第二节　记账凭证账务处理程序

一、记账凭证账务处理程序的特点

记账凭证账务处理程序是根据原始凭证或原始凭证汇总表编制记账凭证，并根据记账凭证登记总分类账的一种账务处理程序。它是最基本的核算形式，特点是发生的经济业务均以原始凭证或其汇总表编制记账凭证，根据记账凭证逐笔登记总分类账，并定期编制会计报表。

记账凭证与前述章节的原始凭证一样，都属于会计凭证，因其填制程序和用途不同进行区分。记账凭证又称记账凭单，是会计人员依据经审核后无误的原始凭证，按照其发生经济业务的不同加以梳理、归类，并以此完成会计分录后填制而成，也是后续登记账簿的依据。其作用主要表现在：应用会计准则进行会计语言的记录，即确定了会计分录，为后续账簿登记提供直接依据；在此基础上既可反映经济业务发生与完成情况也方便后续审计监督，同时其设计也可明确相关人员的权与责。采用记账凭证核算时，可使用复式专用记账凭证，即收款凭证、付款凭证、转账凭证，也可使用复式通用记账凭证。

账簿一般设置有现金日记账、银行存款日记账、总分类账和各种明细分类账。其中，前三类可采用三栏式账簿；明细分类账根据管理需要可采用三栏式、数量金额式、多栏式或平行登记式。

二、记账凭证账务处理程序的记账程序

账务处理程序包括从处理原始凭证到输出报表的全过程，记账凭证核算与其他几类账务处理程序不同点在于记账凭证不做任何加工而直接登记总账。记账凭证账务处理程序如下：

第一，根据审核后的原始凭证或原始凭证汇总表编制记账凭证（收款凭证、付款凭证和转账凭证）；第二，根据收款凭证、付款凭证逐笔序时登记现金日记账和银行存款日记账；第三，根据记账凭证及有关原始凭证或原始凭证汇总表逐笔登记记入各明细分类账；第四，根据记账凭证逐笔登记总分类账；第五，会计期末，将现金日记账、银行存款日记账余额与有关总分类账余额定期核对相符；将明细分类账余额与有关总分类账余额定期核对，保证账账相符；第六，根据总分类账和各明细分类账期末余额或发生额合计数编制会计报表。记账凭证账务处理程序（图9-1）。

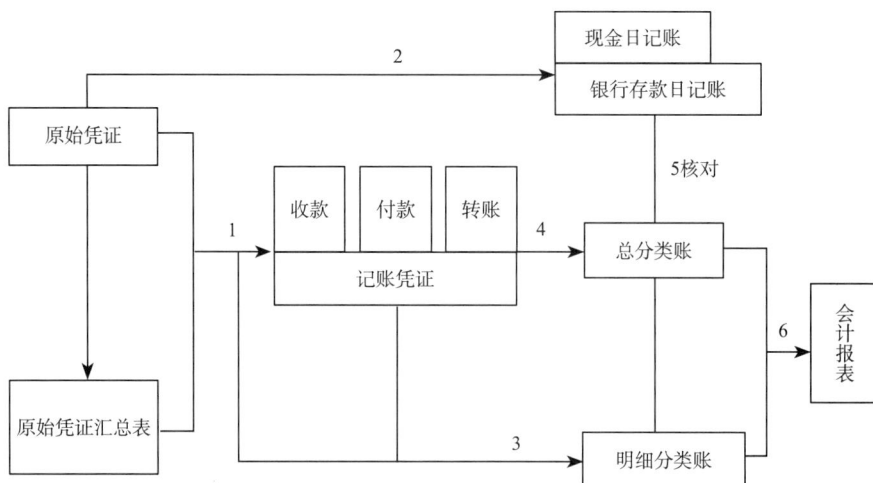

图9-1　记账凭证核算形式

三、记账凭证账务处理程序的优缺点及适用范围

优点：总分类账直接根据记账凭证逐笔登记，记账程序简单明了、方法易学、手续简便；账簿与凭证之间关系清晰明了，便于查找错账与更正，使用方便；总分类账可以比较详细地记录和反映经济业务的发生情况，便于查账、对账。

缺点：总分类账根据记账凭证逐笔登记，登记次数比较频繁，一张记账凭证至少要登记两次总账。经济业务较多的单位，每月处理的记账凭证在千张以上甚至更多，登记总账次数至少是两千次或者更多，工作量较大，账页耗用过多，预留账页较难把握，且不便于会计工作分工，漏登、重登可能性较大。

适用范围：该种核算形式主要适用于生产规模较小、业务量较少，每期处理凭证不多的小型企业和单位。在使用时，应尽量将原始凭证进行汇总，在此基础上编制记账凭证，减少记账凭证数量，也可减轻登记总分类账工作量。

第三节　汇总记账凭证账务处理程序

记账凭证账务处理程序简单明了，但经济业务较多的单位，为了减少登记总账的工作量，会计人员尝试使用汇总记账凭证，由此产生了汇总记账凭证账务处理程序。

一、汇总记账凭证账务处理程序的特点

汇总记账凭证账务处理程序是根据原始凭证或汇总原始凭证填制记账凭证，再定期分类编制汇总记账凭证，最终根据汇总记账凭证登记总分类账的一种账务处理程序。汇总记账凭证是一段时期内根据同类记账凭证，如收款凭证、付款凭证和转账凭证定期汇总编制而成，其种类可分为汇总收款凭证、汇总付款凭证和汇总转账凭证。

汇总记账凭证账务处理程序与记账凭证账务处理程序的区别主要在于登记总账环节，其主要特点是定期根据记账凭证分类汇总编制汇总记账凭证，再根据汇总记账凭证登记总分类账，该核算形式是在记账凭证账务处理程序上发展而来。

为了便于按照会计分录进行汇总，记账凭证除设置收款凭证、付款凭证和转账凭证外，还应增设汇总收款凭证、汇总付款凭证和汇总转账凭证，在各种汇总记账凭证中都要求反映会计科目的对应关系。账簿种类方面与记账凭证账务处理程序一样，应设置三栏式的现金日记账、银行存款日记账、总分类账和各种格式的明细分类账。总分类账通过需要设置成具有"对方科目"专栏的"借""贷""余"三栏式，以便清楚

地反映科目之间的对应关系。

二、汇总记账凭证账务处理程序的记账程序

第一，根据原始凭证或原始凭证汇总表编制各种记账凭证（收款凭证、付款凭证、转账凭证）；第二，根据收款凭证、付款凭证及所附原始凭证逐日逐笔登记现金日记账和银行存款日记账；第三，根据记账凭证及其有关的原始凭证或原始凭证汇总表逐笔登记各种明细分类账；第四，根据记账凭证分别定期编制汇总记账凭证（包括汇总收款凭证、汇总付款凭证、汇总转账凭证）；第五，根据各种汇总记账凭证登记总分类账；第六，会计期末，将现金日记账及银行存款日记账的余额与有关总分类账的余额定期核对相符；将明细分类账的余额与有关总分类账的余额定期核对，保证账账相符；第七，根据总分类账和各种明细分类账期末余额及发生额合计编制会计报表。汇总记账凭证账务处理程序（图9-2）。

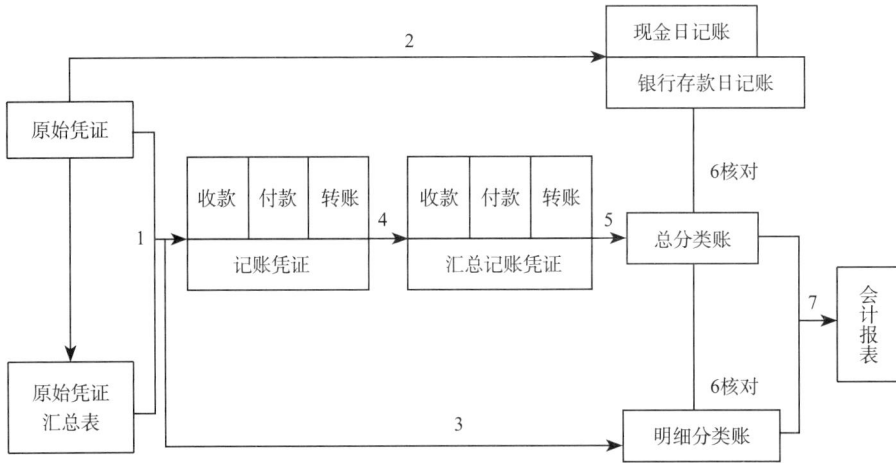

图9-2　汇总记账凭证核算形式

三、汇总记账凭证账务处理程序的优缺点及适用范围

优点：由于汇总记账凭证是按会计科目的对应关系进行归类汇总编制的，因而能够明确反映科目之间的对应关系，便于查账和分析账目，克服了记账凭证账务处理程序逐笔登记总账工作量大和科目汇总表账务处理程序不能反映账户对应关系的缺点；提高了会计核算的工作效率，也降低了发生登账错误的几率。

缺点：汇总转账凭证是按每一贷方科目，而不是按经济业务性质归类汇总，不利于日常会计核算工作的合理分工；当转账凭证较多时，编制汇总转账凭证工作量较大。

适用范围：该核算形式主要适用于生产经营规模较大，会计凭证较多，特别是收、付业务事项多而转账业务事项少的大型企业和单位。

第四节　科目汇总表账务处理程序

利用汇总记账凭证可以减少登记总账工作量，但汇总记账凭证需要根据记账凭证借方或贷方编制多份，无法将所有经济业务结果汇总，因此仍不能反映经济活动全貌，登记总账工作仍然较繁琐。科目汇总表出现后产生了科目汇总表账务处理程序。

一、科目汇总表账务处理程序的特点

科目汇总表账务处理程序，亦称记账凭证科目汇总表核算形式，是在记账凭证账务处理程序的基础上演变而成。该核算形式是根据记账凭证定期汇总编制科目汇总表，并根据汇总表登记总分类账的一种账务处理程序，是目前企业广泛采用的一种账务处理程序。记账凭证汇总表，也称科目汇总表，是根据一定时期内的全部记账凭证，按照相同科目归类，定期汇总本期每一会计科目的借方发生额和贷方发生额，并填在记账凭证汇总表对应栏内。对于"库存现金"科目和"银行存款"科目的本期借方发生额和贷方发生额，也可以直接根据现金日记账和银行存款日记账的收入、支出合计数填列。

科目汇总表账务处理程序的主要特点是：定期将所有记账凭证汇总编制科目汇总表，然后根据科目汇总表（表9-1）登记总分类账（表9-2）。根据科目汇总表登记总账是该种核算形式的显著特点，除登记总账环节与记账凭证账务处理程序不同以外，其他环节则相同。

为便于科目汇总，记账凭证可采用单式记账凭证，也可采用复式专用记账凭证，或复式通用记账凭证。账簿设现金日记账、银行存款日记账、总分类账和各种明细分类账。总账和日记账格式一般采用三栏式，明细分类账根据实际需要分别采用三栏式、多栏式、数量金额式或平行登记式。

表9-1　科目汇总表

企业单位：　　　　　　　　　　20××年1月10日　　　　　　　附记账凭证　　　张

会计科目	总页	借方金额	贷方金额
库存现金		60 440	59 400
银行存款		165 400	107 600
应收账款		58 500	15 000

续表

会计科目	总页	借方金额	贷方金额
其他应收款		2 000	2 000
在途物资		11 700	33 000
原材料		33 000	
短期借款			
应付账款		23 400	60 000
应付职工薪酬		56 800	
应交税费		5 400	
主营业务收入			148 900
销售费用		295	
管理费用		1 865	
财务费用		7 100	
合计		425 900	425 900

复核：制表：

表9-2 总分类账

会计科目：银行存款

20××年		凭证		摘要	借方	贷方	借或贷	余额
月	日	号	数					
1	1			月初余额			借	20 000
	10	科汇01号		1日至10日发生额	165 400	107 600	借	77 800
	20	科汇03号		11日至20日发生额	26 600	36 400	借	68 000
	31	科汇05号		21日至31日发生额	19 000	25 000	借	62 000
	31			本月发生额及余额	211 000	169 000	借	62 000

复核：记账：制表：

二、科目汇总表账务处理程序的记账程序

第一，根据原始凭证或原始凭证汇总表编制各种记账凭证（收款凭证、付款凭证、转账凭证）；第二，根据收款凭证、付款凭证及相关的原始凭证逐笔序时登记现金日记账和银行存款日记账；第三，根据记账凭证及所附原始凭证、原始凭证汇总表逐笔登记各种明细分类账；第四，根据记账凭证定期编制科目汇总表（记账凭证汇总表）；第五，根据科目汇总表登记总分类账；第六，会计期末，将现金日记账、银行存款日记账余额与有关总分类账余额定期核对相符；将明细分类账余额与有关总分类账余额定期核对，保证账账相符；第七，根据核对相符的总分类账和各种明细分类账期末余额或发生额合计编制会计报表。科目汇总表账务处理程序（图9-3）。

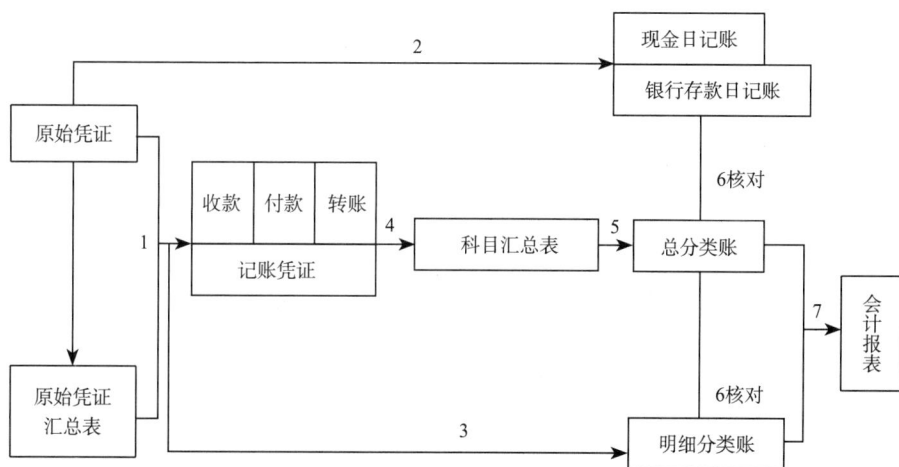

图9-3　科目汇总表核算形式

三、科目汇总表账务处理程序的优缺点及适用范围

优点：由于是根据科目汇总表登记总账，所以大大减少了登记总账的次数，简化了登记总分类账工作；同时，通过编制记账凭证汇总表可以检查本期发生额是否平衡，通过试算平衡可以发现错误，有助于提高记账质量，便于对资金运动进行分析；汇总方式比较简单，运用方便。

缺点：由于科目汇总表本身不能反映科目对应关系，据此登记总账，也难以看出账户与账户之间的对应关系，不便于根据账簿记录来分析检查经济业务的来龙去脉，使复式记账法的优点在这里得不到体现，给对账工作带来一定困难。

适用范围：这种核算形式，主要适用于日常经济业务较多，处理会计凭证数额

较大的单位。因此，其适用范围较广，特别适用于规模大、业务量多的大中型企业单位。

第五节　记账凭证账务处理程序举例

（一）相关资料

20××年中原海华公司12月期初有关资料（表9-3）：

表9-3　中原海华公司20××年12月1日总账及明细账余额表

总账科目	明细科目	借方余额	贷方余额	总账科目	明细科目	借方余额	贷方余额
库存现金		1 200		短期借款			30 000
银行存款		82 800		应付账款			7 800
应收账款		48 000			山峰公司		2 800
	丰润公司	20 000			丽云公司		5 000
	开元公司	28 000		预收账款			8 700
预付账款		4 500			海天公司		9 500
	昌盛公司	5 000			云帆公司	800	
	青鸟公司		500	应付职工薪酬			12 000
其他应收款		250		应交税费			14 080
原材料		28 800		应付股利			28 000
	甲材料	12 800		盈余公积			55 250
	乙材料	16 000		实收资本			400 000
生产成本	A产品	35 940		利润分配			45 860
库存商品		96 900					
	A产品	66 000					
	B产品	30 900					
固定资产		450 000					
累计折旧			146 700				

中原海华公司 20×× 年 12 月份发生下列经济业务：

（1）1 日，向山峰公司购入甲材料 300 千克，材料已验收入库，收料单第 45 号，价款 19 200 元，进项税额 2 496 元，共计 21 696 元尚未支付。

（2）3 日，收到丰润公司上月账款 18 000 元，开元公司上月账款 28 000 元，存入银行。

（3）4 日，开出银行转账支票 5 000 元，偿付丽云公司上月账款。

（4）5 日，开出银行转账支票，支付上月应缴纳城市维护建设税 1 500 元、所得税 8 600 元。

（5）5 日，领用甲材料 350 千克，单位成本 64 元，领料单第 185 号，用于制造 A 产品 300 千克，成本 19 200 元，车间一般耗用 50 千克，成本 3 200 元；发出乙材料 300 千克，单位成本 53 元，总成本 15 900 元。领料单第 186 号，用于 B 产品生产。

（6）6 日，售出 A 产品 200 件给丰润公司，价款 40 000 元，销项税额 5 200 元，共计 45 200 元，货款尚未收到，发货单号第 0250 号。

（7）7 日，售 B 产品 100 件给开元公司，价款 18 000 元，销项税额 2 340 元，共计 20 340 元，货款尚未收到，发货单号第 0251 号。

（8）10 日，从丽云公司购入乙材料 300 千克，已验收入库，收料单第 46 号，价款 15 000 元，增值税额 1 950 元，共计 16 950 元，尚未支付。开出银行支票支付运杂费 900 元（假设不考虑增值税）。

（9）11 日，开出支票，支付山峰公司货款 2 800 元。

（10）12 日，从山峰公司购入甲材料 300 千克，价款 18 600 元，增值税额 2 418 元，共计 21 018 元，尚未支付，材料已验收入库，收料单第 47 号。运杂费 600 元以现金支付（假设不考虑增值税）。

（11）14 日，售出 A 产品 100 件，价款 20 000 元，销项税额 2 600 元，共计 22 600 元。款项收到，存入银行，发货单第 0252 号。

（12）15 日，开出现金支票 1 000 元，提取现金。

（13）16 日，用现金购入办公用品 265 元，直接交行政管理部门使用（假设不考虑增值税）。

（14）16 日，从丽云公司购入乙材料 200 千克，价款 10 000 元，进项税额 1 300 元，共计 11 300 元，尚未支付，材料已验收入库，收料单第 48 号。开出银行支票支付运杂费 600 元（假设不考虑增值税）。

（15）16 日，收到丰润公司和开元公司账款 30 000 元、18 000 元，存入银行。

（16）17 日，售出 B 产品 150 件，价款 27 000 元，销项税额 3 510 元，共计 30 510 元，款项收到存入银行，发货单第 0253 号。以银行存款支付运杂费 1 200 元（假设不考虑增值税）。

（17）18日，领用甲材料200千克，单位成本64元，其中用于A产品150千克，成本9 600元，B产品50千克，成本3 200元，领料单第187号；发出乙材料300千克，成本15 900元，用于B产品生产，领料单第188号。

（18）20日，行政管理人员王华报销差旅费225元，余款25元交回。

（19）21日，开出转账支票支付丽云公司货款17 550元。

（20）24日，开出转账支票支付职工医药费2 250元。

（21）26日，开出转账支票支付小王上月工资20 600元。

（22）28日，售给丰润公司A产品150件，价款30 000元，税款3 900元，共计33 900元尚未收到，发货单第0254号。

（23）31日，经计算本月份生产工人工资15 300元（按产品生产工时在两种产品间进行分配：A产品2 000工时，9 000元；B产品1 400工时，6 300元），车间管理人员工资1 200元，公司行政管理人员工资4 100元。

（24）31日，本月份车间照明耗电640元，管理部门耗电265元，尚未支付（假设不考虑增值税）。

（25）31日，本月份应计水费485元，其中车间耗用300元，管理部门耗用185元，尚未支付（假设不考虑增值税）。

（26）31日，本月份固定资产折旧费2 300元，其中车间部门负担1 800元，管理部门500元。

（27）31日，预提本月份应负担的借款利息740元。

（28）31日，结转本月份制造费用，并按产品生产工时在A、B两种产品间进行分配。

（29）31日，A产品600件，B产品400件全部完工验收入库，并结转其生产成本。

（30）31日，结转已售出A产品450件、B产品250件的生产成本。

（31）31日，分别计算结转本月应纳城市维护建设税和教育费附加。

（32）31日，结转本月产品销售收入和有关的成本费用，计算确定本月实现的利润。

（33）31日，根据本月实现的利润，按25%的税率计算应交所得税。

（34）31日，结转本月份的所得税和税后利润。

（35）31日，按税后利润的10%提取盈余公积。

（36）31日，结转本期已分配利润。

（二）会计核算

1. 编制记账凭证

根据以上所发生的经济业务，填制收款凭证、付款凭证和转账凭证（表9-4）。

表9-4 会计凭证

20××年		凭证		摘要	会计科目		借方金额	贷方金额
月	日	字	号		总账科目	明细科目		
12	1	转	01	采购材料	材料采购	甲材料	19 200	
					应交税费	应交增值税（进项税额）	2 496	
					应付账款	山峰公司		21 696
		转	02	材料验收入库	原材料	甲材料	19 200	
					材料采购	甲材料		19 200
	3	收	01	收回欠款	银行借款		46 000	
					应收账款	丰润公司		18 000
						开元公司		28 000
	4	付	01	支付货款	应付账款	丽云公司	5 000	
					银行存款			5 000
	5	付	02	缴纳税金	应交税费	应交城市维护建设税	1 500	
						应交所得税	8 600	
					银行存款			10 100
	5	转	03	生产领用材料	生产成本	A产品	19 200	
						B产品	15 900	
					制造费用		3 200	
					原材料	甲材料		22 400
						乙材料		15 900
	6	转	04	赊销A产品	应收账款	丰润公司	45 200	
					主营业务收入	A产品		40 000
					应交税费	应交增值税（销项税额）		5 200
	7	转	05	赊销B产品	应收账款	开元公司	20 340	
					主营业务收入	B产品		18 000
					应交税费	应交增值税（销项税额）		2 340

续表

20××年		凭证		摘要	会计科目		借方金额	贷方金额
月	日	字	号		总账科目	明细科目		
12	10	转	06	采购材料	材料采购	乙材料	15 000	
					应交税费	应交增值税（进项税额）	1 950	
					应付账款	丽云公司		16 950
		付	03	付运杂费	材料采购	乙材料	900	
					银行存款			900
		转	07	材料验收入库	原材料	乙材料	15 900	
					材料采购			15 900
	11	付	04	支付货款	应付账款	山峰公司	2 800	
					银行存款			2 800
	12	转	08	采购材料	材料采购	甲材料	18 600	
					应交税费	应交增值税（进项税额）	2 418	
					应付账款	山峰公司		21 018
		付	05	支付运费	材料采购	甲材料	600	
					库存现金			600
		转	09	材料验收入库	原材料	甲材料	19 200	
					材料采购	甲材料		19 200
	14	收	02	销售产品	银行存款		22 600	
					主营业务收入	A产品		20 000
					应交税费	应交增值税（销项税额）		2 600
	15	付	06	提取现金	库存现金		1 000	
					银行存款			1 000
	16	付	07	购买办公用品	管理费用	办公用品	265	
					库存现金			265
		转	10	采购材料	材料采购	乙材料	10 000	
					应交税费	应交增值税（进项税额）	1 300	
					应付账款	丽云公司		11 300

续表

20××年		凭证		摘要	会计科目		借方金额	贷方金额
月	日	字	号		总账科目	明细科目		
12	16	付	08	支付运杂费	材料采购	乙材料	600	
					银行存款			600
		转	11	材料验收入库	原材料	乙材料	10 600	
					材料采购	乙材料		10 600
		收	03	收到欠款	银行存款		48 000	
					应收账款	丰润公司		30 000
						开元公司		18 000
	17	收	04	销售产品	银行存款		30 510	
					主营业务收入	B产品		27 000
					应交税费	应交增值税（销项税额）		3 510
		付	09	支付运杂费	销售费用	运杂费	1 200	
					银行存款			1 200
	18	转	12	生产领用材料	生产成本	A产品	9 600	
						B产品	19 100	
					原材料	甲材料		12 800
						乙材料		15 900
	20	转	13	报销差旅费	管理费用	乙材料	225	
					其他应收款	王华		225
		收	05	王华交回余款	库存现金		25	
					其他应收款	王华		25
	21	付	10	支付货款	应付账款	丽云公司	17 550	
					银行存款			17 550
	24	付	11	支付医药费	应付职工薪酬	福利费	2 250	
					银行存款			2 250
	26	付	12	支付职工工资	应付职工薪酬	工资	20 600	
					银行存款			20 600

续表

20××年		凭证		摘要	会计科目		借方金额	贷方金额
月	日	字	号		总账科目	明细科目		
12	28	转	14	赊销产品	应收账款	丰润公司	33 900	
					主营业务收入	A 产品		30 000
					应交税费	应交增值税（销项税额）		3 900
	31	转	15	分配本月工资	生产成本	A 产品	9 000	
						B 产品	6 300	
					制造费用	工资	1 200	
					管理费用	工资	4 100	
					应付职工薪酬	工资		20 600
		转	16	分配电费	制造费用	电费	640	
					管理费用	电费	265	
					其他应付款			905
		转	17	分配水费	制造费用	水费	300	
					管理费用	水费	185	
					其他应付款			485
		转	18	计提折旧	制造费用	折旧费	1 800	
					管理费用	折旧费	500	
					累计折旧			2 300
		转	19	预提借款利息	财务费用	利息	740	
					应付利息			740
		转	20	分配本月制造费用	生产成本	A 产品	4 200	
						B 产品	2 940	
					制造费用❶			7 140
		转	21	结转完工入库产品成本	库存商品	A 产品	77 940	
						B 产品	44 240	
					生产成本❷			122 180

❶ 制造费用 =3 200+1 200+640+300+1 800=7 140（元）。

❷ A 产品生产成本 = 期初 35 940+19 200+9 600+9 000+4 200=77 940（元）。

　B 产品生产成本 =15 900+19 100+6 300+2 940=44 240（元）（第 03、12、15、20 笔业务）。

续表

20××年		凭证		摘要	会计科目		借方金额	贷方金额
月	日	字	号		总账科目	明细科目		
12	31	转	22	结转已销产品成本	主营业务成本❶	A产品	58 455	
						B产品	27 650	
					库存商品	A产品		58 455
						B产品		27 650
		转	23	结转本月应交城市维护建设税和教育费附加	税金及附加❷		938.6	
					应交税费	应交城市维护建设税		657.02
						应交教育费附加		281.58
		转	24	结转本月销售收入	主营业务收入❸	A产品	90 000	
						B产品	45 000	
					本年利润			135 000
		转	25	结转本月成本费用	本年利润		94 523.6	
					主营业务成本	A产品		58 455
						B产品		27 650
					税金及附加			938.6
					销售费用			1 200
					管理费用❹			5 540
					财务费用			740
		转	26	计算本月应交所得税	所得税费用		10 119.1	
					应交税费	应交所得税		10 119.1
		转	27	结转所得税	本年利润		10 119.1	
					所得税费用			10 119.1
		转	28	结转本月净利润	本年利润		30 357.3	
					利润分配	未分配利润		30 357.3

❶ A产品单位成本 =77 940/600=129.9（元／件），A产品销售成本 =129.9×450=58 455（元）。
   B产品单位成本 =44 240/400=110.6（元／件），B产品销售成本 =110.6×250=27 650（元）。
❷ 增值税销项税额 =5 200+2 340+2 600+3 510+3 900=17 550（元）。
   增值税进项税额 =2 496+1 950+2 418+1 300=8 164（元）。
   本月应交纳增值税 =17 550-8 164=9 386（元）。
   应交纳城市维护建设税 =9 386×7%=657.02（元）。
   应交教育费附加 =9 386×3%=281.58（元）。
❸ A产品主营业务收入 =40 000+20 000+30 000=90 000（元）。
   B产品主营业务收入 =18 000+27 000=45 000（元）。
❹ 管理费用 =265+225+4 100+265+185+500=5 540（元）（第 07、13、15、16、17、18 笔业务）。

续表

20××年		凭证		摘要	会计科目		借方金额	贷方金额
月	日	字	号		总账科目	明细科目		
12	31	转	29	提取盈余公积	利润分配	提盈余公积	3 035.73	
					盈余公积			3 035.73
		转	30	结转本月已分配利润	利润分配	未分配利润	3 035.73	
					利润分配	提盈余公积		3 035.73

2. 登记现金日记账和银行存款日记账

根据所编制的现金收、付款凭证，逐日逐笔登记现金日记账；根据银行收、付款凭证逐日逐笔登记银行存款日记账。其格式和登记方法（表9-5、表9-6）。

表9-5　现金日记账

20××年		凭证		对方科目	摘要	借方	贷方	余额
月	日	字	号					
12	1				月初余额			1 200
	12	付	05	材料采购	支付运费		600	600
	15	付	06	银行存款	提取现金	1 000		1 600
	16	付	07	管理费用	购买办公用品		265	1 335
	20	收	05	其他应收款	王华交回余款	25		1 360
12	31				本月合计	1 025	865	1 360

表9-6　银行存款日记账

20××年		凭证		对方科目	摘要	借方	贷方	余额
月	日	字	号					
12	1				月初余额			82 800
	3	收	01	应收账款	收回欠款	46 000		128 800
	4	付	01	应付账款	支付货款		5 000	123 800
	5	付	02	应交税费	缴纳税金		10 100	113 700
	10	付	03	材料采购	支付运杂费		900	112 800
	11	付	04	应付账款	支付货款		2 800	110 000

20××年		凭证		对方科目	摘要	借方	贷方	余额
月	日	字	号					
	14	收	02	主营业务收入	销售产品	22 600		132 600
	15	付	06	库存现金	提取现金		1 000	131 600
	16	付	08	材料采购	支付运杂费		600	131 000
	16	收	03	应收账款	收到欠款	48 000		179 000
	17	收	04	主营业务收入	销售产品	30 510		209 510
	17	付	09	销售费用	支付运杂费		1 200	208 310
	21	付	10	应付账款	支付货款		17 550	190 760
	24	付	11	应付职工薪酬	支付医药费		2 250	188 510
	26	付	12	应付职工薪酬	支付职工工资		20 600	167 910
12	31				本月合计	147 110	62 000	167 910

3. 登记明细分类账

根据原始凭证和所编制的记账凭证，登记明细分类账。为了简化业务，只登记应付账款明细账（表9-7、表9-8）和生产成本明细账（表9-9、表9-10）。

表9-7　应付账款明细账

山峰公司

20××年		凭证		摘要	借方	贷方	借或贷	余额
月	日	字	号					
12	1			月初余额			贷	2 800
	1	转	01	采购材料		21 696	贷	24 496
	11	付	04	支付货款	2 800		贷	21 696
	12	转	08	采购材料		21 018	贷	42 714
12	31			本月合计	2 800	42 714	贷	42 714

表9-8　应付账款明细账

丽云公司

20××年		凭证		摘要	借方	贷方	借或贷	余额
月	日	字	号					
12	1			月初余额			贷	5 000
	4	付	01	支付货款	5 000		贷	0
	10	转	06	采购材料		16 950	贷	16 950
	16	转	10	采购材料		11 300	贷	28 250
	21	付	10	支付货款	17 550		贷	10 700
12	31			本月合计	22 550	28 250	贷	10 700

表9-9　生产成本明细账

产品名称：A产品

20××年		凭证		摘要	借方发生额				转出
月	日	字	号		直接材料	直接人工	制造费用	合计	
12	1			期初余额	35 940			35 940	
	5	转	03	本月材料费	28 800			28 800	
	18	转	12						
	31	转	13	本月工资		9 000		9 000	
	31	转	20	本月制造费用			4 200	4 200	
	31	转	21	本月完工品转出	（64 740）	（9 000）	（4 200）	（77 940）	（77 940）
	31			本月合计					

表9-10　生产成本明细账

产品名称：B产品

20××年		凭证		摘要	借方发生额				转出
月	日	字	号		直接材料	直接人工	制造费用	合计	
12	31	转	13	本月工资		6 300		6 300	
	5	转	03	本月材料费	35 000			35 000	
	18	转	12						
	31	转	20	本月制造费用			2 940	2 940	
	31	转	21	本月完工品转出	（35 000）	（6 300）	（2 940）	（44 240）	（44 240）
	31			本月合计					

4.编制科目汇总表

每月编制一张记账凭证科目汇总表（表9-11、表9-12），据以登记总分类账。

表9-11　科目汇总表

企业单位：中原海华公司　　　　20××年12月31日　　　附记账凭证47张　　编号 01

会计科目	总页	借方金额	贷方金额
库存现金		1 025	865
银行存款		147 110	62 000
应收账款		99 440	94 000
预付账款			
其他应收款			250
材料采购		64 900	64 900
原材料		64 900	67 000
生产成本		86 240	122 180
制造费用		7 140	7 140
库存商品		122 180	86 105
固定资产			
累计折旧			2 300
短期借款			
应付账款		25 350	70 964
预收账款			
其他应付款			1 390
应付职工薪酬		22 850	20 600
应付利息			740
应交税费		18 264	28 607.7
盈余公积			3 035.73
本年利润		135 000	135 000
利润分配		3 035.73	30 357.3
合计		797 434.73	797 434.73

复核：　　　　　　　　　　　　　　　　　　　　　　　　　制表：

表9-12　科目汇总表

企业单位：中原海华公司　　　　　　20××年12月31日　　　　附记账凭证47张　　编号　02

会计科目	总页	借方金额	贷方余额
主营业务收入		135 000	135 000
主营业务成本		86 105	86 105
税金及附加		938.6	938.6
销售费用		1 200	1 200
管理费用		5 540	5 540
财务费用		740	740
所得税费用		10 119.1	10 119.1
合计		239 642.7	239 642.7

复核：　　　　　　　　　　　　　　　　　　　　　　制表：

5. 编制科目汇总表

月终时，根据所编制的记账凭证汇总表，登记有关各总分类科目，总账的登记工作可以在每月汇总后登记一次，也可在月终根据全月发生额每月登记一次（表9-13）。

表9-13　总分类账

会计科目：库存现金第1页

20××年		凭证		摘要	借方	贷方	借或贷	余额
月	日	字	号					
12	1			月初余额			借	1 200
		汇	01	本月发生额	1 025	865	贷	1 360
12	31			本月合计	1 025	865	贷	1 360

其余总分类账登记方式相同，在此略记。

6. 对账与结账

月终，将各账户结出余额，并将现金日记账、银行存款日记账余额及各明细账的余额合计数，分别与总分类账中有关科目余额核对相符。

7. 编制会计报表

月终，根据核对无误的总分类账和明细分类账的记录，编制试算平衡表。试算平衡后根据总分类账及有关明细分类账的余额，编制"资产负债表""利润表"等会计报表，见第十章中中原海华公司的资产负债表、利润表。

除了以上三种账务处理程序外，还有多栏式日记账组织核算形式，其特点是需设置多栏式现金日记账和多栏式银行日记账。月终，根据多栏式日记账和转账凭证（或转账凭证科目汇总表），登记总分类账。它一般适合收付款业务多，但经济业务比较简单的企业。另一种是日记总账组织核算形式，其特点是需设置日记账总账，并根据记账凭证逐笔登记日记总账，依据明细账和日记总账编制会计报表。它一般适用于规模很小、业务量少的企业。

第十章　财务报告

扫码获得
本章PPT

【思政案例】

"岁终则会计其政。"《周礼·地官·舍人》中所描述的就是会计的年终核算，本章讲述的内容即为会计信息的最终载体——财务报告。

20××年11月，全国首单证券集体诉讼（也称"特别代表人诉讼"）案件一审宣判，某上市公司被判赔偿5万余名投资者24.59亿元，此判决书一出炉，即以引发社会范围的公众关注和讨论，迅速登上新闻排行榜前位。

据该案件判决结果显示：该上市公司承担24.59亿元的赔偿责任；公司实际控制人及4名原高管人员组织策划实施财务造假，属故意行为，承担100%的连带赔偿责任；另有13名高管人员按过错程度分别承担20%、10%、5%的连带赔偿责任。

同时，该上市公司的审计机构某会计师事务所，因未实施基本的审计程序，严重违反了相关法律规定，导致该上市公司严重财务造假未被审计发现，被判决承担100%的连带赔偿责任。事务所合伙人和签字会计师在该事务所承责范围内承担连带赔偿责任。这一案件是至此法院审理的原告人数最多、赔偿金额最高的上市公司虚假陈述民事赔偿案件，是在资本市场史上具有开创意义的标志性案件。

法院审理查明，该上市公司披露的年度报告和半年度报告中，存在虚增营业收入、利息收入及营业利润，虚增货币资金和未按规定披露股东及其关联方非经营性占用资金的关联交易情况，其聘用的会计事务所出具的财务报表审计报告存在虚假记载，均构成证券虚假陈述行为，造成了证券投资者投资损失，应承担赔偿责任。

案例中提到的年度报告和半年度报告，即为本章要学习和讨论的财务报告。

通过上述案例的表述，请思考如下几个问题：

（1）财务报告是什么？

（2）财务报告应该披露该上市公司的哪些信息？

（3）财务报告都包括什么？

（4）虚假陈述的财务报告为什么会给投资者造成如此大的损失？

（5）作为未来的财务人员应该如何出具正确合法的财务报表，避免上述案例中引发诉讼和巨额赔偿的情形？

第一节　财务报告概述

在日常企业财务会计核算中，过去发生的各项经济交易或事项已经按照前述的一般原则要求，使用会计这一商业语言依照一定账务处理程序和方法进行确认和计量，并将结果在各类会计凭证和账簿中进行记录。但每张会计凭证所反映和记录的是已发生的个别经济业务，被登记到会计账簿中的相关财务信息尽管详尽、具体，也能够提供分类信息；然而随着经济业务的发生，信息数量逐步增加且分散，难以集中、概括地反映该企业财务状况、经营成果和现金流量。为使会计信息能够更好地满足各类会计信息使用者需求，还应对日常会计核算资料进一步加工和整理，定期按照统一要求及格式提供会计信息。

用以反映企业在某一特定日期的财务状况、某一特定时期的经营成果和现金流量的载体，即为财务报告；这一过程即为财务报告的编制，用以实现会计核算的报告职能。财务报告提供的信息一方面要遵守会计准则求真务实，展现正确的质量观以满足信息质量要求；另一方面要求报告编制人员恪守职业行为规范，既要有底线思维，又要付诸行动不弄虚作假。

一、财务报告的概念和作用

财务报告是单位以经过审核的日常会计账簿记录和有关资料为主要编制依据，对外提供用以反映单位某一特定日期的财务状况和某一会计期间的经营成果、现金流量等诸多会计信息的书面文件。财务报告，也称财务会计报告，包括财务报表和其他应当在财务报告中披露的相关信息和资料；其中，财务报表是财务报告的核心。《企业会计准则第30号——财务报表列报》（财会〔2014〕7号）中明确规定："财务报表是对企业财务状况、经营成果和现金流量的结构性表述。"财务报表由报表本身及其附注两部分构成，一套完整的财务报表至少包括五个组成部分：资产负债表、利润表、现金流量表、所有者权益（或股东权益）变动表及附注（简称"四表一注"）。上述组成部分具有同等的重要程度。

同时，根据《会计法》的有关规定，企业应当按照国家统一的会计制度编制财务会计报告，向有关会计信息使用者们提供的财务报告，其编制基础、编制依据、编制原则和方法应当一致，不得对外提供不同口径的财务会计报告。企业编制年报应当严格执行财政部发布的企业会计准则、企业会计准则解释、企业会计准则应用指南、会计处理规定等有关规定，不得编制或提供不符合国家统一会计制度要求的会计信息。

企业会计核算以反映"资产 = 负债 + 所有者权益"这一会计平衡关系为起点，也以其为终结。日常的会计核算工作必须面向财务会计最终目标，即通过财务报告向各方信息使用者提供会计信息。因此，正确、及时地编制财务报表是会计循环的最后环节，也是最重要的环节；同时，对需要以会计信息为基础做出决策的使用者们具有重要意义，具体包括以下三个方面：

（一）为投资者的投资和债权人的赊销、借款等决策提供会计信息

企业经营资金由投资人、债权人等提供，因而企业必须采用报告的形式，定期让投资者、债权人及其他利益相关者对其财务状况、经营成果和现金流量有充分了解，方便其做出相关经济决策。

从投资人方面来看，通过财务报告能够了解被投资对象的财务状况好坏和盈利能力大小以及未来发展趋势，据以分析投资收益情况和资本保值增值情况，从而做出是否继续持有、追加、收回或转移投资的正确决策；而债权人通过债务人的财务报告，能够了解其财务状况好坏和现金流量大小等，据以分析、评估该债务人偿还本金和支付利息的能力，有利于做出正确的信贷决策，避免借款或赊销的盲目性，降低本息损失的风险，保障自己的合法权益。不仅是现有投资人和债权人，财务报告同时也可为潜在投资者和债权人选择投资和贷款方向提供依据。

（二）为单位自身加强经济管理提供经验数据和历史资料

通过定期编制财务报告，能够获得关于企业生产经营的会计信息，形成一系列财务指标，利用这些指标可以说明企业资产、负债、所有者权益增减变动情况以及收入的取得、费用的开支、成本和盈利的形成情况。这些数据资料不仅可以帮助人们全面地了解和观察企业的生产经营情况，也是衡量和评价自身财务状况和经营效率的重要依据，为持续改善企业经营管理提供方向。

（三）为有关政府管理部门加强检查、监督，维护经济秩序提供资料

政府财政、税务、审计、工商行政管理等相关管理机构或部门通过财务报告，能够了解、掌握社会经济资源分配情况，检查各单位是否严格执行国家有关方针政策、法律法规和行政规定，资金筹集和使用是否合法合理，是否履行法定义务及时并足额地缴纳各种税费，有无偷漏税问题等。一方面可以为宏观政策调控、正确制定财政税收等经济政策的制定提供依据，另一方面可以促使各单位遵纪守法，维护经济秩序，进而实现社会主义市场经济健康有序的高质量发展。

二、财务报告的构成

企业财务报告在会计分期假设基础上定期编制。会计核算的基本假设前提包括会计主体、持续经营、会计分期和货币计量。根据我国《企业财务会计报告条例》（国务院令第 287 号）的规定："企业财务会计报告按编报时间分为年度、半年度、季度和月度财务会计报告。"其中，半年度、季度和月度财务会计报告统称为中期财务报告。年度、半年度财务报告应当包括：会计报表、会计报表附注、财务情况说明书。年度结账日为公历年度每年的 12 月 31 日；月度、季度、半年度结账日分别为公历年度每月、每季、每半年的最后一天。

会计报表应当包括资产负债表、利润表、现金流量表及所有者权益（或股东权益）变动表。季度、月度财务报告通常仅指会计报表，会计报表至少应当包括资产负债表和利润表。国家统一的会计制度规定季度、月度财务会计报告需要编制会计报表附注的，从其规定（表 10-1）。

表10-1　财务报告的组成

财务报告	财务报表（核心）	四表（会计报表）	资产负债表
			利润表
			现金流量表
			所有者权益（或股东权益）变动表
		一注	附注
	其他应当在财务报告中披露的相关信息和资料，如财务情况说明书等		

企业应当在财务报告的显著位置至少披露下列各项信息：编报企业的名称；资产负债表日或财务报表涵盖的会计期间；人民币金额单位；财务报表若是合并财务报表，应当予以标明。其中，会计报表具体结构如下所示：

（一）表头

会计报表的表头主要包括会计报表的名称、会计报表反映的时间（某一特定日期或某一会计期间）、编表单位名称和盖章、报表编号和金额单位等内容。

（二）表体

表体即会计报表的主要内容，用以反映会计报表所要提供的主要会计信息。不同会计报表所要提供的信息不同，会计报表主表的结构也不同。如资产负债表反映企业的财务状况，利润表侧重反映企业的经营成果，而现金流量反映企业的现金流量。

会计报表的附表是一张完整的会计报表，如"利润分配表"是"利润表"的附表。从编制上看，附表即可单独编制，也可和主表合并在一起编制。如可将利润表和利润分配表合并编制为"利润及利润分配表"。

附注的实质是会计报表的补充资料。目的是帮助信息使用者更好地了解会计报表的内容而对报表的编制基础、编制依据、编制原则和方法及有关项目等作出的解释或说明。主要包括：

（1）不符合基本会计假设的说明。

（2）重要会计政策和会计估计及其变更情况、变更原因及其对财务状况和经营成果的影响。

（3）或有事项和资产负债表日后事项的说明。

（4）关联方关系及其交易的说明。

（5）重要资产转让及其出售情况。

（6）企业合并、分立。

（7）重大投资、融资活动。

（8）会计报表中重要项目的明细资料。

（9）有助于理解和分析会计报表需要说明的其他事项。

财务情况说明书是对企业一定会计期间内生产经营的基本情况、资金增减和周转情况及利润实现和分配情况的综合性说明，是财务报告不可或缺的组成部分。它能全面简练地展现企业生产经营、财务活动情况，分析总结经营成果和会计核算方法，是财务报告使用者了解和考核有关单位生产经营和业务活动开展情况的重要资料。

从不同的分类角度出发对财务报告进行划分，则分类结果不同（表10-2）。

表10-2　财务报告的分类

划分依据	分类	其他
会计报表所反映的内容	动态会计报表	反映企业在一定时期内完成的经济指标的报表，如利润表、现金流量表
	静态会计报表	反映企业在特定日期终了时，经济指标处于相对静止状态的报表，如资产负债表
会计报表的编报时间	月度会计报表	简称月报，指按月度编制的会计报表，如资产负债表、利润表
	季度会计报表	简称季报，指按季度编制的会计报表
	年度会计报表	简称年报，指按年度编制的会计报表
会计报表的编制单位	单位会计报表	单位报表，指企业单位在自身会计核算的基础上，对账簿记录进行加工编制的会计报表
	汇总会计报表	汇总报表，指企业主管部门或上级机关，根据所属单位报送的会计报表，连同本单位会计报表汇总编制的综合性会计报表
会计报表各项目所反映的数字内容	个别会计报表	指报表各项目数字所反映的内容，仅仅包括企业本身的财务数字
	合并企业会计报表	指由母公司编制的包括所有控股子公司有关数字指标的会计报表
会计报表的服务对象	内部报表	指为适应企业内部经营管理需要而编制的不对外公开的会计报表，如成本报表
	外部报表	指企业向外提供的，供外部信息使用者使用的会计报表，如资产负债表

三、财务报告的编制要求

根据我国《企业财务会计报告条例》（国务院令第287号）、《企业会计准则第30号——财务报表列报》（财会〔2014〕7号）、《一般企业财务报表格式》（财会〔2017〕30号）等相关规定，企业在编制财务会计报告时，应当以持续经营为基础，根据真实经济交易、事项以及完整、准确的账簿记录等会计核算资料，并按照上述国家统一会计制度中规定的编制基础、编制依据、编制原则和方法进行，做到内容完整、数字真实、计算准确、编报及时，不得漏报或者任意删减。

（一）内容完整

会计必须按照国家规定的报表种类、格式和列报内容逐项进行填报，不得漏填或漏报。无论是表内项目，还是报表附注和财务情况说明书，都应一一填列齐全。对于汇总报表和合并报表，应按项目分别进行汇总或扣除，不得遗漏。

（二）数字真实

会计报表要与报表编制单位的客观财务状况、经营成果和现金流量相吻合。会计报表中各项数字必须以报告期的实际数字来填列，不能使用计划数、估计数，更不允许弄虚作假、篡改数字。

（三）计算正确

要求企业财务报告中各种数据的计算正确无误；会计报表间、会计报表各项目间，凡有对应关系的数字，应当相互一致；会计报表中本期与上期有关数字应当相互衔接。

（四）编报及时

会计报表必须向各信息使用者提供与其经济决策相关联的会计信息，而各信息使用者的经济决策受各类环境影响又具有强烈的时效性。因此，会计报表提供的会计信息满足使用者有用性这一质量标准，必须具有及时性。有用的信息必须及时，不及时信息的有用性会大打折扣甚至丧失。为此，企业应科学选择和组织适合本企业具体情况的会计核算组织形式，认真做好记账、算账和按期结账工作，按照规定的期限和程序及时编制和报送各期财务报告。

我国企业会计制度规定，月度会计报表应当于月度终了 6 天内（节假日顺延，下同）对外报出，季度会计报表应当于季度终了 15 天内对外报出，半年度会计报表应当于年度中期结束后 60 天内对外报出，年度会计报表应当于年度终了后 4 个月内对外报出。除现金流量表按照收付实现制原则编制外，其他报表应当按照权责发生制原则编制。

企业不应以附注披露代替确认和计量，不恰当的确认和计量也不能通过充分披露相关会计政策而纠正。如果按照各项会计准则规定披露的信息不足以让信息使用者了解特定交易或事项对企业财务状况和经营成果的影响时，企业还应当披露其他必要信息。

除此以外，《企业财务会计报告条例》（国务院令第 287 号）第五章专门制定了相关的法律责任。出现违法条例规定的行为，未构成犯罪的，对企业、直接负责的主管人员和其他直接责任人员处以不同程度的罚款或处分；构成犯罪的，依法追究刑事责任。如第四十条规定："企业编制、对外提供虚假的或者隐瞒重要事实的财务会计报告，构成犯罪的，依法追究刑事责任。"

由以上条例可以看出，为了保障企业财务报告所披露信息的真实性、完整性、有用性等，规范企业财务报告列报，提高会计信息质量，我国从报告时间、报告格式、报告内容，甚至法律责任等各方面做出了详尽规定。《会计法》第二十一条明确规定："财务会计报告应当由单位负责人和主管会计工作的负责人、会计机构负责人（会计主管人员）签名并盖章；设置总会计师的单位，还须由总会计师签名并盖章。"

作为未来的财务或相关从业人员，从现在起就应夯实专业理论基础，以国家法律法规为准绳，树立职业道德观和价值观，为自身职业生涯的持续高质量发展保驾护航。

第二节　资产负债表

一、资产负债表概述

资产负债表是反映企业在某一特定日期财务状况的会计报表，它表明企业在某一特定日期所拥有或控制的经济资源（资产）、所承担的现时义务（负债）和所有者对净资产的要求权（所有者权益，或者股东权益）。资产负债表应当按照资产、负债和所有者权益分类分项列示。

资产负债表利用会计平衡原则，将符合会计原则的"资产、负债、股东权益"交易科目分为"资产"和"负债及股东权益"两大区块，在经过分录、转账、分类账、试算、调整等一系列会计程序后，以特定日期的静态企业财务状况为基准，按照列报格式要求浓缩成一张报表。该报表除了可以帮助企业在内部除错、防止弊端外，也可让所有报表使用者在最短时间内了解企业经营状况。

资产负债表的编制原理是"资产 = 负债 + 所有者权益"。它既是一张平衡报表，反映资产总计（位于报表左方）与负债及所有者权益总计（位于报表右方）相等；又是一张静态报表，反映企业在某一日期（时点）的财务状况，如月末或年末。通过在资产负债表上同时设立"上年年末余额"和"期末余额"两栏，也能反映出企业财务状况的变动情况。

二、资产负债表的结构

资产负债表一般由表头、表体两部分构成，表头部分按要求列示报表的名称、编制单位、编制日期（资产负债表日）、报表编号和货币计量单位等内容；表体部分是资产负债表的主体，列示说明企业财务状况的各个项目，把企业某一特定时期的资产、负债和所有者权益要素按其流动性大小进行项目分类和列报。

资产负债表的结构有报告式（又称垂直式，呈上下结构分布）和账户式（又称平衡式，呈左右结构分布）两种，不管采用什么格式，资产各项目的合计一定等于负债和所有者权益各项目的合计。我国企业按规定采用账户式结构资产负债表，分为左右两方，左方列示资产各项目，大体按资产的流动性大小排列，称为资产方；右方列示负债和所有者权益各项目，负债项目一般按要求清偿时间的先后顺序排列，在企业清算之前不需要偿还的所有者权益项目排在后面，称为负债和所有者权益方。左方各项目金额合计等于右方各项目金额合计，即左方和右方平衡，这种格式因类似 T 形账户而得名。账户式的资产负债表着重反映企业的全部资产及其来源，并且利于报表使用者借助报表左右两方的对比分析来了解企业财务状况。

各项目在资产负债表中的列报顺序如下：

1. 报表左方

资产项目流动性由强至弱排列，分为流动资产和非流动资产。满足下列条件之一的资产，应当归类为流动资产：

（1）预计在一个正常营业周期中变现、出售、耗用。

（2）主要为交易目的而持有。

（3）预计在资产负债表日起 1 年内（含 1 年）变现。

（4）自资产负债表日起 1 年内，交换其他资产或清偿负债的能力不受限制的现金或现金等价物。

流动资产以外的资产则归类为非流动资产。

2. 报表右方

负债和所有者权益项目按对企业资产享有权的先后顺序列报，即负债在前，所有者权益在后。负债项目按债务偿还期限由短至长顺序排列，分为流动负债和非流动负债。满足下列条件之一的负债，应当归类为流动负债：

（1）预计在下一个正常营业周期中清偿。

（2）主要为交易目的而持有。

（3）自资产负债表日起 1 年内到期应予清偿。

（4）企业无自主权地将清偿推迟至资产负债表日后 1 年以上。

流动负债以外的负债应当归类为非流动负债。

所有者权益类项目中，则依据所有者权益的内容和稳定性的大小，按实收资本、资本公积、盈余公积和未分配利润的顺序排列。

三、资产负债表的编制方法

资产负债表的编制是以日常会计核算记录的数据和资料为基础进行归类、整理和汇总，进而按照相应要求加工成报表项目的过程。我国资产负债表主体部分的各列报项目都列有"上年年末余额"和"期末余额"两个栏目，是一种比较资产负债表。以下分别说明各报表项目及各栏目的具体填列方法。

（一）数据来源

"上年年末余额"栏内各项目数字，应根据上年年末资产负债表"期末余额"栏内所列示数字填写。如果本年度资产负债表规定的各个项目名称和内容与上年度不一致，应对上年年末资产负债表各项目名称和数字先按照本年度规定进行调整，按调整后的数字填入本表"上年年末余额"栏内。

"期末余额"是指某一会计期间期末的数字，即月末、季末、半年末或年末的数字。各资产负债表项目"期末余额"的数据来源，主要根据有关账户的期末余额来填列，主要有以下几种情形：

1. 直接根据总账科目的余额填列（直接填列）

主要项目：递延所得税资产、短期借款、应付票据、递延所得税负债、实收资本（或股本）、资本公积和盈余公积等。

【例 10-1】假定中原海华公司 20×× 年 12 月 31 日结账后的"短期借款"科目余额为 70 000 元。则该公司 20×× 年 12 月 31 日资产负债表中的"短期借款"项目金额为 70 000 元。

2. 根据总账和明细科目期末余额分析计算填列（分析填列）

主要项目：长期借款、其他非流动资产、其他非流动负债等。其中，"长期借款"项目，需要根据其总账科目余额扣除所属的明细科目中 1 年内到期且企业不能自主将清偿义务展期的金额后填列；"其他非流动资产"项目根据有关科目的期末余额减去

1 年内（含 1 年）收回数后的金额填列。

【例 10-2 】假定中原海华公司长期借款情况（表 10-3 ）。

表10-3　中原海华公司长期借款情况一览表

借款起始日期	借款期限（年）	金额（元）
20×2 年 1 月 1 日	3	7 000
20×1 年 3 月 5 日	5	20 000
20×0 年 6 月 11 日	3	3 000

该企业 20×2 年 12 月 31 日资产负债表中"长期借款"项目：

7 000 + 20 000 = 27 000（元）

本例中，应当根据"长期借款"总账科目余额 30 000（7 000 + 20 000 + 3 000）元，减去截至 20×2 年 12 月 31 日 1 年内到期的长期借款 3 000 元，作为资产负债表中"长期借款"项目的金额，即 27 000 元。1 年内到期的长期借款 3 000 元，则应当填列在流动负债下"1 年内到期的非流动负债"项目中。

3. 根据几个总账科目的期末余额计算填列（汇总填列）

主要项目：货币资金、未分配利润等，如"货币资金"项目应包含"库存现金""银行存款""其他货币资金"三个总账科目的期末余额（图 10-1 ）。

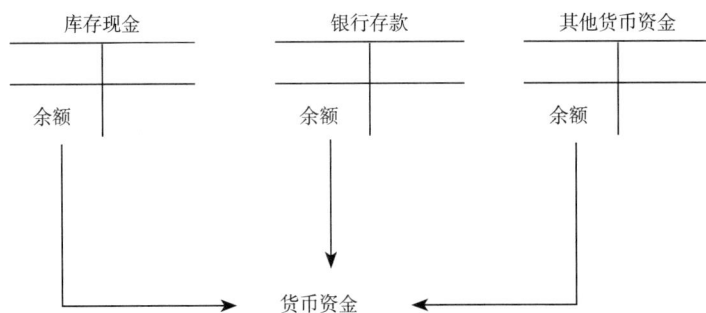

图10-1　根据总账科目的期末余额计算填列的项目

【例 10-3 】假定中原海华公司 20×× 年 12 月 31 日结账后的"库存现金"科目借方余额为 5 900 元，"银行存款"科目借方余额为 214 275 元，"其他货币资金"科目余额为 0 元。

企业应当按照"库存现金""银行存款"和"其他货币资金"三个总账科目余额加总后的金额，作为资产负债表中"货币资金"项目的金额。因此，该企业 20×× 年 12 月 31 日资产负债表中的"货币资金"项目金额为 5 900 + 214 275 + 0 = 220 175（元）

4. 根据明细账期末余额计算填列

主要项目：应付账款、预付款项、预收款项和开发支出等。如"预收款项"项目，根据"应收账款"所属相关明细账贷方余额和"预收账款"所属相关明细账贷方余额相加后填列；"开发支出"项目，需要根据"研发支出"科目所属的"资本化支出"明细科目期末余额填列。

【例 10-4】假定中原海华公司 20×× 年 10 月 31 日结账后有关科目所属明细科目借贷方余额（表 10-4）。

表10-4 中原海华公司往来账户明细科目余额表

科目名称	明细科目借方余额合计（元）	明细科目贷方余额合计（元）
应收账款	160 000	10 000
预付账款	80 000	6 000
应付账款	40 000	180 000
预收账款	60 000	140 000

"预付款项"项目，应当根据"预付账款"科目所属明细科目借方余额 80 000 元和"应付账款"科目所属明细科目借方余额 40 000 元加总，作为资产负债表中"预付账款"的项目金额，即 120 000 元；"应付账款"项目，应当根据"应付账款"科目所属明细科目贷方余额 180 000 元和"预付账款"科目所属明细科目贷方余额 6 000 元加总，作为资产负债表中"应付账款"的项目金额，即 186 000 元；"预收款项"项目，应当根据"预收账款"科目所属明细科目贷方余额 140 000 元和"应收账款"科目所属明细科目贷方余额 10 000 元加总，作为资产负债表中"预收款项"的项目金额，即 150 000 元。

由以上分析过程可知，该企业 20×× 年 10 月 31 日资产负债表中相关项目的金额可计算如下：

"预付款项"项目金额：80 000 + 40 000 = 120 000（元）

"应付账款"项目金额：6 000 + 180 000 = 186 000（元）

"预收款项"项目金额：140 000 + 10 000 = 150 000（元）

5. 根据有关资产科目余额与其备抵账户抵消后的净额填列

主要项目：应收票据、长期股权投资、投资性房地产、固定资产、在建工程和无形资产等。

【例 10-5】假定中原海华公司 20×× 年 12 月 31 日结账后的"固定资产"科目余额为 252 400 元，"累计折旧"科目余额为 3 260 元，"固定资产减值准备"科目余额为 1 000 元。

该企业 20×× 年 12 月 31 日资产负债表中的"固定资产"项目金额：

252 400 − 3 260 − 1 000 = 248 140（元）

本例中，中原海华公司应当以"固定资产"总账科目余额减去"累计折旧"和"固定资产减值准备"两个备抵类总账科目余额后的净额，作为资产负债表中"固定资产"的项目金额。

6. 综合运用上述填列方法分析填列

如资产负债表中的"存货"项目，根据"原材料""库存商品""委托加工物资""周转材料""材料采购""在途物资""发出商品"和"材料成本差异"等总账科目期末余额汇总后，再减去"存货跌价准备"后的净额填列。

（二）资产负债表的具体填列方法

1. 资产方的有关项目填列

（1）"货币资金"项目，反映会计报告期末企业库存现金、银行存款和其他货币资金等货币资金的合计数。本项目应根据"库存现金""银行存款""其他货币资金"科目的期末借方余额合计数填列。

（2）"应收账款"项目，反映资产负债表日以摊余成本计量的，企业因销售商品、产品和提供劳务等应向购买单位收取的各种款项。本项目应根据"应收账款"账户和"预收账款"账户所属各明细账户的期末借方余额合计减去"坏账准备"账户中有关应收账款计提的坏账准备期末余额后的金额填列。若"应收账款"账户所属明细账户期末有贷方余额的，应在本表"预收款项"项目内填列。

（3）"预付款项"项目，反映企业预付给供货单位或供应劳务单位的款项。本项目应根据"预付账款"账户和"应付账款"账户所属各明细账户的期末借方余额合计数填列。若"预付账款"账户所属各明细账户期末有贷方余额的，应在本表"应付账款"账户项目内填列。

（4）"其他应收款"项目，反映企业除应收票据、应收账款、预付账款等经营活动以外的其他各类应收和暂付款项。本项目应根据"应收利息""应收股利"和"其他应收款"账户的期末借方余额合计，减去"坏账准备"账户中有关其他应收款计提的坏账准备期末余额后的金额填列。

（5）"存货"项目，反映企业期末在库、在途、在使用和在加工中的各种存货的可变现净值或成本（成本与可变现净值孰低原则）。本项目应根据"材料采购（或在途物资）""原材料""材料成本差异""生产成本""库存商品""发出商品""委托加工物资""周转材料""受托代销商品"等账户的期末余额合计，再减去"存货跌价准备""受托代销商品款"等科目余额后的金额填列。按照《企业会计准则第 14 号——收入》（2017 年修订）的相关规定确认为资产的合同履约成本，应当根据"合同履约成本"账户的明细账户初始确认时摊销期限是否超过一年或者一个正常营业周期，在"存货"或"其他非流动资产"项目中填列，已经计提减值准备的，还应减去"合同履约成本减值准备"账户中的期末余额后的金额填列。"流动资产合计"项目，按流动资产各项目合计数填列。

（6）"固定资产"项目，反映企业的各种固定资产原价及累计折旧。本项目应根据"固定资产"账户，减去"累计折旧""固定资产减值准备"等备抵账户的期末余额以及"固定资产清理"科目余额后填列。

（7）"无形资产"项目，反映企业专利权、非专利权、商标权、土地使用权等各项无形资产的可回收余额。本项目应根据"无形资产"账户余额，减去"累计摊销""无形资产减值准备"等备抵账户的期末余额填列。

（8）"其他非流动资产"项目，反映企业除以上资产以外的其他非流动资产。

2. 负债项目的填列

（1）"短期借款"项目，反映企业已借入但尚未归还的 1 年期以下（含 1 年）的借款。本项目应根据"短期借款"账户的期末贷方余额填列。

（2）"应付账款"项目，反映资产负债表日以摊余成本计量的，企业购买材料、商品或接受劳务供应等经营活动应付给供应单位的款项。本项目应根据"应付账款"账户和"预付账款"账户所属各明细账户期末贷方余额的合计数填列；若"应付账款"账户所属明细账户期末有借方余额的，应在本表"预付款项"项目内填列。

（3）"预收款项"项目，反映企业按照合同规定预收购买单位的款项。本项目应根据"预收账款"账户和"应收账款"账户所属各明细账户的期末贷方余额合计数填列。若"预收账款"账户所属各明细账户期末有借方余额，应在本表"应收账款"项目内填列。

（4）"应付职工薪酬"项目，反映企业应付未付的职工提供服务的工资、资金、补贴等和企业提取的职工福利费的期末余额，外商投资企业在税后利润中提取的职工奖励及福利基金的期末余额，以及解除劳动关系而应给予职工各种形式报酬和补偿的期末余额。本项目应根据"应付职工薪酬"账户的期末贷方余额之和填列。若"应付职工薪酬"账户期末为借方余额，应以"－"号填列。

（5）"应交税费"项目，反映企业期末未交、多交或未抵扣的各种税费。本项目应根据"应交税费"账户的期末贷方余额填列。

（6）"应付利息"项目，反映企业按照合同约定应支付但尚未支付的利息。本项目应根据"应付利息"账户的期末贷方余额填列。

（7）"应付股利"项目，反映企业尚未向投资者支付的红利。本项目应根据"应付股利"账户的期末贷方余额填列。

（8）"其他应付款"项目，反映企业所有应付和暂收的其他单位和个人的款项。本项目应根据"其他应付款"账户的期末贷方余额填列。

（9）"流动负债合计"项目，按流动负债各项目合计数填列。

（10）"长期借款"项目，反映企业借入但尚未归还的1年期以上（不含1年）的借款本息。本项目应根据"长期借款"总账科目余额扣除"长期借款"账户所属的明细科目中反映的将于1年内到期的长期借款部分分析计算填列。

（11）"1年内到期的非流动负债"项目，反映非流动负债各项目中将于1年内（含1年）到期的非流动负债。

3. 所有者权益项目

（1）"实收资本"项目，反映企业各投资者实际投入的资本（或股本）总额。本项目应根据"实收资本（或股本）"账户的期末贷方余额填列。

（2）"资本公积"项目，反映企业收到投资者出资超出其在注册资本或股本中所占的份额以及直接计入所有者权益的利得和损失等。本项目应根据"资本公积"账户的期末贷方余额填列。

（3）"盈余公积"项目，反映企业盈余公积的期末余额。本项目应根据"盈余公积"账户的期末贷方余额填列。

（4）"未分配利润"项目，反映企业尚未分配的利润。本项目应根据"本年利润"账户和"利润分配"账户的余额分析计算填列。未弥补的亏损在本项目内以"－"号填列。

【例10-6】中原海华公司20××年12月31日总分类账户及明细分类账户余额（表10-5）。请据此编制该公司20××年12月31日资产负债表。

表10-5 总分类账户及有关明细分类账户余额表

总账科目	明细科目	借方余额	贷方余额	总账科目	明细科目	借方余额	贷方余额
库存现金		1 360		短期借款			30 000
银行存款		167 910		应付账款			53 414
应收账款		53 440			山峰公司		42 714
	丰润公司	51 110			丽云公司		10 700
	开元公司	2 340		预收账款			8 700
预付账款		4 500			海天公司		9 500
	昌盛公司	5 000			云帆公司	800	
	青鸟公司		500	其他应付款			1 390
其他应收款			250	应付利息			740
原材料		26 700		应付职工薪酬			9 750
库存商品		132 975		应交税费			24 423.7
				应付股利			28 000
固定资产		450 000		实收资本			400 000
累计折旧			149 000	盈余公积			58 285.73
				未分配利润			73 181.57

编制资产负债表（表10-6）。

表10-6 资产负债表

会企01表

编制单位：中原海华公司　　　　20××年12月31日　　　　单位：元

资产	期末余额	年初余额	负债及所有者权益	期末余额	年初余额
流动资产：		（略）	流动负债：		（略）
货币资金	169 270		短期借款	30 000	
交易性金融资产			交易性金融负债		
衍生金融资产			衍生金融负债		
应收票据			应付票据		
应收账款	54 240		应付账款	53 914	
应收款项融资			预收款项		9 500
预付款项	5 000		合同负债		

资产	期末余额	年初余额	负债及所有者权益	期末余额	年初余额
其他应收款			应付职工薪酬	9 750	
存货	159 675		应交税费	24 423.7	
合同资产			其他应付款	30 130	
持有待售资产			持有待售负债		
一年内到期的非流动资产			一年内到期的非流动负债		
其他流动资产			其他流动负债		
流动资产合计	388 185		流动负债合计	157 717.7	
非流动资产：			非流动负债：		
债权投资			长期借款		
其他债权投资			应付债券		
长期应收款			其中：优先股		
长期股权投资			永续债		
其他权益工具投资			租赁负债		
其他非流动金融资产			长期应付款		
投资性房地产			预计负债		
固定资产	301 000		递延收益		
在建工程			递延所得税负债		
生产性生物资产			其他非流动负债		
油气资产			非流动负债合计		
使用权资产			负债合计	157 717.7	
无形资产			所有者权益（或股东权益）：		
开发支出			实收资本（或股本）	400 000	
商誉			其他权益工具		
长期待摊费用			其中：优先股		
递延所得税资产			永续债		
其他非流动资产			资本公积		

续表

资产	期末余额	年初余额	负债及所有者权益	期末余额	年初余额
非流动资产合计	301 000		减：库存股		
			其他综合收益		
			专项储备		
			盈余公积	58 285.73	
			未分配利润	73 181.57	
			所有者权益（或股东权益）合计	531 467.3	
资产总计	689 185		负债及所有者权益总计	689 185	

财务主管：　　　　　　　　　　　　　　　　　　制表人：

第三节　利润表

一、利润表的概念和结构

（一）利润表的概念

利润表是指反映企业在一定会计期间内经营成果的报表。通过利润表，可以反映企业在此会计期间的收入、费用、利润（或亏损）的数额、构成情况，因此，利润表又称为损益表。通过利润表的编制，企业利润的实现过程及其来源得以系统反映，旨在帮助财务报告使用者全面了解企业的经营成果，进一步分析企业的获利能力及盈利增长趋势，从而为其作出经济决策提供依据。

（二）利润表的结构和格式

利润表由表头和表体两个基本部分组成。表头部分列明报表的名称、编制单位、编制时间和金额单位。

企业利润表基本部分的格式有单步式和多步式两种：单步式利润表以"收入－费用＝利润"为编制基础，将收入类项目和费用类项目分别集中列示，根据两者总额的差额直接计算列示利润总额；多步式利润表则以收入为起点，计算出当期的营业利润、利润总额和净利润。采用单步式编制企业的利润表简单明了，容易被理解和掌握；采用多步式编制企业的利润表则按利润形成的主要环节列示一些中间性利润指标，如营业利润、利润总额等，从中可获得利润的来源及构成情况。我国相关法律规定公司、企业采用多步式利润表，按照企业利润的构成内容，分层次、分步骤地逐步计算出利润总额，然后计算出所得税费用，得出"净利润"的报表结构。

二、利润表的编制流程和填列说明

（一）利润表编制流程

以我国企业利润表为例，其编制流程如下：

第一，在营业收入的基础上，减去营业成本、税金及附加、销售费用、管理费用、研发费用、财务费用，加上其他收益、投资收益（或减去投资损失）、净敞口套期收益（或减去净敞口套期损失）、公允价值变动收益（或减去公允价值变动损失）、资产减值损失、信用减值损失、资产处置收益（或减去资产处置损失），计算出营业利润。

第二，在上述营业利润基础上，加上营业外收入，减去营业外支出，得出利润总额。

第三，在利润总额基础上，减去所得税费用，计算出净利润（或净亏损）。

第四，在净利润（或净亏损）基础上，计算每股收益。

第五，以净利润（或净亏损）和其他综合收益为基础，计算出综合收益总额。

（二）利润表填列说明和反映内容

（1）"营业收入"项目，反映企业经营主要业务和其他业务所确认的收入总额。本项目根据"主营业务收入"和"其他业务收入"科目的发生额填列。

（2）"营业成本"项目，反映企业经营主要业务和其他业务发生的实际成本总额。本项目根据"主营业务成本"和"其他业务成本"科目的发生额填列。

（3）"税金及附加"项目，反映企业经营业务应负担的消费税、城市维护建设税、教育费附加、资源税、土地增值税、房产税、车船税、城镇土地使用税、印花税等。本项目根据"税金及附加"科目的发生额填列。

（4）"销售费用"项目，反映企业在销售商品过程中发生的包装费、广告费等费用和为销售公司商品而专设的销售机构的职工薪酬、业务费等经营费用。本项目根据"销售费用"科目的发生额填列。

（5）"管理费用"项目，反映企业为组织和管理生产经营发生的管理费用。本项目根据"管理费用"科目的发生额填列。

（6）"研发费用"项目，反映企业研究与开发过程中发生的费用化支出以及计入管理费用的自行开发无形资产的摊销。本项目根据"管理费用"科目下"研发费用"和"无形资产摊销"明细科目的发生额填列。

（7）"财务费用"项目，反映企业筹集生产经营所需资金而发生的筹资费用。本项目根据"财务费用"科目的相关明细科目发生额填列。

（8）"其他收益"项目，反映应计入其他收益的政府补助，以及其他与日常活动相关且计入其他收益的项目。本项目根据"其他收益"科目的发生额填列。企业作为个人所得税的扣缴义务人，根据《中华人民共和国个人所得税法》收到的扣缴税款手续费，应在本项目中填列。

（9）"投资收益"项目，反映企业以各种方式对外投资所取得的收益。本项目根据"投资收益"科目发生额填列；若为投资损失，以"－"号填列。

（10）"公允价值变动收益"项目，反映企业按照相关准则规定应当计入当期损益的资产或负债公允价值变动净收益。本项目根据"公允价值变动损益"科目发生额填列；若为净损失，以"－"号填列。

（11）"资产减值损失"项目，反映企业有关资产发生的减值损失。本项目根据"资产减值损失"科目的发生额填列。

（12）"营业利润"项目，反映企业实现的营业利润。本项目根据以上项目计算所得；如为亏损，以"－"号填列。

（13）"营业外收入""营业外支出"项目，反映企业发生的除营业利润以外的各项收入和支出。以上项目分别根据"营业外收入"和"营业外支出"科目的发生额填列。

（14）"利润总额"项目，反映企业实现的利润总额。本项目根据以上项目计算所得；若为总额亏损，以"－"号填列。

（15）"所得税费用"项目，反映企业应从当期利润总额中扣除的所得税费用。本项目根据"所得税费用"科目的发生额填列。

（16）"净利润"项目，反映企业实现的净利润额。若为总额亏损，以"－"号填列。新增"（一）持续经营净利润"和"（二）终止经营净利润"行项目，分别反映净利润中与持续经营相关的净利润和与终止经营相关的净利润；如为净亏损，以"－"号填列。这两个项目应按照《企业会计准则第42号——持有待售的非流动资产、处置组和终止经营》的相关规定分别列报。

利润表分项目均需填列"本期金额"和"上期金额"，其中"上期金额"应根据上期利润表的"本期金额"所列示金额填列。

【例 10-7】假定中原海华公司 20×× 年 10 月 31 日转入"本年利润"的损益类账

户的数额（表10-7）。

表10-7 损益类账户数额

科目名称	借方发生额（元）	贷方发生额（元）
主营业务收入		135 000
主营业务成本	86 105	
税金及附加	938.6	
销售费用	1 200	
管理费用	5540	
财务费用（利息费用）	740	
所得税费用（税率25%）	10 119.1	

根据上述资料，编制月度利润表如下（表10-8）。

表10-8 利润表

会企02表

编制单位：中原海华公司　　　　　20××年10月　　　　　单位：元

项目	本期金额	上期金额
一、营业收入	135 000	
减：营业成本	86 105	
税金及附加	938.6	
销售费用	1 200	
管理费用	5 540	
研发费用		
财务费用	740	
其中：利息费用	740	
利息收入		
加：其他收益		
投资收益（损失以"－"号填列）		
其中：对联营企业和合营企业的投资收益		
以摊余成本计量的金融资产终止确认收益（损失以"－"号填列）		
净敞口套期收益（损失以"－"号填列）		

续表

项目	本期金额	上期金额
公允价值变动净收益（损失以"－"号填列）		
信用减值损失（损失以"－"号填列）		
资产减值损失（损失以"－"号填列）		
资产处置收益（损失以"－"号填列）		
二、营业利润（亏损以"－"号填列）	40 476.4	
加：营业外收入		
减：营业外支出		
三、利润总额（亏损总额以"－"号填列）	40 476.4	
减：所得税费用	10 119.1	
四、净利润（净亏损以"－"号填列）	30 357.3	
（一）持续经营净利润（净亏损以"－"号填列）	30 357.3	
（二）终止经营净利润（净亏损以"－"号填列）		
五、其他综合收益的税后净额		
（一）不能重分类进损益的其他综合收益		
……		
（二）将重分类进损益的其他综合收益		
……		
六、综合收益总额	30 357.3	
七、每股收益		
（一）基本每股收益		
（二）稀释每股收益		

财务主管：　　　　　　　　　　　　　　　　　　制表人：

第四节　现金流量表

我国企业会计以权责发生制为基础，由于利润表中收入、费用是按权责发生制原则确认计量，因此，利润额的大小并不等于同一会计期间内企业实际赚取的现金数量。现金流被誉为企业的"血液"，现金流量的正常与否，对企业的各项经营活动至关重要。因此，会计除提供企业财务状况、经营成果信息外，还需提供现金流动情况。

现金流量表是综合反映企业在一定会计期间内有关现金和现金等价物来源、运用等流入和流出情况的会计报表。现金流量表在一般企业中属于年度报表，以资产负债表和利润表等会计核算资料为依据，不同点在于现金流量表是以收付实现制为基础编制而成，是关于企业现金流入和流出量的结构性表述。通过现金流量表，报表使用者可以了解和评价在某一期间内获取现金及现金等价物的能力，预测企业在未来会计期间产生净现金流量的能力，进一步能反映出企业偿还所欠债务及支付企业所有者投资报酬的能力，分析企业的净收益与经营活动所产生的净现金流量发生差异的原因，了解会计年度计划内影响或不影响现金的投资活动与筹资活动。

一、现金的概念

现金流量表实际上是以现金为基础编制的财务状况变动表。"现金"是相对广义的现金，既包括现金也包括现金等价物，如企业的库存现金或随时用于支付的银行存款、其他货币资金以及现金等价物。其中，库存现金指企业持有可以随时用于支付的现金；银行存款指企业存放在银行或其他金融机构随时可以用于支付的存款；其他货币资金指企业存在银行有特定用途的资金或在途尚未收到的资金，包括外埠存款、银行汇票存款、银行本票存款和在途货币资金等。需要注意的是：银行存款和其他货币资金中有些不能随时用于支付的存款，应列作投资，不应作为现金；提前通知金融机构便可支取的定期存款应包括在现金范围内。

现金等价物指企业持有时间期限短、流动性强、容易转换为已知金额的现金、价值变动风险很小的投资，期限一般以3个月为限，比较常见的有企业购入在证券市场上流通3个月内到期的短期债券投资等。现金等价物的范围可由企业根据自身经营情况自行确定，不得随意变更。

二、现金流量的概念及其分类

现金流量是指企业在一定时期内现金和现金等价物流入和流出的总数额，包括现金流入量、现金流出量和现金净流量；其中，流入量与流出量的差额为现金净流量，"现金流量"即现金及其等价物流入和流出情况。

企业现金流量的产生有不同来源和用途。根据我国会计准则和制度的相关规定，根据各业务活动性质，企业一定时期内发生的现金流量可分为经营活动产生的现金流量、投资活动产生的现金流量、筹资活动产生的现金流量三类，每一类别又分为现金流入量、现金流出量和现金净流量进行列示。现金流量表编制的结构也遵循这一原则。

（一）经营活动产生的现金流量

经营活动指企业投资活动和筹资活动以外的所有交易和事项。一般来说，工商企业经营活动主要包括：销售商品、提供劳务、购买商品、接受劳务、制造产品、支付工资和支付税费等。其中，相关的现金流入项目有销售商品、提供劳务收到的现金及收到的税费返还；相关的现金流出项目有购买商品、接受劳务所支付的现金、支付工资、支付税费，以及其他与经营活动有关的现金流入、流出量。

（二）投资活动产生的现金流量

投资活动指企业非流动资产的购建和不包括在现金等价物范围内的投资及其处置活动。其中，"非流动资产"指固定资产、无形资产、在建工程、其他非流动资产等持有期在1年或一个营业周期以上的资产。"投资"包括企业为通过分配来增加财富，或为谋求其他利益而将资产让渡给其他单位所获得的另一项资产，即对外投资；也包括非流动资产的购建及其处置，即对内的非流动投资；"现金等价物"被排除在外，是因为已经将其视为现金。相关的现金流入项目有收回投资、取得投资收益、处置固定资产与无形资产和其他非流动资产所收到的现金净额、收到其他与投资活动有关的现金等；相关的现金流出项目有购建固定资产、无形资产和其他非流动资产所支付的现金、支付其他与投资活动有关的现金等。

（三）筹资活动产生的现金流量

筹资活动是指导致企业资本及债务规模和财务构成发生变化的活动。其中，"资本"指实收资本（或股本）和资本溢价（或股本溢价）；"债务"指企业对外举债，包括向银行借款、发行债券以及偿还债务等。应付账款、应付票据等商业应付款属于经营活动，不属于筹资活动。相关现金流入项目有吸收投资、借款所收到的现金、收到其他与筹资活动有关的现金；相关的现金流出项目有偿还债务、分配现金股利、偿付利息等支付的现金、支付其他与筹资活动有关的现金。

需要注意的是，企业现金形式的转换不会产生现金的流入和流出，如企业从银行提取现金，只是现金存放形式的转换，并未流入或流出企业，因此不构成现金流量；同样，现金与现金等价物之间的转换也不属于现金流量，如企业用现金购买3个月到期的国库券。

三、现金流量表的结构

现金流量表主要分为主表和补充资料两部分：主表按现金流量（包括流入量和流出量）的分类以报告式列示；补充资料主要披露不涉及现金收支的投资和筹资活动、将净利润调节为经营活动的现金流量以及现金等价物净增加情况。现金流量表的具体格式（表10-9）。

表10-9 现金流量表

会企03表

编制单位：××公司 　　　　　　20××年××月 　　　　　　单位：元

项目	本期金额	上期金额
一、经营活动产生的现金流量：		
销售商品、提供劳务收到的现金		
收到的税费返还		
收到的其他与经营活动有关的现金		
经营活动现金流入小计		
购买商品、接受劳务支付的现金		
支付给职工以及为职工支付的现金		
支付的各项税费		
支付的其他与经营活动有关的现金		
经营活动现金流出小计		
经营活动产生的现金流量净额		
二、投资活动产生的现金流量：		
收回投资所收到的现金		
取得投资收益收到的现金		
处置固定资产、无形资产和其他非流动资产收到的现金净额		
处置子公司及其他营业单位收到的现金净额		
收到的其他与投资活动有关的现金		
投资活动现金流入小计		

续表

项目	本期金额	上期金额
购建固定资产、无形资产和其他非流动资产支付的现金		
投资所支付的现金		
取得子公司及其他营业单位支付的现金净额		
支付的其他与投资活动有关的现金		
投资活动现金流出小计		
投资活动产生的现金流量净额		
三、筹资活动产生的现金流量：		
吸收投资所收到的现金		
取得借款所收到的现金		
收到的其他与筹资活动有关的现金		
筹资活动现金流入小计		
偿还债务所支付的现金		
分配股利、利润或偿付利息所支付的现金		
支付的其他与筹资活动有关的现金		
筹资活动现金流出小计		
筹资活动产生的现金流量净额		
四、汇率变动对现金及现金等价物的影响		
五、现金及现金等价物净增加额		
六、期末现金及现金等价物余额		

财务主管：   制表人：

四、现金流量表的编制方法

现金流量表的编制基础是收付实现制，其编制方法通常采用直接法或间接法。

（一）直接法

直接法是通过现金收入和支出的主要类别反映来自企业经营活动的现金流量，一般是以利润表中的营业收入为起算点，调整与经营活动有关的项目的增减变动，然后计算出经营活动的现金流量。我国现金流量表主表采用直接法列报经营活动现金流量。

（二）间接法

间接法是以本期净利润为起算点，调整不涉及现金的收入、费用、营业外收支以及有关项目的增减变动，据此计算出经营活动的现金流量。我国现金流量表补充资料采用间接法列报经营活动现金流量。

资产负债表、利润表和现金流量表是企业对外报送的三大基本会计报表，这三张会计报表之间存在着密切的勾稽关系，从不同角度反映了企业的财务状况、经营成果和现金流量。其中利润表是最基本的会计报表，在编制这三张会计报表时，必须清楚它们之间的勾稽关系，以提高编制报表效率和质量。

★ 会计学原理VDC应用

报告摘要：为了对上市公司整体情况进行分析和判断，理解上市公司报表与业务之间的关系，我们逐个阅读三大报表（资产负债表、利润表、现金流量表），全面利用财务报表分析理论和方法，以上市公司年度报表的合并财务报表为主要分析素材，对年度财务报告进行分析，同时结合行业背景、宏观政策，根据财务报表数据，揭开数据背后的面纱，由表及里地挖掘现象背后的深层次原因，灵活应用多学科知识发现问题、分析问题和解决问题。

一、资产负债表分析

1.资产负债表结构分析（Analysis of Asset Liability Structure）

资产负债表是反映企业在某一特定日期的财务状况的财务报表。按"资产 = 负债 + 所有者权益"等式原理，将资产、负债和所有者权益分左右两部分排列。左边是资产，右边是负债和所有者权益。左侧资产项目可以按照项目的收益类型、流动性等特征进行不同的分类，常用的分类方法是根据资产的流动性将资产区分为流动资产和非流动资产，按照流动性大小排列；右侧按照资本来源分为负债和所有者权益，一般按要求清偿时间的先后顺序排列。根据财务报表信息列报的可比性要求，财务报表至少应当提供所有列报项目上一可比会计期间的比较数据，提供比较资产负债表以便报表使用者比较不同时点（年初和期末）的资产负债表数据，通过资产负债表填列"上年年末余额"和"期末余额"两栏，来掌握企业财务状况的变动情况及发展趋势。

通过初步阅读 VDC 系统中比较资产负债表列报的相关数据，对表 10-10～表 10-12 各项目进行结构分析：

表10-10 从资本来源渠道对资产负债表右侧进行分析

主要资本来源项目	期末金额 （万元，保留到整数）	期末占比 （项目/资产合计） （%前保留2位小数）	期末与期初增长率 （%前保留2位小数）
负债			
所有者权益			
合计			—

注：本报告中所有涉及比率的计算，当除数为 0 时，该比率都默认为 0，例如，计算营业收入增长率时，营业收入期初金额为 0，那么该增长率的单元格就填写 0。

表10-11 从流动性角度对资产负债表左侧资产进行分析

资产项目大类	期末金额 （万元，保留到整数）	期末占比 （项目/资产合计） （%前保留2位小数）	期末与期初增长率 （%前保留2位小数）
流动资产			
非流动资产			
合计			—

注：本报告中所有涉及比率的计算，当除数为 0 时，该比率都默认为 0，例如，计算营业收入增长率时，营业收入期初金额为 0，那么该增长率的单元格就填写 0。

表10-12 从流动性角度对资产负债表右侧负债进行分析

负债项目大类	期末金额 （万元，保留到整数）	期末占比 （项目/资产合计） （%前保留2位小数）	期末与期初增长率 （%前保留2位小数）
流动负债			
非流动负债			
合计			—

注：本报告中所有涉及比率的计算，当除数为 0 时，该比率都默认为 0，例如，计算营业收入增长率时，营业收入期初金额为 0，那么该增长率的单元格就填写 0。

对资产负债表结构进行简要描述：

2. 资产负债表结构占比分析（Analysis of the Proportion of Assets and Liabilities Structure）

结构百分比法，又称纵向分析，是指同一期间财务报表中不同项目间的比较与分析，主要通过编制百分比报表进行分析，即将财务报表中某一重要项目的数据作为100%，然后将其余项目都以这一项目的百分比形式做纵向排列，从而揭示各项目的数据在公司财务中的比例关系。一般来说，资产负债表以资产总额为基础，利润表以营业收入为基础。

表10-13、表10-14为占比较大的流动资产、流动负债、非流动资产、非流动负债主要项目的占比结构表：

表10-13　2020年主要资产结构数据表

流动资产项目	占比（%） （项目/资产合计） （%前保留2位小数）	非流动资产项目	占比（%） （项目/资产合计） （%前保留2位小数）
占比第一的项目		占比第一的项目	
占比第二的项目		占比第二的项目	

表10-14　2020年主要负债项目数据表

流动负债项目	占比（%） （项目/资产合计） （%前保留2位小数）	非流动负债项目	占比（%） （项目/资产合计） （%前保留2位小数）
占比第一的项目		占比第一的项目	
占比第二的项目		占比第二的项目	

对资产负债表结构占比进行简要描述：

3. 经营资产管理与竞争力分析（Management of Business Assets and Analysis of Competitiveness）

通过 2020 年资产负债表结构分析，进一步剖析各项资产的构成情况，从而分析企业资产的管理质量情况。

（1）货币资金存量管理分析。在 2020 年资产负债表结构分析中，结合 2011 ～ 2020 年货币资金报表项目金额及其增长率变化趋势，以及 2011 ～ 2020 年货币资金占总资产比重变化趋势。

描述货币资金报表项目金额及其增长率变化趋势：

描述货币资金占总资产比重的变化趋势：

（2）以存货为核心的上下游关系管理。以存货为核心的上下游关系管理，就是与存货有关的收付款过程的管理，表现在资产负债表上，就是经营性的债权债务和存货的动态管理。下面分别加以分析。

①应收账款。结合 2011 ～ 2020 年应收账款报表项目金额及其增长率变化趋势，以及 2011 ～ 2020 年应收账款占总资产比重变化趋势。

描述应收账款报表项目金额及其增长率变化趋势：

描述应收账款占总资产比重的变化趋势：

②应收票据。结合 2011 ～ 2020 年应收票据报表项目金额及其增长率变化趋势，以及 2011 ～ 2020 年应收票据占总资产比重变化趋势。

描述应收票据报表项目金额及其增长率变化趋势：

描述应收票据占总资产比重的变化趋势：

③预收款项。结合 2011 ～ 2020 年预收款项报表项目金额及其增长率变化趋势，以及 2011 ～ 2020 年预收款项占总资产比重变化趋势。

描述预收款项报表项目金额及其增长率变化趋势：

描述预收款项占总资产比重的变化趋势：

④存货。结合 2011 ～ 2020 年存货报表项目金额及其增长率变化趋势，以及 2011 ～ 2020 年存货占总资产比重变化趋势。

描述存货报表项目金额及其增长率变化趋势：

描述存货占总资产比重的变化趋势：

⑤应付账款。结合 2011 ～ 2020 年应付账款报表项目金额及其增长率变化趋势，以及 2011 ～ 2020 年应付账款占总资产比重变化趋势。

描述应付账款报表项目金额及其增长率变化趋势：

描述应付账款占总资产比重的变化趋势：

应付账款项目反映公司购买原材料、商品和接受劳务供应等应付给供应单位的款项，是买卖双方在购销活动中由于取得物资与支付货款在时间上不一致而产生的负债。应付账款的规模变化趋势较大，应付账款的增长，很大程度上代表了公司供应商的债权风险，如果出现特殊情况，需要分析报表附注来判断特殊情况的理由。在公司存货规模增长不大，但公司应付账款规模增长较大，账龄较长的情况下，应付账款的规模增长可能在很大程度上代表了供应商的债权风险，这对于企业来说是件好事。

⑥应付票据。结合 2011 ～ 2020 年应付票据报表项目金额及其增长率变化趋势，以及 2011 ～ 2020 年应付账款占总资产比重变化趋势。

描述应付票据报表项目金额及其增长率变化趋势：

描述应付票据占总资产比重的变化趋势：

（3）从购货付款安排和销售回款安排。从购货付款安排和销售回款安排两个角度出发，对相关报表项目变动幅度进行分析（表10-15）。

表10-15　2020年主要报表项目变动幅度数据表

报表项目	期末金额 （万元，保留到整数）	期初金额 （万元，保留到整数）	期末与期初增长率 （%前保留2位小数）
货币资金			
应收款项			
应收账款			
应收票据			
预收款项			
应付款项			
应付账款			
应付票据			
预付款项			
存货			

注：本报告中所有涉及比率的计算，当除数为0时，该比率都默认为0，例如，计算营业收入增长率时，营业收入期初金额为0，那么该增长率的单元格就填写0。

总体来说，结合上述债权债务期初期末变动的数据表信息，对公司描述：

4.行业对比分析（Industry Comparative Analysis）

上述经营资产管理与竞争力分析是针对企业层面的分析，接下来从整个行业角度进行对比分析，分析资产结构特征是否具有行业共性。延续上述企业层面的分析思路，结合竞争对手从行业层面继续分析。

结合占比较大的项目进行行业整体对比分析（表10-16）：

表10-16　2020年主要报表结构行业对比数据表

流动项目				非流动项目			
流动项目	项目名称	公司占比（项目/资产合计）（%前保留2位小数）	所属行业占比（项目/资产合计）（%前保留2位小数）	非流动项目	项目名称	公司占比（项目/资产合计）（%前保留2位小数）	所属行业占比（项目/资产合计）（%前保留2位小数）
占比第一的资产项目				占比第一的资产项目			
占比第二的资产项目				占比第二的资产项目			
占比第一的负债项目				占比第一的负债项目			
占比第二的负债项目				占比第二的负债项目			

　　结合行业对比分析，描述公司资产结构具有什么样的特征？（提示：和行业均值比较，公司经营资产管理与竞争力特征是否存在行业共性？）

二、利润表分析

1. 利润表主要报表项目分析（Analysis of Main Report Items of Income Statement）

　　利润表是反映企业一定会计期间的经营成果的财务报表。在我国，企业采用多步式利润表，将不同性质的收入和费用分别进行对比，以便得出一些中间性的利润数据，帮助使用者理解企业经营成果的不同来源，利润表的列报可以反映企业经营业绩的主要来源和构成，既有助于使用者了解企业的利润规模，也有助于使用者把握利润的质量，进而更加科学地判断企业的盈利能力，做出更多正确的决策。为了使报表使用者通过比较不同期间利润的实现情况，判断企业经营成果的未来发展趋势，企业需要提供比较利润表，分为"本期金额"和"上期金额"两栏分别填列。

通过初步阅读 VDC 系统中比较利润表列报的相关数据，将主要报表项目进行同期对比分析（表 10-17）：

表10-17　部分利润表项目情况分析表

主要项目	本期金额 （万元，保留到整数）	上期金额 （万元，保留到整数）	同期增长率 （%前保留2位小数）
毛利			
核心利润			
营业利润			
利润总额			
净利润			

注：本报告中所有涉及比率的计算，当除数为 0 时，该比率都默认为 0，例如，计算营业收入增长率时，如果营业收入期初金额为 0，那么该增长率的单元格就填写 0。

在 2020 年利润表主要报表项目中，结合 2011～2020 主要报表项目历年金额趋势图，分析其主要利润项目趋势状况，同时结合主要报表项目占总营业收入的比重趋势图，分析占比变动情况。

①描述毛利项目金额变化趋势：

描述毛利占总营业收入比重的变化趋势：

②描述核心利润项目金额变化趋势：

描述核心利润占总营业收入比重的变化趋势：

③描述营业利润项目金额变化趋势：

描述营业利润占总营业收入比重的变化趋势：

④描述利润总额项目金额变化趋势：

描述利润总额占总营业收入比重的变化趋势：

⑤描述净利润项目金额变化趋势：

描述净利润占总营业收入比重的变化趋势：

综上分析，可以看出利润项目有如下趋势：

2. 报表项目利润质量分析（Profit Quality Analysis of Report Items）

结构百分比法，又称纵向分析，是指同一期间财务报表中不同项目间的比较与分析，主要通过编制百分比报表进行分析，即将财务报表中某一重要项目的数据作为100%，然后将其余项目都以这一项目的百分比形式做纵向排列，从而揭示各项目的数据在公司财务中的比例关系。一般来说，资产负债表以资产总额为基础，利润表以总营业收入为基础。但本报告在进行利润质量分析时，分析的是特定报表项目在利润总额中的占比。

利润质量是判断企业盈利能力强弱、预测企业未来盈利能力、判断企业价值的大小的重要指标。为此，进行企业的盈利质量分析是很有必要的。管理者不能只关心企业的利润总额，还要关心利润结构质量。

（1）投资收益对利润质量的影响。通过观察利润表中的投资收益占的比例，如果占比较高，则说明利润中很大一部分来源于投资收益，那么公司很有可能存在问题。观察是否因为处置可供出售金融资产和长期股权投资导致利润总额增加，通过投资收益调增利润没有持续性利润结构质量不高（表10-18）。

表10-18　投资收益结构分析表

报表项目	本期金额 （万元，保留到整数）	本期占比 （项目/利润总额） （%前保留2位小数）	本期金额与上期金额增长率 （%前保留2位小数）
投资收益			

注：本报告中所有涉及比率的计算，当除数为 0 时，该比率都默认为 0，例如，计算营业收入增长率时，如果营业收入期初金额为 0，那么该增长率的单元格就填写 0。

结合上述历史数据分析情况，投资收益对利润质量的影响评价如下：

（2）公允价值变动损益对收益质量的影响。一般来说，公允价值变动损益占利润总额的比重应该越小，说明公司的盈利能力越强，应该观察公允价值变动损益的主要来源，进行具体分析（表10-19）。通过公允价值变动损益调节利润，提高收益质量，呈现盈利状态，但这种方式并不具备持续性。如果一个公司的利润总额主要来源不是主营业务而是公允价值变动损益，那么企业的盈利具有偶发性，利润结构质量就不高。

表10-19　公允价值变动损益结构分析表

报表项目	本期金额 （万元，保留到整数）	本期占比 （项目/利润总额） （%前保留2位小数）	本期金额与上期金额增长率 （%前保留2位小数）
公允价值 变动损益			

注：本报告中所有涉及比率的计算，当除数为 0 时，该比率都默认为 0，例如，计算营业收入增长率时，如果营业收入期初金额为 0，那么该增长率的单元格就填写 0。

结合上述历史数据分析情况，公允价值变动损益对收益质量的影响评价如下：

营业利润＝营业收入－营业成本－税金及附加－销售费用－管理费用－财务费用－资产减值损失＋公允价值变动收益（或－公允价值变动损失）＋投资收益（或－投资损失）等，而利润总额＝营业利润＋营业外收入－营业外支出，由公式可知，公允价值变动损益就是指第一个等式中的公允价值变动收益（或损失），这样影响公司利润。

一般来说，公允价值变动损益占利润总额的比重应该越小，说明公司的盈利能力越强，应该观察公允价值变动损益的主要来源，进行具体分析。通过公允价值变动损益调节利润，提高收益质量，呈现盈利状态，但这种方式并不具备持续性。如果一个公司的利润总额主要来源不是主营业务而是公允价值变动损益，那么企业的盈利具有偶发性，利润结构质量就不高。

具体比重是否需要重点关注，需结合后续行业对比分析。

（3）营业外收入对利润结构质量的影响。通过观察利润表中营业外收入占利润总额的比例，假设数额非常大，则说明利润总额中很大一部分来源于营业外收入。这种占比显然是不合理的（表10-20）。

表10-20　营业外收入结构分析表

报表项目	本期金额 （万元，保留到整数）	本期占比 （项目/利润总额） （%前保留2位小数）	本期金额与上期金额增长率 （%前保留2位小数）
营业外收入			

注：本报告中所有涉及比率的计算，当除数为0时，该比率都默认为0，例如，计算营业收入增长率时，如果营业收入期初金额为0，那么该增长率的单元格就填写0。

结合上述历史数据分析情况，营业外收入对收益质量的影响评价如下：

利润总额 = 营业利润 + 营业外收入 − 营业外支出，营业外收入主要包括：非流动资产处置利得、非货币性资产交换利得、债务重组利得、企业合并损益、盘盈利得、因债权人原因确实无法支付的应付款项、政府补助、教育费附加返还款、罚款收入、捐赠利得等。营业外收入通常意外出现或者偶然发生，不重复出现，企业难以预见、难以控制。它在企业的利润中占比过大，会影响企业利润的持续性。

3. 增长能力分析（Analysis of Growth Capacity）

结合 2011 ~ 2020 年营业收入与净利润规模以及增长率变化趋势，分析公司未来发展潜力。

描述营业收入报表项目金额及其增长率变化趋势：

描述净利润报表项目金额及其增长率变化趋势：

4. 行业对比分析（Industry Comparative Analysis）

上述利润质量分析是针对企业层面的分析，接下来从整个行业角度进行对比分析，分析上述利润质量特征是否具有行业共性。延续上述企业层面的分析思路，结合竞争对手从行业层面继续分析。

结合行业均值进行行业整体对比分析（表 10-21）：

表10-21　2020年主要报表结构行业对比数据表

报表项目	占比%（项目/利润总额）（%前保留2位小数）		本期金额与上期金额增长率（%前保留2位小数）	
	公司	行业	公司	行业
投资收益				
公允价值变动损益				
营业外收入				

注：本报告中所有涉及比率的计算，当除数为 0 时，该比率都默认为 0，例如，计算营业收入增长率时，如果营业收入期初金额为 0，那么该增长率的单元格就填写 0。

结合行业对比分析，公司利润质量具有什么样的特征？（提示：和行业比较，上述特征是否存在行业共性？）

结合表 10-22 营业收入和净利润的行业对比分析，公司未来发展具有什么样的特征？（提示：和行业比较，上述特征是否存在行业共性？）

表10-22　2020年营业收入及净利润行业对比数据表

报表项目	本期金额与上期金额增长率 （％前保留2位小数）	
	公司	行业
营业收入		
净利润		

注：本报告中所有涉及比率的计算，当除数为 0 时，该比率都默认为 0，例如，计算营业收入增长率时，如果营业收入期初金额为 0，那么该增长率的单元格就填写 0。

三、现金流量表分析

1. 现金流量表主要报表项目分析（Analysis of Main Report Items of Cash Flow Statement）

现金流量表是以现金为基础编制的财务状况变动表，反映企业在一定期间内现金流入和流出情况，表明企业获得现金和现金等价物的能力。现金流量表编制原理是收付实现制，即以收到或付出现金为标准，来记录收入的实现和费用的发生。根据财务报表信息列报的可比性要求，财务报表至少应当提供所有列报项目上一可比会计期间的比较数据，现金流量表要填列"当期金额"和"上期金额"两栏。

现金流项目可以按照企业日常经营活动、投资活动、筹资活动进行分类，将现金流动情况分为经营活动现金流、投资活动现金流及筹资活动现金流。经营活动净现金流＝经营活动现金流入－经营活动现金流出，如果现金流量净额为正数，说明获得的利润质量高,如果为负数,则是入不敷出,必须靠后面的筹资活动中的股权融资或债务融资才能够得以生存。投资活动净现金流一般为负数,一种是为了维持现有经营规模所必须的资本性支出(更新改造固定资产的现金流出),另一种是有新项目而进行的扩张性资本支出,说明公司还有长期发展空间。

通过初步阅读 VDC 系统中比较现金流量表列报的相关数据,将主要报表项目进行同期对比分析(表 10-23):

表10-23　现金净流量分析表

主要项目	本期金额 (万元,保留到整数)	上期金额 (万元,保留到整数)	本期金额与上期金额增长率 (%前保留2位小数)
经营活动 现金净流量			
投资活动 现金净流量			
筹资活动 现金净流量			

注:本报告中所有涉及比率的计算,当除数为 0 时,该比率都默认为 0,例如,计算营业收入增长率时,如果营业收入期初金额为 0,那么该增长率的单元格就填写 0。

我们根据三大活动的现金流量净额的正负来判断公司的类型,括号内依次代表经营活动的现金流量净额、投资活动的现金流量净额,筹资活动的现金流量净额的正负号。请选择本公司 2020 年的所属类型:

2. 报表项目趋势及结构分析(Trend Structure Analysis of Report Items)

(1)经营活动项目趋势分析。通过现金流量表数据看其持续盈利能力和盈利质量。结合 2011 ~ 2020 年经营活动现金流入与流出规模趋势图,分析企业经营活动的"创现"能力。

①描述经营活动现金流量净额项目金额变化趋势:

②描述经营活动现金流入中占比最大的项目，历年占比趋势：

③描述经营活动现金流出中占比最大的项目，历年占比趋势：

（2）投资活动项目趋势分析。通过现金流量表数据看其与投资活动相关的现金流量。结合2011～2020年投资活动现金流入与流出规模趋势图，分析企业购置以及处置长期类资产有关的活动是否能够增加企业未来的生产能力。

①描述投资活动现金流量净额项目金额变化趋势：

②描述投资活动现金流入中占比最大的项目，历年占比趋势：

③描述投资活动现金流出中占比最大的项目，历年占比趋势：

（3）筹资活动项目趋势分析。通过现金流量表数据看其与筹资活动相关的现金流量。结合 2011 ～ 2020 年筹资活动现金流入与流出规模趋势图，分析企业在资本以及债权结构和规模上的变动情况。

①描述筹资活动现金流量净额项目金额变化趋势：

②描述筹资活动现金流入中占比最大的项目，历年占比趋势：

③描述筹资活动现金流出中占比最大的项目，历年占比趋势：

综合上述分析，企业现金流量现状如何？（提示：可以结合企业是否有充足的货币资金？）

3. 行业对比分析（Industry Comparative Analysis）

良好的现金流结构是依靠经营活动现金流入能够支付投资活动现金流出，并且支付现金股息，形成融资性现金流出。而不良的现金流结构需要不断伸手向股东和债权人要钱，来弥补入不敷出的经营活动现金流和不断支出的投资活动现金流。

上述分析是针对企业层面的分析，接下来从整个行业角度进行对比分析，分析上述特征是否具有行业共性。延续上述企业层面的分析思路，从行业层面继续分析。

结合行业均值进行行业整体对比分析（表10-24、表10-25）：

表10-24　2020年主要报表项目占比行业对比数据表

报表分类	各报表分类中占比最大的报表项目名称	报表项目占比（占比最大的报表项目金额/报表分类金额）（%前保留2位小数）	
		公司	行业
经营活动产生的现金流入			
经营活动产生的现金流出			
投资活动产生的现金流入			
投资活动产生的现金流出			
筹资活动产生的现金流入			
筹资活动产生的现金流出			

表10-25　2020年主要报表项目金额变动行业对比数据表

报表分类	本期金额与上期金额增长率（%前保留2位小数）	
	公司	行业
经营活动产生的现金流入		
经营活动产生的现金流出		
经营活动产生的现金净流量		
投资活动产生的现金流入		
投资活动产生的现金流出		

报表分类	本期金额与上期金额增长率 （%前保留2位小数）	
	公司	行业
投资活动产生的现金净流量		
筹资活动产生的现金流入		
筹资活动产生的现金流出		
筹资活动产生的现金净流量		

结合行业对比分析，公司具有什么样的特征？（提示：和行业比较，上述特征是否存在行业共性？）

第十一章　会计工作组织

★ 会计工作组织的意义和要求

★ 会计机构

★ 会计人员

★ 会计档案

扫码获得
本章PPT

【思政案例】

早在西周王朝，我国就建立了专门的会计机构，并设有"司会"一职，专管钱粮赋税，定期对周王朝的收支实行"月计"和"岁会"，考核王朝大小官吏管理地方的情况和他们经手的财务收支；这说明会计工作人员的设置及会计机构的设立古来有之。此外，据《周礼天官》记载："会计，以参互考日成，以月要考月成，以岁会考岁成。"参互、月要、岁会等，即为日积月累的各类会计资料并最终形成会计档案。作为重要的会计信息载体，其保存和保管对整个会计工作的"留痕"与"呈现"显得尤为重要。

中原海华公司内部机构人员设置进行了如下调整：李某调离会计工作岗位，转为负责公司会计档案保管工作，其离岗前与接替者王某在财务科长的监交下办妥了会计工作交接手续。李某负责会计档案工作后，公司档案管理部门会同财务科将已到期会计资料编制清册，报请公司负责人批准后，由李某自行销毁。同年底，相关部门对该公司进行检查时，发现原会计李某所记的账目中有会计造假行为，而接替者王某在交接时并未发现。原会计李某在接受调查时说，会计交接手续离岗前已经依规办理妥善，现任会计王某和监交的财务科长均已在移交清册签了字，自己不再承担任何责任。

通过上述案例思考如下问题：

（1）该公司销毁档案的做法是否符合规定？

（2）公司负责人是否应对会计作假行为承担责任？简要说明理由。

（3）原会计李某的说法是否需要对上述会计造假行为负责？简要说明理由。

（4）在信息技术发展迅速的时代背景下，会计档案的保存和保管工作具有什么特点？

第一节　会计工作组织的意义和要求

一、会计工作组织的意义

会计工作是指运用一整套专门的会计方法，对会计事项进行处理的活动，即会计通过会计工作对单位的日常工作进行管理。会计工作具有很强的政策性，必须按照相关财经政策、法规、制度和纪律的要求办理业务；会计工作要对所产生的数据信息进行一连串的记录、计算、分类、汇总和分析处理，会计工作又呈现严密性的特点；开展此项工作必须有专门的会计机构、专职的会计人员及相关的会计制度与规范。

会计工作组织是为了适应会计工作管理性、政策性、严密性的特点，进行会计机构设置、会计人员配备、会计政策和会计管理制度制定等一系列工作的总称。从宏观和微观两个层面来看：宏观会计工作组织指国家组织会计工作的方式、方法和内容，具体包括国家对会计管理体制的确定、国家宏观会计规范的制定与执行以及国家对会计人员管理等内容；微观会计工作组织指各单位根据会计工作的特点和国家对会计工作的管理规定，结合本单位的具体情况，设置会计机构、配备会计人员、建立健全会计档案管理的会计交接制度等。

会计是一项复杂、细致的综合性经济管理活动，也是一项系统的工作。为规范会计行为，保障会计工作的有序进行，国家陆续颁布了一系列的法律、法规和规章（表 11-1）。

表11-1　会计工作相关法律、法规和规章

名称	发布部门或组织	备注
《中华人民共和国会计法》	全国人民代表大会常务委员会	1985 年通过、1993 年修正、1999 年修订、2017 年修正
《总会计师条例》	国务院	1990 年发布、2011 年修订
《企业财务会计报告条例》	国务院	2000 年发布
《会计人员管理办法》	财政部	2018 年发布
《代理记账管理办法》	财政部	2016 年发布、2019 年修正
《会计档案管理办法》	财政部、国家档案局	2015 年第二次修订发布
《会计专业技术人员继续教育规定》	财政部、人力资源社会保障部	2018 年发布

续表

名称	发布部门或组织	备注
《会计基础工作规范》	财政部	1996 年发布、2019 年修正
《企业会计准则》及其解释	财政部	不断更新
《关于深化会计人员职称制度改革的指导意见》	人社部	2019 年发布
《中华人民共和国注册会计师法》	全国人民代表大会常务委员会	1993 年发布、2014 年修正

以上述法律、法规和规章为依据，科学地组织会计工作，使各组成部分互相协调、合理有序，对保障会计系统正常运行，实现会计目标，充分发挥会计职能作用，促进国民经济健康、有序发展都具有十分重要的意义。

（一）有利于保障会计工作质量，提高会计工作效率

会计工作把企业所发生的全部经济业务从凭证到账簿、从账簿到报表，连续地进行收集、记录、计算、分类、汇总、分析和检查，以上各环节紧密联系，出现任何一个数字的差错、一个手续的遗漏或一道程序的脱节，就会造成整个结果错误或延误，进而影响整个会计工作的质量和效率。会计工作的科学组织，能保证会计工作正常、高效的运行。

（二）有利于提高企业整体经营管理水平

会计工作是企业单位经济管理工作的一个重要组成部分，它一方面能够促进其他经济管理工作的开展，另一方面需要其他经济管理工作的配合和协调。因此，科学地组织好会计工作，有利于处理好会计同其他经济管理工作之间的关系，做到相互促进、密切配合，提高企业整体经营管理水平。

（三）有利于巩固和发展企业单位内部的经济责任制

会计工作是经济管理的重要组成部分，而经济管理的重要手段就是实行各单位内部的经济责任制。实行内部经济责任制离不开科学的经济预测、正确的经济决策，以

及业绩考核等。组织好会计工作，可以促使企业内部各部门管好、用好资金，增收节支，提高经济效益。

（四）有利于维护财经法纪，贯彻经济工作的方针政策

会计工作通过核算如实反映各单位的经济活动和财务收支，通过监督来执行国家有关方针、政策、法令及制度，为建立良好的社会经济秩序打下基础。

二、组织会计工作的要求

要保证科学、有效地组织和管理会计工作，必须满足以下三项要求：

（一）政策性要求

政策性要求是指组织会计工作必须按照国家统一规定的会计法规、制度、准则的统一要求，贯彻执行国家规定的法令制度，进行会计核算，实行会计监督，以便更好地发挥会计工作在维护社会主义市场经济秩序、加强经济管理、提高经济效益中的作用。

（二）适用性要求

适用性要求是指组织会计工作必须适应本单位经营管理的特点。各单位应在遵守国家法规和准则的前提下，根据自身管理特点及规模大小等情况，制定具体办法，做出切合实际的安排。

（三）效益性要求

效益性要求是指组织会计工作时，在保证工作质量的前提下，尽量节省人力和物力，节约时间和费用。各单位对会计管理程序的规定，会计凭证、账簿和报表的设计，会计机构的设置以及人员的配备等，都应避免繁琐，力求精简。如积极引入大数据等相关信息化技术，从工艺上更新以提高效率，防止机构臃肿和形式主义。

在大数据、人工智能、移动互联网、云计算等技术迅猛发展的今天，会计工作的内容、会计工作组织的形式都面临着机遇和挑战，如"财务共享服务"的提出和实践，

已经结合企业业务发生特点对传统的会计组织和管理形式进行了创新。因此，适应外部环境的不断变化，尤其信息技术的迭代更新，保持专业技能不被时代淘汰，已经成为会计人员的必备素养。

第二节　会计机构

一、会计机构的设置

会计机构是直接从事或组织领导会计工作的职能部门，建立和健全会计机构是会计相关工作顺利进行的重要保障。会计机构设置是否合理，人员职责分工是否明确，均会对各单位会计工作能否顺利开展产生重要影响。

（一）会计机构设置的要求

1. 根据业务需要设置会计机构

《中华人民共和国会计法》第三十六条专门对会计机构设置问题作出如下规定："各单位应当根据会计业务的需要，设置会计机构，或者在有关机构中设置会计人员并指定会计主管人员；不具备设置条件的，应当委托经批准设立从事会计代理记账业务的中介机构代理记账。"《会计基础工作规范》第六条中强调："设置会计机构，应当配备会计机构负责人；在有关机构中配备专职会计人员，应当在专职会计人员中指定会计主管人员。"以上规定包括以下三层含义：

第一，各单位可以根据本单位会计业务的繁简情况决定是否设置会计机构。无论是否需要设置会计机构，会计工作必须依法开展，不能因为没有会计机构而对会计工作放任不管。建立健全会计机构，配备数量和专业素质相当的会计人员，是各单位做好会计工作，充分发挥其职能作用的重要保证。因此，为了科学、合理地组织开展会计工作，保证本单位正常的经济核算，各单位原则上应设置会计机构。

第二，不能单独设置会计机构的单位，应当在有关机构中设置会计人员并指定会计主管人员。这是提高工作效率、明确岗位责任的内在要求，同时也是会计工作专业性、政策性强等特点决定的。会计主管人员作为中层管理人员，行使会计机构负责人的职权，并依照规定的程序任免。

第三，不具备单独设置会计机构的单位，应当委托经批准设立从事会计代理记账业务的中介机构代理记账，如委托会计师事务所或者持有代理记账许可证书的代理记账机构进行代理记账。《代理记账管理办法》中明确了委托人的义务：对本单位发生的经济业务事项，应当填制或者取得符合国家统一的会计制度规定的原始凭证；应当配备专人负责日常货币收支和保管；及时向代理记账机构提供真实、完整的原始凭证和其他相关资料；对于代理记账机构退回的，要求按照国家统一的会计制度的规定进行更正、补充的原始凭证，应当及时予以更正、补充。

此外，《中华人民共和国会计法》第三十七条规定："会计机构内部应当建立稽核制度。"内部稽核制度是指各单位在会计机构内部指定专人对会计凭证、账簿、报表及其他会计资料进行审核，目的在于防止会计核算工作出现差错和有关人员的舞弊行为。

（二）会计部门的设置

会计部门是直接从事组织领导会计工作的职能部门，它包括直接从事和组织领导会计工作的机构（即基层单位会计机构和各级主管部门的会计机构）、会计监督机构和会计咨询机构等。这里仅介绍会计工作机构。由于会计和财务工作都是综合性的经济管理工作，通常把两者合为一体，设置一个财务会计机构，统一办理财务会计业务。因此，会计工作机构通常指财务会计部门。建立健全会计工作机构是做好会计工作的组织保证，是会计工作顺利进行、实现会计目标的重要条件。

我国会计工作实行"统一领导、分级管理"体制。即在国务院财政部门统一规划、统一领导的前提下，实行分级负责、分级管理，充分调动地方、部门、单位管理会计工作的积极性和创造性。国务院财政部门主管全国的会计工作，其内部设置会计事务管理部门，主管全国的会计事务工作。主要任务是：负责制定和组织实施全国统一的会计法规、准则和制度；制订全国会计干部培训计划；管理全国会计干部技术职称评定工作；管理和监督注册会计师事务所工作；根据我国会计工作中出现的新问题、新情况，组织全国范围内的会计工作经验交流，提出改进和实施意见。县级以上地方各级人民政府财政部门管理本行政区域内的会计工作。财政部门对各单位的下列情况实施监督：是否依法设置会计账簿；会计凭证、会计账簿、财务会计报告和其他会计资料是否真实、完整；会计核算是否符合本法和国家统一的会计制度的规定；从事会计工作的人员是否具备专业能力、遵守职业道德。

各级业务主管部门会计机构的主要任务是：根据国家统一会计法规、制度的实施细则，审核并批复所属单位上报的会计报表，同时汇总编制本系统的汇总会计报表；检查并指导所属单位的会计工作，帮助其解决工作上的问题，总结和交流所属单位会计工作的先进经验；核算本单位与财政机关以及上下级之间有关款项缴拨的会计事项，负责本地区、本系统会计人员的培训工作等。各企业主管部门在会计业务上，要受同级财政部门的指导监督。

基层单位会计机构则范围更为广阔。为了保证会计工作的顺利进行并充分发挥其职能作用，凡是具有法人资格、实行独立核算的企业和实行企业化管理的事业单位以及财务收支数额较大，会计业务较多的机关、团体，都需要单独设置会计机构。一些规模较大且会计业务复杂且数量大的单位内部，会计的职能部门还要分成若干个职能组，每组配备一定数量的会计人员分管会计某方面的工作，在实行逐级核算的单位内部，可根据"统一领导、分级管理"的原则，设立各级、各部门的会计组织或会计核算员；国有的和国有资产占控股地位或者主导地位的大、中型企业必须设置总会计师，主管本单位的经济核算和财务工作；一些规模小且会计业务简单的单位，可以不单独设置会计机构，但要在有关机构中设置专职的会计人员来办理会计业务，并指定会计主管人员。这里所说的"会计主管人员"是一个特指的概念，是指负责组织管理会计事务、行使会计机构负责人职权的负责人，不同于通常所说的"会计主管"或"主管会计"等。不具备设置条件的，应当委托经批准设立从事会计代理记账业务的中介机构代理记账。

基层单位会计机构的主要任务是组织和处理单位的会计工作，如实反映本单位的经营活动情况并及时地向有关部门和人员提供有效的会计信息，参与企业经济管理和预测、决策，帮助制订企业生产经营计划，严格贯彻执行国家财经制度，管好、用好资金，尽量降低成本，增收节支，努力提高经济效益。

二、会计机构的形式

（一）独立核算与非独立核算

会计机构同本单位各部门之间的关系是分工协作、分级核算的关系。在企业单位中，一般可采用独立核算和非独立核算两种核算方式。

独立核算是指企业单位对其本身生产经营活动或业务活动过程及其结果，进行全面、系统但独立的记账、算账，定期编制会计报表，并对其经营活动进行分析检查等一系列工作。实行独立核算的企业单位通常都拥有借助开展经营活动用的资金，在银行中独立开设账户，并对外办理结算业务，具有完整的凭证、账簿系统，独立编制计划，独立核算并自负盈亏。对于某些独立核算的单位，如果会计核算业务不多，也可不单独设置专门的会计机构，而只配备专职的会计人员。

非独立核算是指企业单位向上级机构领取一定量物资和备用金从事业务活动；平时只进行原始凭证的填制、整理、汇总以及现金、实物明细账的登记等一系列具体的会计工作；企业不独立核算盈亏，也不单独编制会计报表；企业定期将发生的收入、支出及有关核算资料向上级机构报送，由上级机构汇总记账。实行非独立核算的企业单位一般不专设会计机构，只配备专职会计人员。

（二）集中核算与非集中核算

在实行独立核算的单位，会计工作的组织形式一般分为集中核算和非集中核算。

集中核算是把整个企业的主要会计工作集中在财会部门，企业内部的其他部门和下属单位只对其发生的经济业务填制原始凭证，定期将原始凭证或原始凭证汇总表送交财会部门，由财会部门审核，然后据以填制记账凭证，登记总分类账和明细分类账，编制会计报表。在集中核算形势下，会计部门可以集中掌握有关资料，便于理解企业全部的经济活动情况，减少核算层次。

非集中核算又称分散核算，是相对于集中核算而言的。单位内部会计部门以外的其他部门和下属单位，在会计部门的领导下，对其所发生的经济业务核算填制原始凭证或原始凭证汇总表，然后分别登记总分类账和一部分明细分类账，编制会计报表并进行部分会计工作。实行非集中核算，可以使各职能部门和车间随时了解经济活动情况，及时分析问题和解决问题。

采用哪一种核算组织形式取决于企业内部是否实行分组管理、分级核算。集中核算与非集中核算是相对的，但无论采用哪种形式，企业对外的现金收付、银行存款收付、物资供销、应收款项和应付款项的核算等，都应集中在会计部门进行。一些实行内部经济核算的企业，业务部门虽然可以单独进行经济核算，单独计算盈亏和编制各种会计报表，但这些业务部门与独立核算单位不同，不能独立签订各种交易合同和在银行设立结算账户。

三、会计工作岗位的设置

会计工作组织健全的单位，还应建立会计工作岗位责任制，各项会计工作都安排专人负责，每个会计人员都应明确自己的职责。会计人员之间既协作配合，又相互监督促进，确保按时、保质、保量完成各项会计工作。

在规模较大的制造企业，会计人员的工作岗位一般分为：会计主管、出纳、资金管理、预算管理、固定资产核算、存货核算、成本核算、工资核算、往来结算、收入利润核算、税务会计、总账报表、稽核、会计电算化管理和档案管理等。这些岗位可以一人一岗、一人多岗或一岗多人，各单位可以根据本单位的会计业务特点和会计人员配备的实际情况具体确定。需要注意的是，实行钱账分管制度，出纳人员不得兼管稽核、会计档案保管和收入、费用、债权、债务方面账目的登记工作。凡涉及货币资金和财物的收付、结算、审核和登记等工作，不得由一人保管。企业的会计人员，应有计划地进行岗位轮换，以便会计人员能够全面地了解和熟悉各项会计工作，提高业务水平。会计人员调动工作或因故离职离岗，要将其经管的会计账目、款项和未了事项向接办人员移交清楚，并由其上级主管人员负责监交。

第三节 会计人员

会计人员，是指根据《中华人民共和国会计法》的规定，在国家机关、社会团体、企事业单位和其他组织（以下统称单位）中从事会计核算、实行会计监督等会计工作的人员。会计人员是从事日常会计业务处理工作的专职人员。

一、会计人员的范围、要求与继续教育

（一）会计人员范围

会计人员包括从事下列具体会计工作的人员：

（1）出纳。

（2）稽核。

（3）资产、负债和所有者权益（净资产）的核算。

（4）收入、费用（支出）的核算。

（5）财务成果（政府预算执行结果）的核算。

（6）财务会计报告（决算报告）编制。

（7）会计监督。

（8）会计机构内会计档案管理。

（9）其他会计工作。

担任单位会计机构负责人（会计主管人员）、总会计师的人员，属于会计人员。

（二）会计人员要求

虽然《中华人民共和国会计法》在 2017 年的修正中删去了会计从业人员从业资格的相关规定，但并不意味着会计从业人员无技术门槛。《会计人员管理办法》（财会

【2018】33号）中规定："会计人员具有会计类专业知识，基本掌握会计基础知识和业务技能，能够独立处理基本会计业务，表明具备从事会计工作所需要的专业能力。"因此，单位可以根据国家有关法律法规，判断相关人员是否具备从事会计工作所需要的专业能力。

会计人员从事会计工作，应当符合下列要求：

第一，遵守《中华人民共和国会计法》和国家统一的会计制度等法律法规。

第二，具备良好的职业道德。

第三，按照国家有关规定参加继续教育。

第四，具备从事会计工作所需要的专业能力。

配备一定数量和素质的、具备会计专业技能的会计人员，是各单位会计工作得以正常开展的重要条件。一个单位需要配备多少会计人员，设置多少会计岗位，没有统一标准和规定，各单位可以根据自身组织结构形式和业务工作量、经营规模等因素进行设置。

（三）会计人员继续教育

为了便于会计人员及时更新知识，不断提高自身素质，适应工作需要，根据统一领导、分级管理的原则，各地、各部门要认真组织包括国家机关、企事业单位及社会团体等组织具有会计专业技术资格的人员，或不具有会计专业技术资格但从事会计工作的人员（以下简称会计专业技术人员）接受各种形式的培训学习，做好会计人员的继续教育工作。

财政部负责制定全国会计专业技术人员继续教育政策，会同人力资源和社会保障部监督指导全国会计专业技术人员继续教育工作的组织实施，人力资源社会保障部负责对全国会计专业技术人员继续教育工作进行综合管理和统筹协调。

按照有关规定，各单位必须保证会计人员接受继续教育的权利；会计专业技术人员享有参加继续教育的权利和接受继续教育的义务。《会计人员继续教育规定》（财会【2018】10号）中明确规定："会计专业技术人员参加继续教育实行学分制管理，每年参加继续教育取得的学分不少于90学分。"继续教育的内容包括公需科目和专业科目，由财政部会同人力资源和社会保障部根据会计专业技术人员能力框架，定期发布继续教育公需科目指南、专业科目指南，对会计专业技术人员继续教育内容进行指导。其中，专业科目一般不少于总学分的三分之二。

具有会计专业技术资格的人员应当自取得会计专业技术资格的次年开始参加继续教育，并在规定时间内取得规定学分。不具有会计专业技术资格但从事会计工作的人员应当自从事会计工作的次年开始参加继续教育，并在规定时间内取得规定学分。继续教育的形式多样，会计专业技术人员可以自愿选择参加，目前的继续教育正在积极推广网络教育等方式，提高继续教育教学和管理的信息化水平。此外，对会计专业技术人员参加继续教育情况实行登记管理。

二、会计人员的职责和权限

为了使会计工作优质高效地进行，国家有关法规赋予了会计人员一定的工作职责和权限，保障其权责清晰地完成各项会计工作。

（一）会计人员的职责

根据《中华人民共和国会计法》有关规定，会计人员的主要职责可概括为以下五个方面。

第一，进行会计核算。当会计主体进行经济活动时，会计人员应根据实际发生的经济业务，客观地进行会计核算，填制会计凭证，登记会计账簿，编制财务报告。

第二，实行会计监督。在会计核算过程中，对本单位各项经济业务的合法性、合理性、真实性、正确性进行监督，并对不正确的经济行为进行必要干预。对不真实、不合法的原始凭证不予受理；对记载不准确、不完整的原始凭证予以退回，要求更正、补充；对违法的经济行为应当向单位领导提出书面意见要求处理。对严重违法损害国家和社会公众利益的收支，会计人员应当向主管单位或者财政部门、审计、税务机关报告。

第三，拟订本单位办理会计事务的具体办法。根据国家的有关政策和会计法规、制度，设计本单位的会计规章制度，规定会计事务处理的具体操作程序。如设计企业内部控制制度、会计人员岗位责任制度等，规定成本计算的具体办法、账务处理的程序等。

第四，参与拟订经济计划、业务计划。根据所掌握的会计信息，参与拟订固定资产更新、大修理、新产品试制、产品生产和销售、基本建设等计划。会计人员参与经济和业务计划的制订，在杜绝浪费、减少耗费、提高经济效益等方面发挥重要作用。

第五，考核、分析预算和财务计划的执行情况。会计人员应根据会计记录、财务报告并结合统计等有关信息，对预算、财务计划进行考核、分析，查明预算、财务计划的完成情况或未完成原因，发现问题并揭露矛盾，总结经验并提出改进建议和措施。

（二）会计人员的权限

国家赋予会计人员必要的权限，其目的在于保障会计人员能够切实履行职责。会计人员的权限主要有以下三个方面。

第一，会计人员有权要求本企业有关部门人员认真执行国家批准的计划、预算，遵守国家财经纪律和财务会计法规。如有违法行为，会计人员有权拒绝付款、报销或执行，并向本单位领导报告。对于弄虚作假、营私舞弊和欺上瞒下等违法乱纪行为，会计人员必须坚决拒绝执行，并向本单位领导人或上级主管单位、财政部门、审计机关报告。如果会计人员对于违反财经纪律、制度的行为不拒绝执行，且不向领导或上级主管部门、财政部门、审计机关提出报告，会计人员将同有关人员负连带责任。

第二，会计人员有权参与本企业计划及预算的编制、定额的制定、经济合同的签订，参加有关生产、经营管理会议，并提出对财务收支和经营决策方面的意见。领导对会计人员的合理建议应予以采纳。

第三，会计人员有权监督、检查本单位有关部门的财务收支和财产保管、收发、计量等情况。有关部门、人员要积极配合会计人员的工作，要如实提供同财务会计工作有关的情况和资料。为了保障会计人员行使工作权限，《中华人民共和国会计法》第四十六条明确规定：单位负责人和其他人员对依照本法履行职责、抵制违反本法规定行为的会计人员实行打击报复的，给予行政处分；构成犯罪的，依法追究刑事责任。这就从法律上保护并鼓励会计人员为维护国家利益、投资者权益而坚持实事求是原则，履行自己的职责。

三、会计人员的专业技术职务

会计人员的专业技术职务是标志会计人员学识水平、业务素质和工作能力的技术职务名称。围绕人才强国战略和创新驱动发展战略，遵循会计人员成长规律，健全完善符合会计工作职业特点的职称制度，为科学评价会计人员专业能力提供制度保障，为用人单位择优聘任会计人员提供重要依据，为促进经济社会持续健康发展提供会计人才支撑，人力资源和社会保障部提出《关于深化会计人员职称制度改革的指导意见》（人社部发【2019】8号）。在此指导意见中提出，初级、中级、副高级和正高级职称名称依次为助理会计师、会计师、高级会计师和正高级会计师，完善了会计人员的职称层级。其中，初级职称只设助理级，高级职称分设副高级和正高级，形成初级、中级、高级层次清晰、相互衔接、体系完整的会计人员职称评价体系。会计人员各级别职称分别与事业单位专业技术岗位等级相对应。正高级对应专业技术岗位 1 ～ 4 级，副高级对应专业技术岗位 5 ～ 7 级，中级对应专业技术岗位 8 ～ 10 级，初级对应专业技术岗位 11 ～ 13 级。

会计人员职称评价基本标准条件包括：遵守《中华人民共和国会计法》和国家统

一的会计制度等法律法规；具备良好的职业道德，无严重违反财政纪律的行为；热爱会计工作，具备相应的会计专业知识和业务技能；按照要求参加继续教育；会计人员参加各层级会计人员职称评价，除必须达到上述标准条件外，对各级技术职务国家都规定有任职基本条件。

（一）助理会计师

（1）基本掌握会计基础知识和业务技能。

（2）能正确理解并执行财政政策、会计法律法规和规章制度。

（3）能独立处理一个方面或某个重要岗位的会计工作。

（4）具备国家教育部门认可的高中毕业（含高中、中专、职高、技校）以上学历。

（二）会计师

（1）系统掌握会计基础知识和业务技能。

（2）掌握并能正确执行财经政策、会计法律法规和规章制度。

（3）具有扎实的专业判断和分析能力，能独立负责某领域会计工作。

（4）具有博士学位；或具有硕士学位，从事会计工作满1年；或具有第二学士学位或研究生班毕业，从事会计工作满2年；或具有大学本科学历或学士学位，从事会计工作满4年；或具有大学专科学历，从事会计工作满5年。

（三）高级会计师

（1）系统掌握和应用经济与管理理论、财务会计理论与实务。

（2）具有较高的政策水平和丰富的会计工作经验，能独立负责某领域或一个单位的财务会计管理工作。

（3）工作业绩较为突出，有效提高了会计管理水平或经济效益。

（4）有较强的科研能力，取得一定的会计相关理论研究成果，或主持完成会计相关研究课题、调研报告、管理方法或制度创新等。

（5）具有博士学位，取得会计师职称后，从事与会计师职责相关工作满2年；或具有硕士学位，或第二学士学位或研究生班毕业，或大学本科学历或学士学位，取得会计师职称后，从事与会计师职责相关工作满5年；或具有大学专科学历，取得会计师职称后，从事与会计师职责相关工作满10年。

（四）正高级会计师

（1）系统掌握和应用经济与管理理论、财务会计理论与实务，把握工作规律。

（2）政策水平高，工作经验丰富，能积极参与一个单位的生产经营决策。

（3）工作业绩突出，主持完成会计相关领域重大项目，解决重大会计相关疑难问题或关键性业务问题，提高单位管理效率或经济效益。

（4）科研能力强，取得重大会计相关理论研究成果，或其他创造性会计相关研究成果，推动会计行业发展。

（5）一般应具有大学本科及以上学历或学士以上学位，取得高级会计师职称后，从事与高级会计师职责相关工作满 5 年。

省级高端会计人才培养工程毕业学员，视同具备前述第（1）～（4）项标准条件，满足第（5）项条件，即可申报评审正高级会计师职称。全国高端会计人才培养工程毕业学员，按程序由正高级职称评审委员会认定取得正高级会计师职称。

以上会计人员的专业技术职务综合采用考试、评审、考评结合等多种评价方式，建立适应不同层级会计工作职业特点的评价机制。助理会计师、会计师实行全国统一的会计专业技术资格考试，不断提高考试的科学性、安全性、公平性和规范性。助理会计师的考试日期、考试频次等管理权限，根据报考人数增长趋势等因素逐步下放，探索实行常态化考试、1 年多考。高级会计师采取考试与评审相结合方式，正高级会计师一般采取评审方式。

四、总会计师

《中华人民共和国会计法》第三十六条明确指出："国有的和国有资产占控股地位或者主导地位的大、中型企业必须设置总会计师。"总会计师是在单位主要领导人领导下，主管经济核算和财务会计工作的负责人。在一些大、中型国有企业实行总会计师制度，有利于加强经济核算和会计管理。

（一）总会计师的起源

国务院 2011 年修订的《总会计师条例》对总会计师的定位是："总会计师是单位行政领导成员，协助单位主要行政领导人工作，直接对单位主要行政领导人负责。凡设置总会计师的单位，在单位行政领导成员中，不设与总会计师职权重叠的副职。"

（二）设置要求

我国 1985 年颁布实施的《中华人民共和国会计法》，首次以法律的形式明确了设置总会计师的要求，充分肯定了总会计师制度，从而大大推动了我国总会计师制度的发展。1990 年 12 月，国务院发布了《总会计师条例》。该条例结合我国改革的新形势、新要求，对总会计师的地位、职责、权限、任免与奖惩作了完整、全面、系统、具体的规定，使我国总会计师制度进入了一个全新的发展时期。1993 年修改《中华人民共和国会计法》时再次明确规定："大、中型企业、事业单位和业务主管部门可以设置总会计师。总会计师由具有会计师以上专业技术任职资格的人员担任。"2017 年修正的《中华人民共和国会计法》对设置总会计师的范围又有了新的规定："国有的和国有资产占控股地位或者主导地位的大、中型企业必须设置总会计师。总会计师的任职资格、任免程序、职责权限由国务院规定。"

按照《总会计师条例》的规定，担任总会计师，应当具备以下六个条件：一是坚持社会主义方向，积极为社会主义市场经济建设和改革开放服务；二是坚持原则、廉洁奉公；三是取得会计师专业技术资格后，主管一个单位或者单位内部一个重要方面的财务会计工作的时间不少于 3 年；四是要有较高的理论政策水平，熟悉国家财经纪律、法规、方针、政策和制度，掌握现代化管理的有关知识；五是具备本行业的基本业务知识，熟悉行业情况，有较强的组织领导能力；六是身体健康，能胜任本职工作。

（三）设置范围

随着我国国有企业改革深化，改组、改制工作不断深入和发展，国有企业的组成形式多种多样，分为国有独资公司和经过股份制改造成为的国有控股公司，小型国有企业的改造也有诸多形式。但无论如何进行改革、改组、改制，国有企业都是我国国民经济的支柱，是国家财政收入的重要来源。由于大、中型企业一般生产规模大，在经济核算组织、资金调配等方面要求高，有必要设置主管经济核算和财务会计工作的总会计师，协助单位领导人做好整个经营管理工作。

（四）职责与权限

总会计师的基本职责包括负责组织的工作和协助、参与的工作两个方面。

由总会计师负责组织的工作，包括：编制和执行预算、财务收支计划、信贷计划，拟订资金筹措和使用方案，开辟财源，有效地使用资金；进行成本费用预测、计划、控制、核算、分析和考核，督促本单位有关部门降低消耗、节约费用、提高经济效益；建立、健全经济核算制度，利用财务会计资料进行经济活动分析；承办单位主要行政领导人交办的其他工作；负责对本单位财会机构的设置和会计人员的配备、会计专业职务的设置和聘任提出方案；组织会计人员的业务培训和考核；支持会计人员依法行使职权。

由总会计师协助、参与的工作，包括：协助单位主要行政领导人对企业的生产经营、行政事业单位的业务发展以及基本建设投资等问题作出决策；参与新产品开发、技术改造、科技研究、商品（劳务）价格和工资奖金等方案的制定；参与重大经济合同和经济协议的研究、审查。

总会计师的工作权限表现在以下四个方面。

第一，对违法违纪问题的制止和纠正权。即对违反国家财经纪律、法规、方针、政策、制度和有可能在经济上造成损失、浪费的行为，有权制止和纠正；制止或者纠正无效时，提请单位主要行政领导人处理。

第二，建立、健全单位经济核算的组织指挥权。即总会计师有权组织本单位各职能部门、直属基层组织的经济核算、财务会计和成本管理方面的工作。

第三，主管单位财务收支审批权、单位预决算和各项计划的签署权。即重大的财务收支，须经总会计师审批或者由总会计师报单位主要行政领导人批准；预算、财务收支计划、成本和费用计划、信贷计划、财务专题报告、会计决算报表，须经总会计师签署。另外，涉及财务收支的重大业务计划、经济合同、经济协议等，在单位内部须经总会计师会签。

第四，对本单位会计人员的管理权。即会计人员的任用、晋升、调动、奖惩，应当事先征求总会计师的意见；财会机构负责人或者会计主管人员的人选，应当由总会计师进行业务考核，依照有关规定审批。

五、会计机构负责人

《会计基础工作规范》（以下简称《规范》）中规定："设置会计机构，应当配备会计机构负责人；在有关机构中配备专职会计人员，应当在专职会计人员中指定会计主管人员。"

会计机构负责人（会计主管人员），是在一个单位内具体负责会计工作的中层领导人员。在单位负责人的领导下，会计机构负责人（会计主管人员）负有组织、管理本单位所有会计工作的责任，其工作水平的高低、质量的好坏，直接关系整个单位会计工作的水平和质量。如果单位对会计机构负责人（会计主管人员）任用不当，则会表现在会计机构负责人或会计主管人员的政策水平、业务水平和组织能力不能适应工作要求，或者造成工作失误，给单位带来经济上的损失等。

《规范》中第七条对会计机构负责人与会计主管人员的任职条件做了较为具体的规定。这是加强会计基础工作的一项重要措施，对提高会计队伍素质和会计工作质量具有重要的现实意义。根据规定，会计机构负责人、会计主管人员应当具备的基本条件包括：

政治素质：坚持原则，廉洁奉公。财务会计工作直接处理经济业务，经济上的问题必然会在会计处理中反映出来，未坚持原则，就可能不揭发已经出现的漏洞或不纠正违反财经纪律和财务会计制度的行为；没有廉洁奉公的品质，存在共同作弊的可能性，甚至走上犯罪道路。

专业技术资格要求：《规范》对会计机构负责人或会计主管人员的这一要求，是通过要求"具备会计师以上专业技术职务资格""有较强的组织能力""从事会计工作不少于三年"等来体现的。至于会计机构负责人或者会计主管人员需要具有哪个层次的会计专业技术资格，《规范》没有作进一步规定，主要是为适应不同类型的单位对会计机构负责人或者会计主管人员专业技术资格的不同要求。

回避制度：单位领导人的直系亲属不得担任本单位的会计机构负责人、会计主管人员。会计机构负责人、会计主管人员的直系亲属不得在本单位会计机构中担任出纳工作。需要回避的直系亲属为：夫妻关系、直系血亲关系、三代以内旁系血亲以及配偶亲关系。

政策业务水平：《规范》要求会计机构负责人或会计主管人员熟悉国家财经法律、法规、规章和方针、政策，掌握本行业业务管理的有关知识。市场经济是法治经济，在建立社会主义市场经济的过程中，我国经济立法工作取得巨大成就，任何单位的经济业务都直接或间接地受到有关法律、规章的规范。从事会计管理工作如果不了解、不掌握专业知识和相关管理知识，容易使单位的经营管理工作走入法律"盲区"或"误区"，带来危险的后果。

组织能力：会计机构负责人或者会计主管人员应当具备一定的组织能力，包括协调、综合分析能力等，它对整个会计工作效率和质量的提升十分关键。

身体条件：会计工作劳动强度大、技术难度高，作为会计机构负责人或者会计主管人员必须有较好的身体状况，以适应本职工作的要求。

六、注册会计师

注册会计师（Certified Public Accountant，简称为CPA），是指取得注册会计师证书并在会计师事务所执业的人员，从事社会审计、中介审计、独立审计等工作。在其他一些国家，如英国、澳大利亚、加拿大等国称为国际会计师。国际上所称的会计师一般是指注册会计师，而不是我国中级职称概念的会计师。

（一）我国注册会计师考试制度

依据《中华人民共和国注册会计师法》相关规定，注册会计师实行全国统一考试制度。注册会计师全国统一考试办法，由国务院财政部门制定，由中国注册会计师协会（The Chinese Institute of Certified Public Accountants，简称为中注协 CICPA）组织实施。1991 年中国注册会计师考试首次举办，中国注册会计师考试于 2006 年首次在欧洲地区开设考场。经过多年发展，截至 2021 年 12 月 31 日，全国共有会计师事务所（含分所）10142 家，注册会计师 97 563 人，非执业会员 212 278 人。2021 年 4 月，中国注册会计师协会印发《注册会计师行业发展规划（2021—2025 年）》，提出到 2035 年实现注册会计师行业发展水平与我国综合国力和国际地位相匹配，注册会计师行业成为全面领先、具有国际竞争力的高端现代服务业。

具有高等专科以上学校毕业的学历，或者具有会计或者相关专业中级以上技术职称的中国公民，可以申请参加注册会计师全国统一考试；具有会计或者相关专业高级技术职称的人员，可以免予部分科目的考试。考试划分为专业阶段考试和综合阶段考试。考生在通过专业阶段考试的全部科目后，才能参加综合阶段考试。

专业阶段考试科目包括《会计》《审计》《财务成本管理》《公司战略与风险管理》《经济法》和《税法》6 个科目。同时符合下列条件的中国公民，可以申请参加注册会计师全国统一考试专业阶段考试：具有完全民事行为能力；具有高等专科以上学校毕业学历，或者具有会计或者相关专业中级以上技术职称。

综合阶段考试科目包括职业能力综合测试（试卷一、试卷二）；考试范围由财政部考委会在发布的考试大纲中确定。同时符合下列条件的中国公民，可以申请参加注册会计师全国统一考试综合阶段考试：具有完全民事行为能力；已取得注册会计师全国统一考试专业阶段考试合格证。

有下列情形之一的人员，不得报名参加注册会计师全国统一考试：因被吊销注册会计师证书，自处罚决定之日起至申请报名之日止不满 5 年者；以前年度参加注册会计师全国统一考试因违规而受到禁考处理期限未满者。由上述规定可知，注册会计师考试作为财会领域专业技术人才的重要考试，对因职业道德或专业素养受到过惩处的相关人员，报名均受到限制。

考试采用闭卷、计算机化考试（简称机考）方式，即在计算机终端获取试题、作答并提交答案。参加注册会计师全国统一考试的应考人员，专业阶段考试的单科考试合格成绩 5 年内有效。每科考试均实行百分制，60 分为成绩合格分数线。对在连续 5 个年度考试中取得专业阶段全部科目考试合格成绩的应考人员，财政部考委会颁发专业阶段考试合格证书。注册会计师全国统一考试专业阶段考试合格证由考生到参加专业阶段考试最后一科考试报名地的地方考办领取。根据《注册会计师全国统一考试管理工作指南》的规定，参加注册会计师全国统一考试的应考人员，在取得注册会计师全国统一考试专业阶段考试合格证后，取得综合阶段职业能力综合测试成绩合格的申请人，应持综合阶段职业能力综合测试成绩合格凭证向参加综合阶段职业能力综合测试所在地的地方考办申请换发全科合格证书。

注册会计师协会的会员主要包括执业会员（即注册会计师）和非执业会员，此外还可能包括荣誉会员。通过注册会计师考试并在会计师事务所工作一定时间后，在注册会计师协会注册方可成为执业注册会计师。只是通过考试，可以申请成为非执业会员。

会员人数最多的是美国注册会计师协会（American Institute of Certified Public Accountants，简称 AICPA），他是美国全国性会计职业组织，也是世界上最大的会计师专业协会，截止至 2021 年 8 月 24 日，AICPA 会员人数达到了 669 130 人 ❶。同属全球五大会计师公会的还有：国际会计师公会（The Association of International Accountants，简称 AIA）、澳大利亚注册会计师协会（Australian Society of Certified Practising Accountants，简称 ASCPA 或 CPA Australia）、加拿大注册会计师协会（Certified General Accountants Association of Canada，简称 CGA）、特许公认会计师公会（The Association of Chartered Certified Accountants，简称 ACCA）。

（二）注册会计师与会计师、高级会计师的区别

注册会计师，是依法取得注册会计师证书并接受委托从事审计和会计咨询、会计服务业务的执业人员。注册会计师是一项执业资格考试，我国《注册会计师法》规定，具有高等专科以上学历，或者具有会计或相关专业中级以上技术职称的人，可以报名参加注册会计师全国统一考试。按照规定，考试成绩合格者颁发由全国注册会计师考试委员会统一印制的全科合格证书，并可申请加入中国注册会计师协会，完成后续教育，成绩长期有效；否则，其全科合格成绩仅在自取得全科合格证书后的 5 年内有效。会计师和高级会计师是会计专业技术职务的一个级别，是衡量会计职业生涯水平的标

---

❶ 数据来自统计数据来自美国国家注册会计师数据库，即会计执照持有人数据库（ALD），由美国 55 个州中的 54 个州会计委员会提供而汇总统计而成。

准。如前所述，会计专业技术职称由低到高分为：初级、中级、副高级和正高级职称，名称依次为助理会计师、会计师、高级会计师和正高级会计师，完善了会计人员的职称层级。会计师属于中级职称，高级会计师属于会计专业技术职称的最高层次。其中助理会计师、会计师是需要参加会计初级、中级专业技术资格考试取得，而高级会计师则需要考试与评聘结合，且同时需要工作经验及学术成果，还需要会计师的基础。

高级会计师在报考注册会计师的同时，可根据自己的实际工作经验，向当地报考部门申请免试一或两科考试科目。两者在业务上水平的衡量上相差尤多，但是高级会计师不具备开展注册会计师法定审计业务的条件，只能从事其他服务业务。

第四节　会计档案

一、会计档案及其内容

会计档案作为重要的会计工作载体和证据，为了加强会计档案管理，有效保护和利用会计档案，财政部和国家档案局联合发布第 79 号令，公布修订后的《会计档案管理办法》（以下简称"办法"），自 2016 年 1 月 1 日起施行。《办法》第三条对会计档案进行了规定："会计档案是指单位在进行会计核算等过程中接收或形成的，记录和反映单位经济业务事项的，具有保存价值的文字、图表等各种形式的会计资料，包括通过计算机等电子设备形成、传输和存储的电子会计档案。"与修订前相比，增加了电子会计档案的相关表述，体现了会计管理工作的与时俱进。《办法》中所指需归档的会计资料内容主要有：会计凭证，包括原始凭证、记账凭证；会计账簿，包括总账、明细账、日记账、固定资产卡片及其他辅助性账簿；财务会计报告，包括月度、季度、半年度、年度财务会计报告；其他会计资料，包括银行存款余额调节表、银行对账单、纳税申报表、会计档案移交清册、会计档案保管清册、会计档案销毁清册、会计档案鉴定意见书及其他具有保存价值的会计资料。

同时满足下列条件，单位内部形成的属于归档范围的电子会计资料可仅以电子形式保存，形成电子会计档案。

（1）形成的电子会计资料来源真实有效，由计算机等电子设备形成和传输。

（2）使用的会计核算系统能够准确、完整、有效接收和读取电子会计资料，能够输出符合国家标准归档格式的会计凭证、会计账簿、财务会计报表等会计资料，设定了经办、审核、审批等必要的审签程序。

（3）使用的电子档案管理系统能够有效接收、管理、利用电子会计档案，符合电子档案的长期保管要求，并建立了电子会计档案与相关联的其他纸质会计档案的检索关系。

（4）采取有效措施，防止电子会计档案被篡改。

（5）建立电子会计档案备份制度，能够有效防范自然灾害、意外事故和人为破坏的影响。

（6）形成的电子会计资料不属于具有永久保存价值或者其他重要保存价值的会计档案。

满足以上规定条件，单位从外部接收的电子会计资料附有符合《中华人民共和国电子签名法》规定的电子签名的，可仅以电子形式归档保存，形成电子会计档案。

二、会计档案的作用

在各单位经济管理工作中，会计档案具有以下两个作用：查证作用，是供事后查阅某个会计事项处理是否正确的书面证明；史料作用，是反映生产经营和管理情况的重要资料。按照《中华人民共和国会计法》规定，建立会计档案，做好档案管理工作是会计工作不可缺少的组成部分。

会计档案管理规定：财政部和国家档案局主管全国会计档案工作，共同制定全国统一的会计档案工作制度，对全国会计档案工作实行监督和指导。县级以上地方人民政府财政部门和档案行政管理部门管理本行政区域内的会计档案工作，并对本行政区域内会计档案工作实行监督和指导。单位应当加强会计档案管理工作，建立和完善会计档案的收集、整理、保管、利用和鉴定销毁等管理制度，采取可靠的安全防护技术和措施，保证会计档案的真实、完整、可用、安全。单位的档案机构或者档案工作人员所属机构（以下统称单位档案管理机构）负责管理本单位的会计档案。单位也可以委托具备档案管理条件的机构代为管理会计档案。

（一）会计档案的归档和保管

对于每年形成的会计档案，财会部门都必须按照归档的要求，负责整理立卷或装订成册。当年的会计档案在会计年度终了后，可暂由本单位财会部门保管1年（临时保管）。期满后，需将清册移交档案管理部门保管。保存的会计档案应为本单位提供利用，原则上不得向外单位借出。如有特殊需要，须经上级主管单位批准，但不得拆散原卷，并应限期归还。单位会计管理机构临时保管会计档案最长不超过3年。临时保管期间，会计档案的保管应当符合国家档案管理的有关规定，且出纳人员不得兼管会计档案。

当调阅会计档案时，应有一定的手续。对调阅的档案，应设置"会计档案调阅登记簿"，详细登记调阅日期、调阅人、调阅理由、归还日期等。未经批准，调阅人员不得将会计档案携带外出，不得擅自摘录有关文字。遇特殊情况需要影印复制会计档案的，必须经过本单位领导批准，并在"会计档案调阅登记簿"内详细记录会计档案影印复制的情况。

会计档案应分类保管，并建立相应的分类目录或卡片，随时进行登记。会计档案的保管期限，根据其特点，分为永久、定期两类。定期保管期限一般分为10年和30年。会计档案的保管期限，从会计年度终了后的第一天算起。企业和其他组织会计档案具体保管期限（表11-2），此外，《办法》中也对财政总预算、行政单位、事业单位和税收会计档案保管期限进行了规定。值得注意的是，《办法》规定的会计档案保管期限均为最低保管期限。

表11-2　企业和其他组织会计档案保管期限表

序号	档案名称	保管期限	备注
一	会计凭证类		
1	原始凭证	15年	
2	记账凭证	15年	
3	汇总凭证	15年	
二	会计账簿类		
4	总账	15年	包括日记总账
5	明细账	15年	
6	日记账	15年	现金和银行日记账25年
7	固定资产卡片		固定资产报废清理后5年
8	辅助账簿		
三	财务报告类		
9	月、季度财务报告	3年	包括文字分析
10	年度财务报告（决算）	永久	包括文字分析
四	其他类		
11	会计移交清册	15年	
12	会计档案保管清册	永久	
13	会计档案销毁清册	永久	
14	银行余额调节表	5年	
15	银行对账单	5年	

（二）会计档案的移交和销毁

撤销、合并单位和建设单位完工后，会计档案应随同单位的全部档案一并移交给指定单位，并按规定办理交接手续。单位会计管理机构在办理会计档案移交时，应当编制会计档案移交清册，并按照国家档案管理的有关规定办理移交手续。

纸质会计档案移交时应当保持原卷的封装。电子会计档案移交时应当将电子会计档案及其原数据一并移交，且文件格式应当符合国家档案管理的有关规定。特殊格式的电子会计档案应当与其读取平台一并移交。单位档案管理机构接收电子会计档案时，应当对电子会计档案的准确性、完整性、可用性、安全性进行检测，符合要求的才能接收。

会计档案保管期满需要销毁时，应由单位档案管理机构牵头，组织单位会计、审计和纪检监察等机构或人员共同进行鉴定，严格审查，编制会计档案销毁清册，上报审批。对于其中未结清的债权债务会计凭证和涉及其他未了事项的会计凭证不得销毁，纸质会计档案应当单独抽出立卷，电子会计档案单独转存，保管到未了事项完结时为止。建设单位在建设期间的会计凭证，不得销毁。

销毁会计档案时，应由单位档案管理机构和会计管理机构共同派员监销。电子会计档案的销毁还应当符合国家有关电子档案的规定，并由单位档案管理机构、会计管理机构和信息系统管理机构共同派员监销。各级主管部门销毁会计档案时，还应由同级财政部门、审计部门派员参加监销。各级财政部门销毁会计档案时，由同级审计机关派员参加监销。销毁后监销人员在销毁清册上签名盖章，并将情况报本单位领导。

第十二章　会计基本规范

★ 会计规范体系

★ 会计法

★ 企业会计准则

★ 会计制度

扫码获得
本章PPT

【思政案例】

古人说，无规矩不成方圆。国有国法，校有校规。依法纳税是每个公民应尽的义务。作为一名中国公民，我们都应该遵纪守法。

审计机关对A股份有限公司2021年财务情况进行审计时，发现有以下行为：（1）公司作为一般纳税人，在未发生存货购入业务的情况下，会计人员赵某从其他企业买入空白增值税发票，并在发票上注明购入商品，买价5000万元，增值税额额650万元。财务部门以该发票为依据，编制购入商品的记账凭证；纳税申报时作为增值税进项税额抵扣税款。（2）赵某有充分证据证明以上行为属公司总经理刘某强令其所为。（3）公司销售商品开出发票时，"发票联"内容真实，但本单位"记账联"和"存根联"的金额比真实金额小。赵某以"记账联"编制记账凭证，登记账簿，导致少记销售收入1000万元，少记增值税130万元。

通过上述案例思考如下问题：

（1）以上三种行为分别违反了《会计法》中的什么规定？

（2）哪些单位或部门可以对相关当事人进行哪种处理？

第一节　会计规范体系

会计是信息的生产者，信息是一种资源和产品，任何信息使用者都期望自己所得到的是决策有效的信息。规范，实际上就是确立一种标准。会计规范是指对会计业务处理与信息生成过程中的各种会计行为所做出的限定和约束，或者说是在会计业务处理与信息生成过程中应当遵循的各种规范的总称，它是会计行为的客观标准。所有对会计工作具有一定影响和规范作用的各种法律、法规和制度等彼此有机结合所形成的规范体系，构成了会计规范体系。

一、会计规范体系的特点

（一）普遍性

会计规范作为指导会计工作的行为准则，是得到多数人认可的。无论是约定俗成的，还是惯例性的，普遍性是会计规范赖以存在的基础，否则，规范就无从谈起。

（二）约束性

会计规范提出评价会计行为的明确标准，对于违反规范的行为，根据情节施以相应的法律、行政制裁或道德谴责。

（三）地域性

会计学作为管理学科，属于社会科学的范畴。会计规范不可避免地带有民族特色或国家特征，会计规范中的法律规范表现尤为突出。这里谈会计规范的地域性，并不排斥国际会计规范的共性相反，随着会计这门国际经济语言的发展，会计规范的地域性特点将越来越不明显。

（四）发展性

会计是一种信息反映系统服务于经济活动的表现，在不断随着经济的发展而完善，会计规范也必须随着所处的环境和时代的发展变化作出相应的调整。

二、会计规范体系的构成要素

（一）会计法律

会计法律是指所有对会计工作具有规范和约束作用的各种法律。会计法律通常有两种表现形式：一是专门针对会计工作制定的一部独立的法律，如我国1985年制定，

1993年、1999年、2014年、2017年、2018年等多次修订的《会计法》就是一部独立的会计法律；二是将会计法律并入其他相关的经济法律之中，如公司法、商法和税法等。

（二）会计准则

会计准则是关于会计核算的统一规范，是企业进行价值确认、计量、记录和报告必须遵循的基本规则。目前世界上绝大部分市场经济国家，都是在制定会计法律（一般并入其他经济法律）的同时以会计准则的形式来规范会计核算工作的。

（三）会计制度

会计制度根据指定机构和作用范围不同，通常有以下两种形式。

1. 会计制度主导型

如果会计制度由政府制定并在全国范围内通用，则这一通用会计制度属于法规的范畴。实行这种通用会计制度的国家，其会计规范体系往往表现为：

会计法律→通用会计制度→企业会计实务

这种在会计法律的统驭下，由国家制定通用会计制度，并据以直接规范企业会计工作的规范形式，被称为"会计制度主导型"的会计规范。

2. 会计准则主导型

如果会计制度由某一特定主体自行制定并在该主体内适用的话，这一会计制度是企业内部会计制度。在这种情况下，会计制度应在会计准则的指导和约束下，结合本企业经营活动的具体特点而制定，其会计规范体系表现为：

会计法律→会计准则→企业内部会计制度→企业会计实务

在这一规范体系中，会计准则占主体地位，通常被称为"会计准则主导型"的会计规范。目前世界上大多数市场经济国家的会计规范都采用这种形式，该形式也是我国会计规范体系模式的基本取向。

第二节　会计法

《会计法》的全称为《中华人民共和国会计法》。中华人民共和国成立后，《中华人民共和国会计法》于1985年首次颁发施行。1993年12月，经第八届全国人民代表大会常务委员会第五次会议修正，1999年10月，经第九届全国人民代表大会常务委员会第十二次会议修正，2017年11月，再次经第十二届全国人民代表大会常务委员会第三十次会议修正。目前使用的会计法是2017年11月修订后颁发施行的会计法。

《中华人民共和国会计法》是一切会计工作最重要的根本大法。国家机关、社会团体、企事业单位、个体工商户和其他组织都必须遵守《中华人民共和国会计法》，办理会计事务。拟订其他会计法规，制定会计准则和会计制度，均应以《中华人民共和国会计法》为依据。《中华人民共和国会计法》全文共七章五十二条，除了指出立法目的、规定适用范围、划分会计工作的管理权限，以及制定国家统一的会计制度外，还对会计核算、会计监督、会计机构和会计人员、法律责任等方面，规定了会计工作应当达到的要求。《中华人民共和国会计法》具有如下四个特点。

一、强调了会计信息的真实、完整，严格禁止虚假信息

《中华人民共和国会计法》多次要求各单位所提供的财务会计信息必须真实、完整，强调不得提供虚假的财务报告，或以虚假的经济业务和资料进行会计核算。此外，对伪造、变造会计凭证、会计账簿或者编造虚假财务报告，构成犯罪的，依法追究刑事责任，还对直接责任增加了经济处罚办法。

二、突出了单位负责人对会计信息真实性的责任

《中华人民共和国会计法》第四条明确规定："单位负责人对本单位的会计工作和会计资料的真实性、完整性负责。"

三、特别关注公司、企业的会计核算

《中华人民共和国会计法》增加了"公司、企业会计核算的特别规定"，强调在资产、负债、所有者权益、收入、费用、成本、利润的确认、计量、记录和报告方面的真实性，利润分配的真实性。

四、要求各单位强化社会监督

《中华人民共和国会计法》要求各单位建立健全本单位内部会计监督制度，并提出了内部会计监督制度的具体要求。对各单位而言，加强会计监督，建立健全内部控制制度，有利于保护企事业单位财产的安全。

第三节 企业会计准则

企业会计准则是关于会计核算工作的统一规范，是企业进行价值确认、计量、记录和报告必须遵循的基本规则。会计准则从国际范围来讲，影响较大的有国际会计准则委员会制定的"国际会计准则"（International Accounting Standards，简称 IAS），由美国财务会计准则委员会（Financial Accounting Standards Board，简称 FASB）制定的"美国会计准则"。

一、会计准则的意义

俗话说："无规矩不成方圆。"每个会计部门都要有会计制度，而会计准则在企业内部制度中的实施是至关重要的。会计准则是会计理论的具体化，会计实践的总结，是进行会计核算工作的规范，是制定各种会计制度的主要依据。对规范企业会计行为和会计秩序，有力地维护公众利益具有如下重要的意义。

（1）它是企业会计核算工作的统一规范。

（2）它是企业进行价值确认、计量、记录和报告必须遵循的基本原则。

（3）它为会计人员恪守职业道德提供了一定的保障。

二、会计准则的结构和内容

会计准则是一个多层次的、包含各种会计处理规则和规范的总体。从系统的观点看，我国的会计准则体系包括企业会计准则和预算会计准则两大子系统，其中会计准则由基本准则和具体准则两个层次构成（图 12-1）。

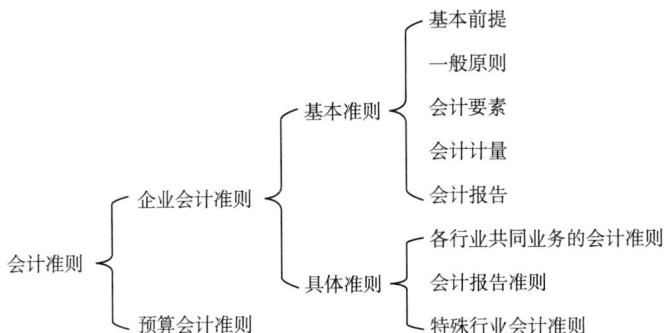

图12-1 会计准则的结构

（一）基本准则

基本会计准则是进行会计核算工作必须遵守的基本要求，财政部 1992 年 11 月发布的《企业会计准则》即属于基本会计准则，为进一步规范企业会计确认、计量和报告行为，保证会计信息质量，2006 年 2 月 15 日，财政部对《企业会计准则——基本准则》进行了修订，并自 2007 年 1 月 1 日起施行，施行后的《企业会计准则——基本准则》的主要内容包括会计基本前提、会计信息质量要求、会计要素和财务报告等方面。

（二）具体准则

具体会计准则是以基本会计准则为依据，规定各会计要素确认、计量和报告的原则和对会计处理及其程序作出的具体规定，将会计准则的要求具体化。2006 年 2 月 15 日颁布施行的具体会计准则有 38 项，其中新制定 22 项，以前制定修改的有 16 项。2012 年对存货等 10 项会计准则进行了一次大规模修订，2014 年修订或新增了 7 项会计准则、1 项准则解释。2017 年新制定或修订了 7 项具体会计准则。2018 年修订了 1 项具体会计准则。2019 年修订了 2 项具体会计准则。2021 年新制定或修订了 2 项具体会计准则。

第四节　会计制度

会计制度是根据会计准则的要求并结合企业经营管理的具体情况制定而成，直接地、具体地指导会计核算工作的规则与规范。制定并实施会计制度，其重要意义就在于使会计准则的原则性规范结合企业的会计实务予以具体化，对会计准则中没有包括的具体业务的核算方法、核算形式、会计流程以及内部会计牵制制度等内容作出明确、详细的规定，以此保证企业会计工作秩序，提高会计信息质量，促进社会主义市场经济的健康发展。我国的会计制度分为企业会计制度及非营利组织会计制度。

一、企业会计制度

我国自 1993 年会计制度改革后，陆续制定和实施了体现行业经营特点和管理要求的行业的会计制度，包括工业企业、农业企业、商品流通、交通运输、铁路运输、民用航空、房地产开发、施工企业、对外经济合作、旅游服务、金融保险、邮电通信、乡镇企业 13 个支行业的企业会计制度。此外还颁发了分经济成分的企业会计制度，包括股份有限公司会计制度、外商投资企业会计制度等。行业的会计制度有其历史的局限性，即仅规范会计科目和报表，而缺乏对会计政策和方法的统一规范，从而影响会计信息的质量。当前，我国企业会计制度分为以下三个层次。

（一）企业会计制度

企业会计制度属于国家统一的会计核算制度，适用于我国境内除金融保险业和小企业以外的全部企业。

（二）金融企业会计制度

金融企业会计制度适用于我国境内依法成立的各类金融企业，包括银行、信用社、保险公司、证券公司、信托投资公司、基金管理公司、租赁公司和财务公司等。

（三）小企业会计制度

国际上，很多国家对小企业都有单独的会计标准。小企业有其自身的特点，不仅规模小，筹资困难，且财务会计与税务会计统一。由于我国小企业众多，为了规范小企业会计确认、计量和报告行为，促进小企业可持续发展，发挥小企业在国民经济和社会发展中的重要作用，根据《中华人民共和国会计法》及其他有关法律和法规，财政部制定了《小企业会计准则》，自2013年1月1日起在小企业范围内施行，2004年4月27日发布的《小企业会计制度》（财会〔2004〕2号）同时废止。

二、非营利组织会计制度

我国现行的非营利组织会计制度有《事业单位会计制度》《行政单位会计制度》和《财政总预算会计制度》。